Georg Milzner
Wir sind überall, nur nicht bei uns

Georg Milzner

# Wir sind überall, nur nicht bei uns

## LEBEN IM ZEITALTER DES SELBSTVERLUSTS

BELTZ

Dieses Buch ist erhältlich als:
ISBN 978-3-407-86449-9 Print
ISBN 978-3-407-86484-0 E-Book (PDF)
ISBN 978-3-407-86473-4 E-Book (EPUB)

1. Auflage 2017

© 2017 in der Verlagsgruppe Beltz · Weinheim Basel
Werderstraße 10, 69469 Weinheim
Alle Rechte vorbehalten
Lektorat: Katharina Theml/Petra Dorn
Umschlaggestaltung: Michael Wörgötter, München
Bildnachweis: © Dirk Dallas

Herstellung: Antje Birkholz
Satz: publish4you, Bad Tennstedt
Druck und Bindung: Beltz Bad Langensalza GmbH, Bad Langensalza
Printed in Germany

Weitere Informationen zu unseren Autoren und Titeln finden Sie unter:
www.beltz.de

*Für Melanie,*
*Frau und Freundin zugleich*

*Ist es möglich, dass man trotz Erfindungen und Fortschritten, trotz Kultur, Religion und Weltweisheit an der Oberfläche des Lebens geblieben ist? Ist es möglich, dass man sogar diese Oberfläche, die doch immerhin etwas gewesen wäre, mit einem unglaublich langweiligen Stoff überzogen hat, sodass sie aussieht wie die Salonmöbel in den Sommerferien?*

*Rainer Maria Rilke, Die Aufzeichnungen des Malte Laurids Brigge*

# Inhalt

# Einleitung

## I.

Sie sollten gut auf sich achtgeben. Sie sind nämlich der einzige Mensch, mit dem Sie garantiert Ihr ganzes Leben verbringen. Was witzig klingen könnte, ist ernst gemeint. Ziemlich ernst sogar. Denn das Buch, das Sie gerade zu lesen beginnen, hat ein wesentliches Ziel: Ihre Aufmerksamkeit wieder zu Ihnen zurückzuführen und zu bewirken, dass Sie sich selbst und denen, die Ihnen wichtig sind, künftig mehr Aufmerksamkeit schenken.

Unsere gegenwärtige Epoche, so abenteuerlich und an Möglichkeiten reich sie auch ist, hat nämlich durchaus ein paar Nebeneffekte. Der vielleicht bedeutendste ist der, dass wir immer weniger die Herren unserer eigenen Aufmerksamkeit sind. Die Vielfalt der auf uns eindringenden Reize, die Masse der Werbebotschaften, die Unzahl an Kommunikationswünschen über soziale Foren, Chats und die gute alte E-Mail – sie alle bewirken, dass das moderne Bewusstsein in einem beständigen Reiz-Reaktions-Modus befangen ist und dabei zunehmend das Gefühl für das Wesentliche verliert. Eine Vielzahl an Reizen hat unsere Aufmerksamkeit auf das Außen gelenkt und so von unserem Inneren abgezogen. Vereinfacht könnte man sagen: Je mehr wir nach draußen schauen, desto weniger nehmen wir uns selber wahr. Wir stellen uns zwar mehr dar, aber wir erleben uns weniger. Unsere heutige Zeit lockt uns in einem Maß in die äußere Welt, das ziemlich einzigartig sein dürfte.

Ich glaube, dass wir gegenwärtig viel zu sehr mit dem beschäftigt sind, was uns an Reizen umgibt. Das ist leicht nachvollziehbar.

Denn in einer Kultur, für die es normal ist, ständig etwas zu posten und sich immerfort zu zeigen, bleibt für die Wahrnehmung des eigenen Selbst, bleibt für das Selbstgefühl wenig Raum.

Warum aber fällt das so wenigen auf? Fällt es überhaupt irgendwem auf? Ja, das tut es. Aber leider meist zu spät. Dann nämlich, wenn einschneidende Krisen zeigen, dass es an Selbstgefühl fehlt. Wenn wir, wie immer mehr Jugendliche und junge Erwachsene, keine Ahnung haben, was wir mit uns anfangen sollen. Wenn innere Unruhe und Getriebenheit uns das Gefühl vermitteln, niemals irgendwo anzukommen. Wenn wir tiefe Sinnkrisen erleben, in denen alles, was wir uns erarbeitet haben, mit einem Mal wertlos erscheint. Weil man eben auch Champagner nicht genießen kann, wenn man den Geschmack an allem verloren hat.

Ich werde in diesem Buch deutlich machen, dass in unserer Zeit die Aufmerksamkeit für uns selbst und für das, was uns wesentlich ist, Stück für Stück weniger geworden ist. Dass die Werbe- und Warenwelt im Informationszeitalter zu einer Infiltrationsmaschinerie geworden ist, die unausgesetzt daran arbeitet, uns vom eigentlich Bedeutsamen abzuhalten. Und dass wir, ihrem Wertmodell folgend, zugleich begonnen haben, uns an etwas zu orientieren, was niemals unsere Orientierung sein dürfte: an den Maschinen mit ihrer scheinbaren Unfehlbarkeit. Ihrer ständigen Arbeitsbereitschaft. Und ihrem gänzlichen Mangel an Selbstgefühl. Maschinen aber bekommen keine Sinnkrisen. Wir schon.

## II.

Aufmerksamkeit ist der heißeste Stoff unserer Zeit. Begehrter als jede Droge, wesentlicher als jeder materielle Gewinn. Jeder will sie, keiner kommt ohne sie aus. Sie ist die Währung, in der heute Gewinn und Verlust gemessen werden. Aufmerksamkeit ist aber noch mehr. Sie ist die primäre Ressource unserer Beziehungen;

etwas, ohne das wir verdorren wie weggeworfene Blumen in der Mittagssonne.

Als Beziehungswesen kommen wir auf die Welt. Und hören nicht auf, es zu bleiben. Wir wissen, dass ein Baby, dem niemand Aufmerksamkeit schenkt, stirbt. Und ein Erwachsener? Nun, er stirbt nicht, das nicht. Aber er verödet allmählich und beginnt schleichend, seine Freude am Leben zu verlieren. Aufmerksamkeit: Sie ist es, um die alle ringen und die jeder will. Und es sind nicht nur Menschen, die diesen Kampf führen. Sondern mehr denn je Geschäfte, Marken, Unternehmen, Konzerne. Sobald ich meinen E-Mail-Account öffne, sind sie da: der Weinversand und das Hotelportal, der Indie-Club und das rührige Antiquariat, die Klatschreportage und das Angebot für ein heißeres Sexleben. Und auch wenn ich medienabstinent wäre, käme ich nicht davon. Wer heute in eine beliebige Stadt einfährt, auf den dringt gleich nach der Autobahn eine Vielzahl von Werbebotschaften ein; manche in Plakatform, manche von leuchtenden Screens.

Was geschieht, wenn ich denen, die diese Reize setzen, gebe, was sie möchten? Wenn ich lese und anschaue, hineinhöre oder hindurchscrolle, das Geschäft betrete, prüfe und konsumiere? Nicht viel, außer dass ich Zeit verliere. Zeit. Lebenszeit. Meine Zeit. Und zurück bleibt ein flaues Gefühl.

Will ich das? Will ich meine Zeit dafür opfern? Interessiert mich das wirklich, oder vermag ich nur nicht wegzusehen? Denn indem ich mich diesen Reizen zuwende, bekommt in diesem Moment etwas anderes meine Aufmerksamkeit nicht. Mein Kind oder meine Liebste, meine Arbeit oder meine Leidenschaft. Weil meine Aufmerksamkeit nämlich beim Hotelportal kleben geblieben ist, beim Weinhandel oder bei den neuesten Nachrichten aus dem Privatleben des amerikanischen Präsidenten.

## III.

Ich habe dieses Buch geschrieben, weil ich mir um die Verteilung unserer Aufmerksamkeit Sorgen mache. Immer häufiger bekommen nicht die unsere Aufmerksamkeit, die sie verdient hätten: unsere Liebsten, unsere Kinder und unsere Freunde. Und auch wir selbst gehen oft leer aus.

In den letzten Jahren ist mir ein Phänomen aufgefallen, das es in diesem Ausmaß früher nicht gegeben hat. Ich praktiziere seit gut 25 Jahren als Therapeut, und wenn man so einen Zeitraum überblickt, fallen einem manche Veränderungen auf. Die Veränderung, die ich meine, ist die, dass Menschen sich immer weniger wahrgenommen fühlen. Nicht etwa unverstanden oder schlecht angesehen, das wäre vertraut, das haben Menschen wohl immer empfunden, die mit ihrem Leben in einer Krise steckten. Aber dass so viele Menschen sich gar nicht mehr gesehen fühlen, das ist neu. Und noch dramatischer ist: Sie sehen sich selbst nicht mehr, sie verlieren das Gefühl für sich selbst.

Als Therapeut beobachte ich, dass immer mehr Menschen die Selbstkompetenz und das Selbstgefühl fehlen. Selbstkompetenz ist die Fähigkeit, die wesentlichen Bedürfnisse in sich wahrzunehmen und auf harmonische Weise für ihre Befriedigung zu sorgen. Ihr Fehlen erkennt man zum Beispiel an einem Verlust an seelischer Tiefe, einem Mangel an Sinn sowie dem Fehlen einer tragfähigen seelischen Basis. Die Symptomträger dieses Leidens sind: Jugendliche, denen anscheinend alles offensteht, und die doch unendliche Schwierigkeiten haben, sich für einen Berufsweg zu entscheiden. Gut verdienende Leistungsträger, die sich mit gedrückter Stimmung, Antriebslosigkeit, körperlichen Beschwerden und gelegentlichen Ausbrüchen von Aggressivität herumschlagen, um nach eingehenden Gesprächen zu dem Schluss zu kommen, sie seien ausgebrannt. Daneben finden sich Menschen, die den Eindruck haben, für andere nicht interessant zu sein – und die sich auch selbst kaum für sich interessieren. Menschen, denen ihr Leben davonläuft und die von der Hoffnung getrieben werden, es vielleicht einholen zu können. Menschen, die nicht mehr zur Ruhe kommen.

Es ist leicht, diese Leiden in Diagnoseschubladen einzusortieren. Natürlich leben wir in einem narzisstischen Zeitalter, selbstverständlich haben Burn-out-Diagnosen etwas mit Depression zu tun. Aber Zuschreibungen wie diese fassen die Wurzel nicht, die dem zugrunde liegt, was sich hier kulturell in verschiedener Gestalt offenbart.

Die Wurzel, von der ich spreche, ist ein Mangel an Selbstaufmerksamkeit und ungeteilter Zugewandtheit. Was ist die Folge dieses Mangels? Nun, ein Mensch, der sich weder wahrgenommen fühlt noch sich selbst wahrnehmen kann, wird wie ein Kätzchen in der Steinwüste veröden. Gewiss, es gibt Surrogate. Man kann natürlich in alle möglichen Chats eintreten, seine Zeit auf Pornoseiten verbringen und zu allem und jedem seinen Datensenf dazugeben. Oder man geht shoppen, arbeitet 24/7, treibt Sport bis zum Umfallen. Unsere Welt bietet unendlich viele Möglichkeiten, sich nicht mit sich selbst zu beschäftigen.

Aber will man das? Sieht so ein gelingendes Leben aus? Oder wäre es nicht an der Zeit, so etwas wie eine neue Innerlichkeit zu begründen und dafür zu sorgen, dass wir mit uns – uns als besonderen und liebenswerten Wesen – wieder mehr in Kontakt treten? Dass wir uns tiefer wahrzunehmen vermögen, um zu erfahren, wer wir eigentlich sind und worum es uns in unserem Leben eigentlich geht?

Die Antwort ist: Ja, unbedingt. Denn es geht gar nicht mehr anders, wenn wir nicht möchten, dass die Gefühle von Ödnis und Sinnleere, die jenseits der bunten Angebotswelt weiter um sich greifen, immer mehr werden. Dass Menschen bereuen, ihre Zeit in die falschen Dinge zu investieren, dass Jugendliche lange Zeiten bei Facebook zubringen, obschon sie wissen, dass das ihre

Stimmung nach unten zieht, dass Eltern ihren Kindern weniger Anteilnahme schenken als eingehenden Nachrichten oder als der Notwendigkeit, die ganze Familie schick einzukleiden, das richtige Auto zu fahren und den passenden Urlaub zu buchen. Dass erfolgreiche Geschäftsleute einem Burn-out-Syndrom erliegen, weil sie ahnen, dass sie an irgendetwas vorbeileben. Oder dass schöne alte, aber doch nicht mehr jugendliche Menschen einer Verführung von Jugendlichkeit folgen, die ihnen die besonderen Erfüllungen ihres Lebensalters verwehrt.

Ihnen allen fehlt vor allem eins: Selbstaufmerksamkeit. Denn Selbstaufmerksamkeit ist die Basis für fast alles, was das Leben ausmacht: Eine reife Persönlichkeit zu entwickeln ist ohne Selbstaufmerksamkeit und Auseinandersetzung mit sich selbst nicht möglich. Auch die Selbststeuerung, die in einer Zeit medialer und kommerzieller Aufrüstung immer wichtiger zu werden scheint, braucht Selbstaufmerksamkeit, um gelingen zu können. Denn wie will ich steuern, was ich nur unzureichend kenne? Wo banaler Daten- und Warenaustausch an die Stelle echter Anteilnahme treten und seelische Verödung die Folge ist, da wird endlich auch das Ziel jedes gelingenden Lebens, die Selbstfindung, zu einer Unmöglichkeit.

## IV.

Ich stelle mit diesem Buch unserer Zeit und unserer Lebensform eine Diagnose, die dazu dienen soll, eine neue Form der Selbstfindung zu begründen. Diese Diagnose wird möglich machen, sowohl das Zustandekommen des Selbstverlusts als auch seine Konsequenzen für unser Lebensgefühl zu ermessen. Andere Epochen haben sich mit den Fragen beschäftigt, wie man sich selbst finden und wie man sich selbst verwirklichen kann. In unserer Zeit sind diese Fragen zwar nicht verschwunden, sie werden aber von anderen Fragestellungen überlagert. So wird in einer Zeit, in der Aufmerksamkeitsstörungen mehr denn je verbreitet zu sein scheinen, der Ruf nach Modellen, die eine bessere Steuerung des eigenen Selbst ermöglichen, lauter.

Selbststeuerung ist wichtig, ohne Frage. Doch wer nur nach Modellen sucht, die die Selbststeuerung verbessern, der lässt die Fragen außer Acht, wer oder was denn hier eigentlich steuern soll und wohin.

Als Hypnotherapeut und Hypnoanalytiker bin ich es gewohnt, Aufmerksamkeit zu bündeln, zu halten und auch zu steuern. Indem meine Arbeit davon geprägt ist, macht sie freilich auch besonders sensibel dafür, wenn etwas kollektiv mit der Aufmerksamkeit nicht stimmt. Was aber ist zu tun, um einer Entwicklung gegenzusteuern, bei der in mächtigem Ausmaß eine der kostbarsten Ressourcen verschwendet wird, die wir einander zu geben vermögen?

Mit diesem Buch möchte ich dazu beitragen, unsere Aufmerksamkeit wieder denen zuzuführen, die sie verdienen. Was hierfür zu tun ist, beginnt mit einer einfachen Fragestellung wie dieser: Wüssten wir, dass Aufmerksamkeit eine begrenzte Ressource ist, wem würden wir sie schenken? Unseren Liebsten? Den Kindern? Einem Tier? Überhaupt der Natur? Uns selbst? Oder doch eher der Yellow Press, den Jingles im Supermarkt und den Banalitätensammlungen im Internet?

Kein seelisch intakter Mensch würde hier antworten, dass die Hauptaufmerksamkeit den Celebrity-Blättchen und dem Internet gelten sollte, während die meisten wohl darin übereinstimmen würden, dass die Hauptaufmerksamkeit diejenigen bekommen sollten, die uns besonders wichtig sind.

Und wir selbst? Wie viel Aufmerksamkeit stünde uns denn wohl zu? Viel, müsste die Antwort lauten, zumindest aber erheblich mehr, als es im Augenblick der Fall ist. Jedenfalls, wenn wir in unserer lauten Konsum- und Maschinenwelt mehr sein wollen als willige Mitläufer einer Entwicklung, die in zunehmendem Maß ohne unsere Einflussnahme abrollt.

## V.

Ich habe dieses Buch so aufgebaut, dass jedes Kapitel eine spezielle Fragestellung untersucht. Das macht möglich, dass man auch einzelne Kapitel herauslösen und einzeln lesen kann. Folgen Sie dagegen der Schrittfolge des Aufbaus, so wird in Teil 1 zunächst gezeigt, wie es dahin kommen konnte, dass jene Entfremdung eingetreten ist, die das Kernthema dieses Buches bildet. Ich werde zeigen, in welchen Formen der Selbstverlust, der unsere Zeit prägt, auftritt, worin er im Einzelnen besteht und woran er zu erkennen ist. Und ich werde die wesentlichen Störfaktoren für eine gelingende Aufmerksamkeitssteuerung anhand von Beispielen herausarbeiten. Dabei wird erkennbar werden, wie sehr unsere Maschinenwelt uns seit der Industrialisierung von uns selbst entfernt hat. Anstatt kompensatorisch neue Wege der Bewusstseinsbildung zu suchen, blickten viele von uns entsetzt auf das, was diese Maschinen mit uns anrichteten. Und blieben gleichzeitig so fasziniert von diesen Möglichkeiten, dass sie kaum mehr begriffen, was schon mit ihnen geschah. Die Digitalisierung hat diese Tendenzen noch einmal verschärft.

Teil 2 wird zeigen, wie es zu den Ausformungen dessen kommt, was ich ein »künstliches Selbst« nenne. Dieses entsteht da, wo entweder die wertschätzende, stärkende Aufmerksamkeit wesentlicher Bezugspersonen fehlt, oder aber da, wo die Selbstaufmerksamkeit so sehr geschrumpft ist, dass es zur Herausbildung eines echten Selbst – einer gereiften und weiter reifenden Persönlichkeit – überhaupt nicht mehr kommt. Gegenwärtig gibt es vier Formen eines künstlichen Selbst, die versuchen, den Selbstverlust zu kompensieren: Sie heißen Narzissmus, Fundamentalismus, Schwarmorientierung und Funktionalismus.

Welche Wege aus dem Aufmerksamkeitsverlust gangbar sind und wie eine Überwindung des künstlichen Selbst möglich wäre, eröffnet eine Reihe von Fragestellungen, die im dritten Teil des

Buches behandelt werden. So wird ein skeptischer Blick auf die Achtsamkeitspraxis zeigen, dass diese zwar kompensatorische Ansätze bereithält, zur Lösung des Dilemmas aber nicht ausreicht. Dagegen werden wir ausgerechnet in einem Störungsbild, der Aufmerksamkeitsdefizit-/(Hyperaktivitäts-)Störung, kurz AD(H)S, etwas finden, was unserer Selbstregulation auf unerwartete Weise zuarbeitet. Schlussendlich werden Kapitel über Formen der Selbstentdeckung und Wege zu einem neuen Selbst Anregungen geben, uns neu zu finden und im Alltag zu erfahren.

Die seelischen Störungsbilder unserer Zeit zeigen, dass wir, obschon am Leben, doch von uns entfernt sein können. Wie eine durchscheinende Kopie, die neben uns herläuft und für all das steht, was wir hätten sein können. Ich habe mein Buch geschrieben, um diese durchscheinende Kopie wieder mit dem zu vereinen, was wir in Wahrheit sind.

# 1. TEIL

## Selbstverlust im Zeitalter der Ablenkung

# 1. Kapitel

## Warum wir anwesend abwesend sind

Reize, überall. Reize, auf die wir reagieren; Reize, die uns zu steuern beginnen. Denn in unserer Zeit bekommt alles Mögliche unsere Aufmerksamkeit. Nur nicht die, die sie am meisten verdienen. Und am wenigsten oftmals wir selbst.

Denn als Folge der gewaltigen Reizmengen, die tagtäglich auf uns eindringen, verlieren wir zunehmend das Gefühl für das, was in uns vorgeht. Und mehr noch: Alle diese auf uns einströmenden Reize führen untereinander einen Konkurrenzkampf, so als würde eine gewaltige Zahl gieriger Heuschrecken auf ein lächerlich kleines Feld zusteuern, jede Einzelne von der Absicht geleitet, dieses Feld zu ihrem zu machen und es ratzeputz leer zu fressen.

Das Feld, um das es dabei geht, sind wir. Nicht wir als komplexe Personen, sondern unsere Aufmerksamkeit. Um sie ist ein Konkurrenzkampf entbrannt, der in der Menschheitsgeschichte seinesgleichen sucht.

Natürlich sind es keine wirklichen Wesen, die da auf uns zuströmen. Aber reine Datensätze sind es auch nicht. Hinter nahezu allem, was heute unsere Aufmerksamkeit zu erlangen heischt, stehen Vorsatz und Planung, Zielsetzung und Kalkül. Nicht immer mit böser Absicht. Aber immer häufiger mit bösen Folgen.

Ein Kind auf dem Spielplatz. Es möchte zur Rutsche hinüber, die neu lackiert und in schönem Schwung lockt. Der Vater nickt zustimmend und folgt dem vielleicht Zweijährigen durch den Sand hin zur Rutsche. Er weiß, dass das Kind noch zu klein ist, um allein zu rutschen. Behutsam hilft er ihm, die Stufen emporzuklettern, die für seine kurzen Beinchen noch ein bisschen zu weit auseinanderstehen. Endlich ist das Kind oben. Während es sich setzt, hält der Vater seine Hand.

»Los«, sagt das Kind und stößt sich ab. Im selben Augenblick geht ein Signal auf dem Smartphone des Vaters ein. Kurz nur schaut er nach unten, zur Manteltasche hin, und für einen Augenblick lässt er sein Kind los, um nachzusehen, was da eingegangen sein mag. Der Moment, in dem der Vater das Handy zückt, genügt: Das Kind, nicht sicher sitzend, hat sich gleichfalls dem Ton zugewandt, dabei sein Gewicht verlagert und stürzt nun kopfüber über den niedrigen Rand der Rutsche nach unten.

Ein vermeidbarer Unfall? Ohne Zweifel. Eine Ausnahme? Leider nicht mehr. Seit dem Jahr 2007, als der Verkauf mobiler Endgeräte zu boomen begann, haben sich Kleinkindunfälle in dramatischem Maß gesteigert, nachdem sie vorher rückläufig gewesen waren. Als Ursache wird mit großer Sicherheit die mentale Abwesenheit von Eltern angenommen, die mit ihrem Tablet oder dem Smartphone beschäftigt sind.[1]

Aktuell ist zu erfahren, dass die Unfallrate an Klettergerüsten auf Spielplätzen weiterhin ansteigt, weil die Eltern, die Sicherheitsstellung geben sollten, nicht genügend bei der Sache sind. Sie checken einmal eben eine eingehende Nachricht, machen ein Foto – und schon ist das Unglück passiert.[2]

Wir denken bei Aufmerksamkeitsstörungen an Kinder, deren Aufmerksamkeit scheinbar rasend hin und her springt. An Jugendliche, die sich außerstande sehen, an einem ungeliebten Thema mehr als nur ein paar Minuten dranzubleiben. Aber denken wir auch an Erwachsene, die nach wenigen Gesprächsminuten nervös auf ihr Smartphone blicken, in der Annahme, sie könnten womöglich etwas verpasst haben? Wir sollten damit anfangen. Denn Aufmerksamkeitsstörungen sind vielleicht das gravierendste in einer ganzen Reihe zeittypischer Störungsbilder, die nicht nur Kinder und Jugendliche betreffen, sondern uns alle.

## Die Aushebelung des Instinkts

Die Spielplatzereignisse schockieren deshalb so sehr, weil hier anscheinend einer unserer wesentlichsten Instinkte außer Kraft gesetzt werden kann: der, der uns zur Sorge um unsere Nachkommen treibt.

Tatsächlich ist die Elternperson, der ihr Kind im entscheidenden Moment aus der fürsorgenden Aufmerksamkeit gleitet, auf zwei Weisen in ihrer Aufmerksamkeit gestört. Einmal natürlich hinsichtlich des Kindes, das gesichert werden muss. Sodann aber ist die Elternperson auch von sich selbst entfremdet. Sie nimmt nämlich nicht mehr wahr, wie jene biologisch verankerten Mechanismen, die wir »Instinkte« nennen, in ihr Alarm schlagen. Man könnte daher sagen, eine Mutter oder ein Vater, der/dem so etwas widerfährt, hat einerseits keine hinreichende Selbstwahrnehmung mehr. Und dann ist ihnen auch das verloren gegangen, was ich »erweiterte Selbstaufmerksamkeit« nenne: die Aufmerksamkeit für jene Personen, die uns die liebsten und wichtigsten sind.

Eigentlich sollte es ganz einfach sein. Unsere Instinkte müssten uns warnen vor dem, was uns gefährdet. Doch ganze Industrien arbeiten daran, diese Schutzmechanismen auszutricksen. Am bekanntesten sind hierbei die Methoden der Lebensmittelindustrie. Methoden, die bewirken, dass wir eine Tüte voll leicht und lecker daherkommender Kartoffelchips verdrücken und erst hinterher merken, wie viel Fett wir da geschluckt haben. Dann nämlich, wenn das Völlegefühl einsetzt und wir womöglich ahnen, dass die hauchdünn geschnittenen Scheibchen uns über das, was sie eigentlich sind, durch ihre zarte Gestalt hinwegtäuschen sollen.

Im Fall der von den Smartphones ausgehenden Reizmengen wird der arterhaltende, zur Brutpflege und zur Sicherung aufrufende Instinkt gleich auf mehrere Weisen gehindert. Zunächst durch den Umstand, dass eingehende Informationen uns erst einmal als potenziell wichtig erscheinen. Sodann dadurch, dass unser Vernetzungsgrad abnorme Züge angenommen hat und uns immer weniger erlaubt, zwischen wichtig und unwichtig zu differenzieren. Hier spielt auch die Geschwindigkeit, mit der die Reize eingehen, eine wichtige Rolle. Und endlich hat die Welt der Bilder und der visuellen Stimuli insgesamt eine Tendenz, uns vom Nach-innen-Fühlen und damit von tieferen Gefühlsebenen abzukoppeln.

Ich werde in den folgenden Kapiteln zeigen, wie wir durch alle diese Phänomene begonnen haben, uns von uns selbst zu lösen. Und ich werde sichtbar machen, was dabei mit uns selbst passiert. Denn der Verlust der Selbstaufmerksamkeit bedeutet nicht bloß Fahrigkeit; er ist kein Problem, das sich isoliert betrachten ließe. Vielmehr stellt dieser Verlust unsere ganze Identität infrage, indem nämlich die Ausbildung eines »reifen Selbst«, einer gefestigten Persönlichkeit also, zunächst ans Wahrgenommenwerden und dann an Selbstwahrnehmung und Selbstauseinandersetzung geknüpft ist.

## Nach außen vernetzt, im Inneren vereinsamt

Die modernen Medien haben etwas Ungeheures vollbracht: Sie haben Millionen Menschen miteinander vernetzt, die sonst ohne jede Kenntnis voneinander geblieben wären. Andererseits: Man kann nicht behaupten, dass der Kontakt zwischen den Völkern oder auch nur den Volksgruppen sich hierdurch nennenswert verbessert hätte.

Was jedoch unzweifelhaft gewachsen ist, ist das Bedürfnis, wahrgenommen zu werden. Doch dieses Bedürfnis bleibt oftmals unerfüllt oder wird nur in unzureichendem Maß gestillt. Denn ein Selfie, über Facebook oder Instagram verbreitet, oder tausend What's-App-Nachrichten stellen unseren »Freunden« zwar ein Bild von uns vor, führen in der Summe aber eher von uns weg.

Was entsteht, ist lediglich eine vermehrte, ja übermäßige Hinwendung an das Außen, der das Selbstgefühl schleichend verloren geht. Ein Bedürfnis, wahrgenommen zu werden, dem aber sein Gegenstück fehlt: der Wunsch, auch andere wahrzunehmen.

So ist eine frappierende Schere entstanden. Denn einerseits begegnen wir Menschen an anderen Enden der Welt mit einer Leichtigkeit, die faszinierend ist. Andererseits aber treffen wir den einzigen Menschen, der für uns wirklich lebenswichtig ist, immer seltener an: uns selbst.

Tatsächlich hat die moderne, schnelllebige, technisierte und an den Erfordernissen des globalen Kapitalismus ausgerichtete Welt eine Selbstentfremdung möglich gemacht, die erschreckt. Diese Selbstentfremdung ist nicht überall akut, und sie betrifft nicht jeden. Aber das ist bei Epidemien auch so und macht diese nicht weniger gefährlich. Entscheidend ist nur, dass die Problematik ganz offenbar immer weitere Kreise zieht und hierdurch den Status einer gesellschaftlich relevanten Problematik bekommt. Gesellschaftlich relevante Krankheitsbilder lassen erkennen, was im Unbewussten einer Lebensform gärt und arbeitet. Sie verweisen auf die Fehler dieser Lebensform, die von den Betroffenen nicht beachtet werden oder sie in ihrem Handlungsspektrum überfordern. Auf das, was eben krank macht an dieser Lebensform. Das bedeutet zwar, dass jede betroffene Person zunächst einmal individuell leidet. Es bedeutet aber auch, dass ihr Leiden nicht ihr Privatproblem ist.

Jede Zeit bringt spezifische Störungsbilder hervor, die sich aus den Lebensbedingungen ergeben. Diejenigen, die die Psyche und unser Verhalten betreffen, sind dabei oft besonders faszinierend. Denn in ihnen spiegelt sich gewissermaßen der Untergrund, das Verdrängte der jeweiligen Epoche. Zu Freuds Zeit war die so genannte hysterische Lähmung ein verbreitetes Phänomen. Diese bestand in einer Unfähigkeit, sich zu erheben beziehungsweise zu gehen, obwohl die Person körperlich vollkommen gesund schien. Die Muskeln der Beine blieben schlaff, die Erkrankten – immer Frauen – blieben in ihren Betten oder auf ihren Chaiselonguen liegen und konnten so auch nur mit Hausbesuchen behandelt werden.

Freud und sein Kollege Josef Breuer konnten zeigen, dass die Lähmung, mit der sie es hier zu tun hatten, auf unerfüllten sexuellen Wünschen beruhte. Diese Wünsche durften nicht an der Oberfläche wahrgenommen, geschweige denn artikuliert werden, sie durften nicht bewusst sein. Denn Freuds Zeit war die Epoche des Viktorianismus, eine Zeit, in der die Sexualität in heute kaum vorstellbarer Weise verdrängt wurde. Insbesondere die weibliche Sexualität schien eine Terra incognita, ein nicht zu betretendes Land, während der männliche Sexus sich in Bordellen oder in außerehelichen Affären erging.

Die sexuelle Verkrampftheit der Viktorianer haben wir überwunden. Gleichwohl hat auch unsere Zeit Mechanismen ausgebildet, die krank machend sind. Und wie bei den Viktorianern werden sie unterschwellig gespürt, aber nicht beseitigt. Was so entstehen kann, sind Phänomene, die man als »kritische Leiden« ansehen könnte. Zu diesen kritischen Leiden gehört neben dem AD(H)S zum Beispiel die Burn-out-Problematik. Beiden sind schon viele eingehende Betrachtungen gewidmet worden, die aber die Tiefendimension dieser Problemfelder noch nicht vollständig ausgelotet haben. Wäre dies nämlich geschehen, so hätte längst deutlicher werden müssen, dass diese Störungsbilder nicht ganz so »gestört« sind, wie es den Anschein hat. Sondern dass sie vielmehr auf ein tieferes Bedürfnis nach Selbstaufmerksamkeit und innerer Stimmigkeit verweisen.

Das trifft auch auf die dritte seelische Problematik, die gegenwärtig als gesellschaftlich bedeutsames Leiden Raum gewinnt, zu. Ich spreche vom Narzissmus. Der in unseren Tagen viel diskutierte Narzissmus entspricht nicht mehr ganz dem, was die Psychoanalytiker des letzten Jahrhunderts darunter verstanden. Vielmehr kompensiert er vor dem Hintergrund der Medialisierung und der Funktionalisierung unseres Daseins jenes fehlende Wahrgenommenwerden, unter dem immer mehr Menschen zu leiden beginnen.

Allen dreien der hier benannten und später noch ausführlich behandelten gesellschaftlich bedeutsamen Störungsbilder ist eines gemeinsam: Sie sind vor dem Hintergrund unserer kulturellen Veränderung mehr als nur Krankheiten oder mentale Problemfelder. Vielmehr sind sie, wie es für gesellschaftlich relevante Krankheitsbilder typisch ist, zugleich ein Leiden und ein Hinweis auf das, was zu ändern wäre.

## Es sind nicht nur die Smartphones

In meinem Buch *Digitale Hysterie* habe ich darauf hingewiesen, dass Selbstkompetenz heute wichtiger sein muss als Medienkompetenz. Die Dämonisierung von Computern und Videospielen als angeblich verdummende und krank machende Medien hat nämlich nicht nur keine der Entwicklungen auf dem digitalen Sektor verhindert. Sie hat sogar in sträflicher Weise dazu beigetragen, dass unsere Aufmerksamkeit, anstatt bei uns und unseren Kindern zu ruhen, an den technischen Gerätschaften hängen geblieben ist.[3]

Ich werde in den kommenden Kapiteln aufzeigen, wie unsere Angleichung an den Rhythmus der Maschinen fundamentale menschliche Prozesse außer Kraft setzt oder blockiert und die Herausbildung dessen, was wir ein »reifes Selbst« nennen, stört oder sogar verhindert.

Wichtig ist hierbei, dass wir den gegenwärtigen Zustand als etwas begreifen, was nicht plötzlich durch Smartphone & Co. aufgetreten ist. Die Aufmerksamkeitsprobleme der Digitalisierung anzulasten, gewissermaßen als Kollateralschaden, ist eine vertraute Denkfigur unserer Zeit. Sie ist jedoch ebenso simpel wie oberflächlich, denn sie ignoriert, dass hinter der Digitalisierung bereits Bedürfnisse standen: das Bedürfnis nach maximaler Vernetzung, nach permanenten Kontakten rund um die Welt, Neuigkeiten möglichst sofort erfahren zu wollen, einkaufen zu können, ohne sich vor der Tür zu begegnen – und am liebsten auch sonntags. Nur diese Bedürfnislage konnte hervorbringen, was dann zum Siegeszug der Digitalisierung führte. Und es ist heute vor allem die übermäßige Befriedigung dieser Bedürfnisse, die jede Menge Probleme hervorbringt. Aktuelle Probleme wie das Anwachsen der Spielplatzunfälle lassen sich zwar noch durch die Verbreitung von Tablets und Smartphones erklären. Doch wer meint, das Fehlen von Selbstaufmerksamkeit und Selbstkompetenz lasse sich ausschließlich mit diesen Geräten erklären, verkennt, dass das Problem in seinen Wurzeln viel älter ist.

Der Kunsthistoriker Jonathan Crary verortet den Ursprung der Aufmerksamkeitsprobleme in der zweiten Hälfte des 19. Jahrhunderts. In seinem Werk *Aufmerksamkeit, Wahrnehmung und moderne Kultur* wies er nach, wie die Kultur eines angeblich freien Individuums und die beginnenden Gesetzmäßigkeiten des Kapitalismus mit ihrem beispiellosen Angebot an visuellen und auditiven Reizmechanismen zu einem Auseinanderdriften führten: Einerseits versprach das Maschinenzeitalter neuartige Chancen der Selbstpräsentation und des schnellen Geldmachens, andererseits schuf die ständig anwachsende Summe an Möglichkeiten eine neuartige Atmosphäre der Überreizung.[4]

Der Dichter T. S. Eliot beschrieb das Problem des modernen Menschen später als »abgelenkt von der Ablenkung durch Ablenkung«. Eliot gehörte damals zu denen, die die Insignien der Moderne – gesteigertes Tempo, verteilte Kommunikation, Auflösung der Grenzen der Person, Internationalität – als heikel erkannt hatten. Und die bemerkten, dass bei dem, was die Moderne mit sich brachte, der in sich ruhende Mensch auf der Strecke blieb. Dies hatte früh auch der Heidelberger Neurologe Wilhelm Heinrich Erb erkannt, dessen akademische Rede »Ueber die wachsende Nervosität unserer Zeit« dem modernen Menschen bereits 1893 ein »Hetzen und Jagen« bescheinigte.[5]

Doch nicht nur die nervöse Unruhe der Gegenwart begann

sich damals schon abzuzeichnen. Auch die uns für das beginnende
21. Jahrhundert typisch scheinenden Herausforderungen standen
bereits im Raum. Der Historiker Joachim Radkau hat darauf hingewiesen, dass die Themen, die uns heute die meisten Probleme zu
bereiten scheinen, um 1900 alle schon da waren. Elektrifizierung
und globaler Handel existierten bereits, und digitale Revolution
und Globalisierung setzten bloß fort, was damals begann.[6] Wer
heute den Blick nur auf die zeittypische Technik richtet, verkennt
daher, dass die von uns selbst wegdriftende Aufmerksamkeit Folge eines langen Entwicklungsprozesses ist. Und dass überdies aus
einer Technologie nichts wird ohne eine ihr zugrunde liegende Bedürfnislage.

## Das Wichtigste zuerst: Selbstaufmerksamkeit als Basiskompetenz

Wenn wir der schwindenden Selbstaufmerksamkeit nachgehen,
könnten wir fragen, worin Aufmerksamkeit selbst denn eigentlich
besteht. Der Psychologe Harold E. Pashler, Professor an der Cali-
fornia State University in San Diego, befand einmal, dass wir über
Aufmerksamkeit mit einer solchen Vertrautheit reden, als wüssten wir genau, was sie ist.[7] Tatsächlich ist Aufmerksamkeit eine
solch basale Funktion, dass sie keiner näheren Erkundung wert
erscheint. Ohne sie würde es uns schlicht nicht geben. Warum also
sollte man über sie nachdenken?

Vielleicht, weil es eine sehr bedeutsame Rolle spielt, wohin sich
unsere Aufmerksamkeit richtet. Noch der scheinbar unaufmerk-
samste Mensch verfügt nämlich über Aufmerksamkeit. Nur ist
diese Aufmerksamkeit anders gebunden, als wir das erwarten würden. Womöglich ist sie eher auf das Innere als auf das Äußere gerichtet. Und macht damit so wenig Kommunikation erforderlich.

Es liegt nahe, anzunehmen, dass Aufmerksamkeit irgendetwas

mit Interesse zu tun hat. Aber was? Auch Phänomene, die kein positives Interesse wecken, bekommen ja Aufmerksamkeit. Unerwartete Störreize zum Beispiel oder auch provokativ eingesetzte Handlungen. Lautes Gähnen während eines Gottesdienstes wird das Interesse der Nachbarn vermutlich wecken. Aber geschieht dies aus positivem Interesse?

Interesse ist dort beteiligt, wo es sich um Aufmerksamkeit aus Neigung handelt. Aber es gibt auch deren Gegenstück. Eine Aufmerksamkeit, die nichts mit Neigung, Freude, Anteilnahme oder überhaupt irgendeiner Form von positivem Interesse zu tun hat. Sondern nur damit, dass es nicht gelingen will, die eigene Aufmerksamkeit zu steuern.

Das passiert zum Beispiel da, wo wir Lärm ausgesetzt sind. Lärm zu ignorieren ist ungemein schwer. Und in der Mehrzahl der Fälle gelingt es nicht. Wie also Aufmerksamkeit definieren? Man könnte sagen, Aufmerksamkeit bedeutet Hinwendung. Diese Hinwendung kann bewusst oder unbewusst sein, stärker oder schwächer ausgeprägt (wir sprechen dann davon, wie konzentriert jemand ist), sie kann flüchtig sein oder gehalten werden. Nicht immer ist wirkliches Interesse an ihr beteiligt (Beispiel: der Lärm), wo aber Interesse zur Hinwendung hinzutritt, da wird die Aufmerksamkeit dichter, wir sind konzentrierter.

Und Selbstaufmerksamkeit? Selbstaufmerksamkeit wäre, dieser Definition folgend, Hinwendung zu sich selbst. Eine Hinwendung, durch die wir uns wahrnehmen und fühlen können, durch die wir wissen, was in uns vorgeht, die uns ermöglicht, die wesentlichen Reize, die unser Organismus uns sendet, zu erkennen, und die uns die Chance gibt, unseren inneren Kosmos zu ergründen. Kurz: Selbstaufmerksamkeit macht, dass wir uns selbst ein Erlebnis sind.

Selbstaufmerksamkeit meint auch, ein Interesse an sich zu haben. Dies hat durchaus banale Seiten. Zum Beispiel, dass man auf seinen Körper achtgibt. Dass man nicht mehr trinkt, als dem

Wohlbefinden nützt, ist noch eher selbstverständlich, aber wie viele von uns bekommen Kopfweh von Fehlhaltungen, die sie früher hätten spüren und korrigieren können, wenn sie nur eben – ja, selbstaufmerksam gewesen wären. Aufmerksam zu sein für das, was Erfahrungen in uns auslösen. Nachzuspüren, wie ein Bild, ein Film, eine Lektüre in uns weiterwirkt. Aber auch aufmerksam zu sein für das, was in uns selbst erscheint. Unsere Fantasien, unsere tieferen Wünsche. Erkundungen wie diese helfen dabei, das nur vordergründig Wichtige von dem zu unterscheiden, was uns eigentlich wichtig ist.

## Mit sich selbst in Kontakt sein

Selbstaufmerksamkeit ist also das Interesse an der eigenen Subjektivität. Wir scannen uns nicht, wir messen keine Daten. Anders als dort, wo vor allem unsere Daten abgerufen werden – beim Gesundheitscheck in einer Arztpraxis, beim Bestimmen von körperlichen Leistungsmodi in einem Fitnessstudio –, spüren wir uns in erster Linie. Viel bedeutsamer als ein abstrakter Körperwert ist für einen fühlenden Menschen daher die Stimmung, die sein aktuelles Lebensgefühl prägt. Sind wir optimistisch und sehen dem Tag mit Freude entgegen? Oder prägt uns eine ängstliche Erwartung?

Stimmungen bilden, so der Pädagoge und Philosoph Otto Friedrich Bollnow, als »Lebensgefühle« die »unterste Schicht des seelischen Lebens«.[8] Wo wir Stimmungen aufmerksam nachspüren, sind wir daher in verlässlicher Weise mit uns selbst in Kontakt. Wo die Fähigkeit, sich zu spüren, dagegen nachlässt, da wird in der Folge auch die Kompetenz eingeschränkt, das eigene Lebensgefühl zu ermessen.

Diese Einschränkung zeigt sich auf gesellschaftlicher Ebene recht eindrücklich in der Widersprüchlichkeit zweier Studien zur Befindlichkeit der Deutschen. Ungefähr zu der Zeit, als ich die ersten Entwürfe für das vorliegende Buch machte, erschien in der *WirtschaftsWoche* (Ausgabe vom 4. Oktober 2014) ein Artikel, der auf eine Studie der EU-Kommission über die Verteilung von Glück und Zufriedenheit in Europa verwies. Die Studie, die der *WirtschaftsWoche* exklusiv vorlag, ließ erkennen, dass die Deutschen zu den glücklichsten Völkern in Europa gehörten.

Wie kam es zu diesen Befunden? Die EU-Kommission hatte eine Stichprobe von 30 000 Bürgern einer Befragung unterzogen. Hieraus hatte der Freiburger Wirtschaftswissenschaftler Bernd Raffelhüschen ein Rating von 0 (»überhaupt nicht zufrieden«) bis 10 (»sehr zufrieden«) erstellt. Mithilfe dieses Ratings und anhand der erhobenen Daten sollten jene Elemente verlässlicher bestimmt werden, die ein Volk glücklich oder weniger glücklich machen. Raffelhüschen kam zu dem Schluss, dass es der Wohlstand sei, auf den es ankomme. Sein Fazit laut *WirtschaftsWoche*: Der Volksmund irre. Denn Geld mache sehr wohl glücklich.

Ein Jahr später ließ eine andere Studie aufhorchen. Es handelte sich um den Gesundheitsreport 2015 der Techniker Krankenkasse. Dieser wartete unter anderem mit dem alarmierenden Befund auf, dass immer häufiger psychische beziehungsweise psychiatrische Diagnosen gestellt werden müssten, jeder fünfte Studierende eine psychische Problematik diagnostiziert bekomme und die Verordnung von Psychopharmaka massiv ansteige.

Ganz offenbar hatte der Gesundheitsreport einen Blick in die gesellschaftliche Psyche geworfen, der Besorgnis erregen musste. Ich lebe in Münster, einer Stadt in Westfalen, die unter anderem ihrer alten und großen Universität wegen bekannt ist. Gegenwärtig studieren knapp 60 000 zumeist junge Erwachsene hier. Wenn ich den Befund der Techniker Krankenkasse hierauf anwende, so gelange ich zu dem Schluss, dass 12 000 von ihnen entweder in psychotherapeutischer Behandlung sind beziehungsweise waren oder aber diese doch nötig hätten.

Auch wenn man, oberflächlich betrachtet, sagen könnte, dass

es sich hier um zwei vollkommen verschiedene Arten von Studien handelte, bleibt doch ein Eindruck von Widersprüchlichkeit zurück. Ein glückliches Volk mit solch einer Menge an psychischen Problemen? Man könnte annehmen, dass die Gegenläufigkeit beider Erhebungen eher zufällig sei. Dass es sich aber nicht um eine einmalige Seltsamkeit handelt, belegen Befunde, die ein beziehungsweise zwei Jahre später zusammengetragen wurden. So ergab der von der Deutschen Post alljährlich herausgegebene *Glücksatlas* für das Jahr 2016 einen Lebenszufriedenheitswert von 7,11 auf einer Skala von 0 bis 10. Das entspricht einer Steigerung von 0,9 Prozentpunkten gegenüber dem vergangenen Jahr.[9] Der Glücksatlas ist im Oktober 2016 erschienen, und so musste es verwundern, als am 27. Januar 2017, nur gut drei Monate später, das *Deutsche Ärzteblatt* unter Hinweis auf eine Studie der DAK meldete, dass die Fehltage aufgrund psychischer Leiden im Jahr 2016 einen neuen Höchststand erreicht hätten. Die meisten Fehltage entfielen dabei auf Depressionen, Reaktionen auf ungewöhnlich schwere Belastungen, Anpassungsstörungen und Burn-out.

Auf dasselbe Jahr 2016 bezogen, ergeben sich also zugleich ein ungewöhnlicher Glücksfaktor und ein ungewöhnliches Maß an psychiatrisch relevanten Diagnosen. In einer Rückschau kam der Gesundheitsreport der Techniker Krankenkasse 2016 überdies zu folgendem Schluss: In der Zeit zwischen 2006 und 2015 sind altersbereinigt die Zahlen der Fehlzeiten aller Erwerbspersonen wegen psychischer Diagnosen immer weiter angestiegen. Und zwar um sage und schreibe 88 Prozent.[10]

Ein glückliches Volk also mit einem zugleich beständig anwachsenden psychiatrischen Krankenstand? Der Widerspruch zwischen den Erhebungen ist augenscheinlich. Gegenwärtig ist der Bedarf an psychotherapeutischer Versorgung höher als je zuvor. So weist die Psychotherapeutenkammer NRW darauf hin, dass aktuell die Wartezeit auf ein diagnostisches Erstgespräch bei einem Psychotherapeuten 12,5 Wochen beträgt, woraufhin noch einmal drei Monate vergehen, bis die Behandlung beginnen kann.

Die eine Statistik sagt: Wir sind mit unserem Leben ganz zufrieden. Materieller Wohlstand macht uns glücklich. Alles im Lot. Die andere Statistik belegt: Unsere Beschwerden und Symptombilder nehmen, gerade was unser Seelenleben angeht, immer mehr zu. Ärzte und Psychotherapeuten gibt es ja nicht wenige. Wenn also die Wartezeiten bei ihnen so lang sind, dann kann das nur bedeuten: Sie haben alle Hände voll zu tun.

Merkwürdig, dass wir einerseits zufrieden bis glücklich sein sollen, während wir andererseits immer kränker und gestörter sind. Das dürfte doch wohl kaum zusammenpassen? Oder doch? Schließt hier eines das andere nicht ganz so aus, wie es den Anschein hat?

## Die Vordergründigkeit des Glücks

Meiner Ansicht nach geben beide Statistiken durchaus etwas Reales wieder. Nur dass sie zwei verschiedene Ebenen unseres gegenwärtigen Daseins erfassen. Ein Mensch kann ja durchaus meinen, er sei eigentlich glücklich. Bis er merkt, dass das eben nicht ganz stimmt.

Ereignisse, die unsere Selbsteinschätzung korrigieren, kann es viele geben. Wir gehen davon aus, dass unsere Ehefrau gern mit uns zusammen ist, bis sie uns kundtut, dass sie sich in einen anderen verliebt hat. Wir nehmen an, dass unsere Kinder gut klarkommen. Bis wir von der Klassenlehrerin ganz andere Dinge zu hören bekommen. Wir finden, dass wir ein gutes Leben haben. Bis wir uns eines Morgens fragen, wo diese Lustlosigkeit eigentlich herkommt. Und warum uns der Toast nicht mehr schmeckt.

Die Wartezimmer vieler Psychotherapeuten sind gegenwärtig voll von Menschen, die sich gestern noch glücklich wähnten. Und die plötzlich von etwas heimgesucht wurden, worauf sie nicht im Mindesten vorbereitet waren.

Und so belegt die Widersprüchlichkeit der Ergebnisse vor allem dies: Wir sind zwar vordergründig glücklich. Doch es geht oft schneller als gedacht, dass wir seelisch erkranken und damit offenbaren, dass etwas nicht stimmt.

Woran liegt das? Die Erklärung liegt auf der Hand. Was uns später krank machen wird, erscheint uns zu einem früheren Zeitpunkt nicht der Aufmerksamkeit wert. Wir nehmen es einfach nicht wahr.

Doch wenn das scheinbar Harmlose sich als das entpuppt, was es in Wahrheit ist, nämlich ein schleichend wirkendes Gift – dann ist es oft schon zu spät, um Leid und Erkrankung noch aufzuhalten.

## Wege, sich zu verlieren

Ich spreche bei dem, was uns gegenwärtig in steigender Zahl widerfährt, von »Selbstverlust«. Doch was oder wen verliert man, wenn man sich selbst verliert? Im psychiatrischen Kontext versteht man unter Selbstverlust entweder einen Verlust an Identitäts- und Orientierungsgefühl. Die in dieser Weise vom Selbstverlust Betroffenen vermögen unter Umständen nicht zu sagen, wer sie sind, noch, wo sie herkommen oder was ihre Geschichte ist.

Häufiger jedoch wird der Selbstverlust als Verlust der Beziehung zu sich selbst erlebt. So etwas ereignet sich oft als Folge schwerer Misshandlungen. So weist der Psychiater Joachim Küchenhoff darauf hin, dass Traumata wie Vergewaltigung oder andere Formen körperlicher Misshandlung sowohl den Bezug zum Selbst als auch den Bezug zum anderen nachhaltig stören.[11]

Hiervon sind freilich nur sehr wenige jemals betroffen. Und so schrecklich der Einzelfall jeweils auch ist, so wird doch keine Erkrankung der Gesellschaft selbst daraus. Es gibt jedoch auch einen Selbstverlust, der in einer Entfremdung besteht. Er unterliegt keiner psychiatrischen Diagnose und kann, weil er sich so schwer zu erkennen gibt, sein Zerstörungswerk in aller Stille verrichten.

Was ich den »Selbstverlust« nenne, vollzieht sich auf drei Weisen. Zunächst im Verlust der primären Selbstaufmerksamkeit. Sodann im Verlust an seelischer Tiefenwahrnehmung. Und endlich im Verlust an innerem Halt und an innerer Ruhe.

Es ist wichtig, in den drei Formen des Selbstverlusts keine Stufenleiter zu erkennen. Man kommt nicht zwangsläufig von der einen Art des Verlusts zur anderen; ja, es kann auch geschehen, dass etwa die primäre Selbstaufmerksamkeit ganz gut funktioniert, weil sie für eine Arbeit lebensnotwendig ist, die zweite Ebene jedoch vollkommen fehlt. Ein Chirurg oder Pilot beispielsweise kommt ohne primäre Selbstaufmerksamkeit nicht aus, sie ist Basis seiner Funktionalität. Er kann jedoch gleichwohl einen Verlust an tiefer Selbstwahrnehmung erleiden, der ihn längerfristig in eine Sinnkrise treibt. Betrachten wir, um die Zusammenhänge der spezifischen Formen des Selbstverlusts und ihrer jeweiligen Symptome zu verstehen, jeden dieser Punkte etwas eingehender.

## Sich fühlen und ernst nehmen

Was ich primäre Selbstaufmerksamkeit nenne, ist die Basis unserer körperlichen und emotionalen Intaktheit. Auf ihr basiert unsere Selbstregulierung, das Ausbalancieren zwischen dem, was unser Organismus braucht, und dem, was wir ihm zukommen lassen oder verweigern. Ein Teil dieser Selbstregulierung läuft unbewusst ab, und wir müssen uns nicht um ihn kümmern. Das betrifft zum Beispiel den Zuckerspiegel, bei dem der Eindruck von Müdigkeit oder Schlappheit oder ein deutliches Hungerempfinden dafür sorgen, dass wir ihn auf dem richtigen Level halten.

Doch es gibt auch Ebenen der Selbstregulierung, die Aufmerksamkeit benötigen. Die übermäßige Anspannung unserer Muskulatur bemerken wir oft erst, wenn es infolge der Spannung zu Schmerzen kommt. Und den zu hohen Blutdruck erkennen andere, die uns auf unseren geröteten Kopf aufmerksam machen. Besonders wesentlich ist Selbstaufmerksamkeit da, wo sich negative Gefühle in uns aufbauen. Wo wir genervt sind, unter Druck geraten, Zorn zu empfinden beginnen. Wird diesen sich aufbauenden Gefühlen keine Aufmerksamkeit zuteil, so fehlt uns die Möglichkeit, die Situation zu verändern. Und in der Folge kommt es zu Gefühlsausbrüchen, die dann etwas Unkontrolliertes bekommen.

Primäre Selbstaufmerksamkeit nimmt Veränderungen wie diese wahr. Wer über primäre Selbstaufmerksamkeit verfügt, der steht auf und lockert sich, ehe es zu Verspannungen kommt. Merkt, wo er unter Druck gerät, und löst sich für eine Weile von der Druck erzeugenden Thematik, um wieder entspannter zu werden. Und bringt Gefühle frühzeitig zum Ausdruck, ehe sie zu Explosionen oder Implosionen führen.

Wo primäre Selbstaufmerksamkeit aber fehlt, ergibt sich das komplementäre Bild. Psychosomatische Leiden entstehen; chronische Verspannungen etwa, die zu Schmerzen führen, oder Schwindelattacken infolge von Fehlhaltungen oder Bluthochdruck. Oder aber, nicht wahrgenommene Emotionen führen, übermäßig gestaut, zu plötzlichen, rätselhaften Weinkrämpfen, zu Wutausbrüchen und endlich, wo keine Entladung mehr möglich ist, zu Rückzug und depressiver Verstimmung.

## Die Tiefendimension

Beim Verlust seelischer Tiefenwahrnehmung geht es um das Nachdenken über uns selbst, das tiefere In-uns-Hineinfühlen, das Beachten wiederkehrender Gedanken, Fantasien oder Träume. Wer sich als Folge übermäßiger Außenorientierung von alledem loskoppelt, der wird einen Verlust seelischer Tiefe erleben.

Worin aber besteht seelische Tiefe? Die Bezeichnung »tief« benutzen wir da, wo etwas uns in ungewöhnlicher Weise erreicht und damit gleichsam einen Lebensnerv anrührt. So sind wir »tief« berührt, können aber auch »tief« enttäuscht sein. Und ebenso »tieftraurig« wie »tief« beglückt.

Was hier angesprochen wird, ist eine Erfahrung, die zugleich von emotionaler Intensität und besonderer Exklusivität ist. Was hier gemeint ist, geschieht einem nicht immer. Und gewinnt hieraus seinen besonderen Wert. Einen Wert, der darin besteht, zum Sein eine andere Beziehung zu haben. Eine tiefere eben.

Was wird angerührt, wenn wir »tiefe« Erfahrungen haben? Sicher ist, diese Kategorie von Erfahrungen ist elementar und von einem Event so weit entfernt wie ein mystisches Erlebnis von einem Wochenendbesäufnis. Damit ist nichts Wertendes ausgesprochen, etwas Unterscheidendes allerdings schon.

Was fehlt einem Leben, das keine Tiefe hat? Der Begriff legt es schon nahe: Es fehlt die dritte Dimension. Leben ohne die dritte Dimension aber ist in die Fläche gepinselt. Und hat daher umso mehr das Bedürfnis nach grellem Reiz. Denn es spürt, dass irgendwas fehlt.

Wo die seelische Tiefenerfahrung fehlt, da entsteht ein übermäßiges Bedürfnis nach äußerer Reizung. Das Bedürfnis nach Sinnhaftigkeit löst sich auf im Säurebad der Stimuli. Und erst, wo diese ausbleiben, gähnt dann jene Leere, die Depressive und Verzweifelte mit der Formel beschreiben: Es hat doch alles keinen Sinn.

## Die Kunst, in sich zu ruhen

Der dritte Faktor des Selbstverlusts bezieht sich auf etwas, was mit unserem tierischen Erbe korrespondiert. Schauen Sie sich einen Löwen an, wie er in der Savanne ruht. Gleichgültig, ob Sie schon einmal in der Savanne gewesen sind oder ob Sie das Bild aus Fernsehdokumentationen kennen: Das Bild des ruhenden Löwen nahe einer Schirmakazie ist sofort präsent. Der dort liegende Löwe kann, was den meisten von uns heute schwerfällt: Er kann in sich ruhen. Einfach da sein. Dabei ist er trotz aller Ruhe vollkommen präsent. Wenn irgendetwas in sein Blickfeld gerät, das nicht ganz in Ordnung ist, wird er aufmerken. Wachsam zu sein und in sich zu ruhen, schließt sich für ihn nicht aus.

Für Menschen, denen der Halt und die innere Ruhe fehlen, schon. Chronisch überreizt, mal von inneren (Gedankenschleifen, Angstfantasien) und mal von äußeren Phänomenen (Nachrichten, Klingeltöne, Werbung), sind sie überall, nur nicht bei sich. Das bedeutet nicht, dass sie nicht über sich nachdächten. Aber dieses Nachdenken ist wiederum von Stimuli durchsetzt. Und nicht selten voller Angst.

## Der Selbstverlust und seine Symptome

Da sich die Ebenen des Selbstverlusts ihrer Natur nach unterscheiden, so bringen sie auch unterschiedliche Leiden hervor.

So bringt der Verlust primärer Selbstaufmerksamkeit einerseits eruptive Symptome hervor. Nicht wahrgenommene, gestaute Gefühle brechen sich Bahn. Ein Wutanfall ist dann zum Beispiel die Folge. Ein allzu lange unter zu großer Belastung ächzendes Gefüge stürzt ein. Weinkrämpfe, womöglich ein Nervenzusammenbruch, deuten auf diese Art des Verlusts von Selbstaufmerksamkeit hin.

Die andere Symptomebene ist die der körperlichen Beschwerden. Hier führt die Summe der Belastungen wie bei einem Regenfass, bei dem der allerletzte Tropfen das Fass zum Überlaufen bringt, zu physisch unangenehmen Symptomen: Hautausschlägen, Magenbeschwerden, Schmerzen. Dabei ist die Symptombildung meist eher unspezifisch: Bei einem allzu vollen Regenfass ist es ganz gleich, woher der letzte Tropfen kommt.

Der in der zweiten Kategorie entstehende Verlust betrifft die tiefere Kommunikation mit uns selbst. Wo diese fehlt, da geht ein Leben an sich selbst vorbei. Es mag funktionieren, aber es fühlt sich nicht mehr lebendig an. Denn der Verlust der Tiefenwahrnehmung geht an das Lebensgefühl selbst. Lustlosigkeit, Sinnverlust, Depression, Leeregefühle, Zynismus – alle diese Symptome gehören hierher. Nicht ein Zuviel, sondern ein Zuwenig wird empfunden.

Der in der dritten Kategorie wirksame Faktor endlich ist an chronischer Überreizung erkennbar. Der Mensch, dem dies geschieht, verarbeitet in einem fort Informationen, geht Themen durch, erstellt Pläne und durchdenkt Strategien. Wesentlich ist, dass dies alles im Kopf stattfindet – es gibt keine Aufmerksamkeit für den Körper und keinen tieferen Gefühlskontakt. Der Betroffene erlebt Stress, das ja, aber er fühlt nicht mehr wirklich, was mit ihm los ist.

Auch hier sind die Folgen gravierend: Denn der Verlust innerer Ruhe schneidet uns von unseren Ressourcen ab. Wem dies geschieht, der wird sich selbst zum Unruhefaktor. Es ist, als sei die Möglichkeit der Steuerung für den Wechsel von Aktivität und Erholung weggefallen. Aktivität dominiert und wird noch in der völligen Erschöpfung als weiterlaufend erlebt, wirkliche Erholung findet nicht mehr statt.

## 2. Kapitel

## Von Informationsterror und durchwachten Nächten

»Früher war der Schlaf mein Freund.« So lautet der Satz, mit dem Aron das Gespräch beginnt. Er ist fahrig, er ist sprunghaft, er ist so unruhig, dass er gelegentlich aufstehen muss, um durchs Zimmer zu gehen. Er erzählt, wie furchtbar es ist, sich abends hinzulegen und bereits zu wissen, dass das Ersehnte, der Schlaf, jetzt nicht kommen wird. Er hält inne, um sicherzugehen, dass er verstanden worden ist. Er beginnt noch einmal von vorn.

Aron leitet eine Abteilung eines großen Hi-Fi- und Elektrokonzerns. Er ist businessmäßig gekleidet, korrekt, freundlich. Wenn man ihn allerdings genauer anblickt, sieht man etwas anderes. Keinen kühlen Business-Mann und keinen Fachmann für Elektrogeräte. Sondern einen Mann, der am Ende seiner Kräfte ist. Und der verzweifelt versucht, seine letzten Ressourcen zu mobilisieren, um weiter durchzuhalten.

Was ist los mit Aron? Auf den Punkt gebracht: Er schläft nicht mehr. Oder vielmehr, er schläft kaum noch, aber es fühlt sich an wie gar nicht. Zu mir kommt er, weil er von einem Behandlungsmodell gehört hat, das anders sein soll als das, was er bisher ausprobiert hat.

Arons äußere Situation ist unauffällig und liefert kaum Hinweise auf den Grund des Problems. Er verdient ausgezeichnet, und seine Beziehung nennt er den einzigen Halt, den er noch hat. Das muss freilich nichts heißen. Oftmals erkennt man bei Menschen, deren Schlaf gestört ist, eine Problemebene, die immerfort verdrängt wird: dass die Beziehung eigentlich nicht mehr befriedigt, dass man immer anders leben wollte, als man es jetzt tut. In den Zeiten, in denen die bewusste Kontrolle nachlässt, kommen solche verdrängten Inhalte leichter nach oben. Und reißen uns nachts aus dem Schlaf, scheinbar grundlos. Schlafstörungen dieser Art wären ein vertrautes klinisches Gebiet. Aber Aron schläft gar nicht erst ein. Wo beim gesunden Menschen ein sanftes Hinübergleiten von der einen in die andere Sphäre eintritt, da entsteht in Aron ein Feuerwerk von Gedankenblitzen, aufwühlenden Bildern und sinnlos kreisenden Sorgenfantasien. Was Aron beschreibt, klingt wie ein Kreislauf des Schreckens. Zum Abend hin befällt ihn, wenn Müdigkeit und wachsende Entspannung eintreten könnten, Unruhe. Er sieht zur Uhr und weiß: Morgen um sechs muss er aufstehen. Um acht Stunden Schlaf zu bekommen, müsste er um zehn Uhr schlafen. Aron glaubt schon lange nicht mehr an diese acht Stunden Schlaf. Aber es fühlt sich so an, als müsse er sie kriegen. So wie ein Motor seine Pause braucht, ein Auto neu betankt werden muss, man einen heiß gelaufenen Apparat einmal abstellt.

Aron gehört zu einer Gruppe Menschen, die gegenwärtig deutlich mehr werden. Ich habe ihr Anwachsen in den letzten Jahren an meinen Patienten mitbekommen, denn diejenigen, die von Unruhe und von Schlaflosigkeit sprechen, wurden immer zahlreicher. Sie leben in einem permanenten Alarmzustand. Als würde der Rauchmelder nicht aufhören zu piepsen, die Einbruchsicherung ständig Signale geben, der Bewegungsmelder in einem fort die Anwesenheit von Personen anzeigen.

## Die Alarmanlage geht nicht mehr aus

Ich behandle Schlafstörungen häufig. Sie sind ein Phänomen unserer Zeit, vor allem aber: Sie sind ein rein menschliches Problem. Mein Behandlungsmodell fußt unter anderem auf dieser relativ simplen Erkenntnis, die ich auf verhaltensbiologischen Arbeitsfeldern gewonnen habe.

Denn die Annahme vieler Ärzte, Schlaflosigkeit sei vor allem eine Folge von zu viel Stress, ist in ihrer Verkürzung nicht ganz richtig. Wäre dies zutreffend, so gäbe es uns vermutlich gar nicht mehr. Das Leben von Wildtieren zum Beispiel ist äußerst gefährlich. Den Stress, als Antilope vor einem Löwen zu flüchten, möchte niemand von uns erleben. Gerade da aber, wo äußerer Stress wirksam ist, sind Regeneration und Erholung besonders wichtig. Daher sind wir evolutionär darauf angelegt, gerade unter bedrohlichen Bedingungen schlaffähig zu sein.

Für viele Patienten ist dieser Gedanke erst einmal verstörend, weil er dem Zeitgeist widerspricht. Doch Beispiele aus der Evolution veranschaulichen rasch, dass der Zeitgeist hier irrt. Tiere im Dschungel leben gewiss nicht sicher. Sie alle – oder jedenfalls die meisten von ihnen – sind nicht nur selbst auf Beute aus, sie können auch Beute sein. Aber stört das ihren Schlaf?

Die Antwort ist natürlich Nein. Kein Tier wird in seinem Schlafverhalten nachhaltig dadurch gestört, dass ihm irgendetwas passieren könnte. Im Augenblick, in dem es kämpfen müsste, wäre es voll da, das natürlich. Aber sich deswegen Sorgen machen?

Aron hat aufmerksam zugehört, als ich ihm diese Zusammenhänge erläuterte. Insbesondere der permanente Alarmzustand war ihm vertraut; er konnte sich leicht darin wiedererkennen. Etwas schwieriger ist es mit der Bedrohung. Aron versteht zwar die Botschaft, aber wie kann er sie auf sich übertragen? Ist er denn bedroht? Es geht ihm doch gar nicht ans Leben.

Das ist genau der Punkt. Natürlich geht es ihm nicht ans Leben. Aber sein innerer Zustand scheint darauf hinzudeuten. Wieso, wenn doch eigentlich gar keine Gefahr vorliegt? Bei Tieren setzt der Alarmzustand immer dann ein, wenn eine akute Bedrohung im Raum steht. Warum ist Aron permanent alarmiert?

Das moderne Leben bietet eine Vielzahl von Möglichkeiten, um unsere evolutionär entwickelten Mechanismen zu überreizen oder in falsche Bahnen zu lenken. Forscher schätzen, dass der Stresspegel vieler Pendler dem Stresspegel eines Piloten im Kriegseinsatz ähnelt. Eine absurde Situation. Und doch kann jeder, der Pendler kennt, den Eindruck bestätigen, dass es hier mitunter so wirkt, als ginge es für die Fahrenden um ihr Leben.

Was würden wir finden, wenn wir in Aron hineinschauen könnten? Eine Menge Angstszenarien, die alle eines gemeinsam haben: Sie sind irgendwo auf der Welt existent. Doch sie bilden keine akute Gefahr für ihn. Zumindest nicht wirklich. Wohl aber in vermittelter Form. Als Anhänger der Überzeugung, dass ein Mensch gut informiert sein solle, verfolgt Aron täglich aktuelle Nachrichten, ist bei *Spiegel Online* ebenso zu Hause wie bei *n-tv*, liest neue Ansätze des investigativen Journalismus und verfolgt bis spätabends, was los ist in der Welt.

Was denn dabei so mit ihm geschehe, möchte ich wissen. Aron winkt erst ab, ehe er sagt, na ja, da sei schon manches, was ihm die Hutschnur hochtreibe. Als ich weiterfrage, kommt eine ganze Welle von Schreckensbotschaften auf mich zu gerollt.

## Der Pferdefuß der Information

Unsere Epoche wird das »Informationszeitalter« genannt. Dieser Begriff ist auf mehreren Ebenen zu verstehen. Einmal auf der, dass immer mehr Information immer mehr Menschen zugänglich wird, die an diese Information früher nicht gekommen wären. Das Netz ebnet den Unterschied zwischen Zonen mit einem bildungsreicheren Angebot (Städten mit ihren Bibliotheken, Museen, Theatern, Veranstaltungszyklen etc.) und eher bildungsärmeren Zonen (strukturschwache Gebiete, in denen oft selbst ein Buchladen weit entfernt liegt) zunehmend ein.

Sodann steht das Informationszeitalter aber auch für die Wichtigkeit von Information. Wohlinformiert zu sein bedeutet, auf der Höhe der Zeit zu sein. Auf der Höhe der Zeit zu sein steht dafür, mithalten zu können und wettbewerbsfähig zu sein.

In dieser Lesart ist das Informationszeitalter durchaus auch ein stressiges Zeitalter. Denn der Drang, wohlinformiert zu sein, nötigt zu immer mehr Informationsaufnahme. Und das kann durchaus einmal auf Kosten des Wohlbefindens gehen.

Unter meinen Patienten, die an Schlafstörungen leiden, ist der Anteil derer, die spätabends noch politische Nachrichten aufnehmen, sehr groß. Man mag nun sagen, das täten doch viele Menschen. Ja gewiss, aber wir reden nicht über das, was diese Nachrichtenaufnahme bewirkt. Eine Nachrichtenaufnahme, die ja vermittels Smartphone nicht wenige Menschen sogar in den Schlaf hinein begleitet.[1] Wenn ich zum Beispiel, eine halbe Stunde ehe ich schlafen gehe, noch die Nachricht mitgenommen habe, dass neue terroristische Anschläge drohen, in Teilen Afrikas Hunger herrscht und die Kriegsgefahr im Nahen Osten stetig zunimmt, was wird wohl die Folge sein? Vermutlich, dass ich mir Gedanken mache, Szenarien durchspiele, vielleicht Sorgen entwickle. Und es kann auch sein, dass ich Bilder mit ins Bett nehme – von Verhungernden beispielsweise oder von einem sich selbst verbrennenden Demonstranten.

Muss ich diese Bilder sehen? Darauf eingestellt sind wir nicht. Unser mentales Verarbeitungssystem sieht keineswegs vor, dass wir Reize aus aller Welt verarbeiten, insbesondere wenn es sich um solche handelt, auf die wir keinen Einfluss haben. Eigentümlicherweise stellt sich aber eine Art Reflex ein, wenn wir diese Bilder und Nachrichten vermeiden: Schlagartig empfinden wir uns als weniger informiert, moralisch betrachtet vielleicht sogar so, als sei uns der Rest der Welt egal.

Das ist er nicht – zumindest den meisten von uns. Und gerade hier liegt das Problem. Denn der Alarmzustand, in den unser Organismus geraten kann, zielt darauf ab, Zustände zu ändern. Wir erreichen in kurzer Zeit einen hohen Aktivierungsgrad, der es uns ermöglichen würde, zu kämpfen oder zu fliehen oder in irgendeiner anderen Weise aktiv zu werden.

Aber wie geht das bei Schrecknissen, die Tausende von Kilometern weit weg passieren? Wie soll man kämpfen oder flüchten angesichts von Bildern, die keine Wahl lassen, auch nur irgendwie aktiv zu werden? Muss nicht aus Empathie reines Entsetzen werden, wo wir keine Einflussmöglichkeiten mehr besitzen? Und sind nicht die vorausberechneten Szenarien von Klimawandel und Finanzkatastrophe, von Terror und von ökologischen Zusammenbrüchen Alarmprogramme, die wegen der fehlenden Handlungsmöglichkeiten die Psyche dauerhaft überfordern müssen?

Wir alle sind es gewohnt, Information als etwas Positives zu bewerten. Aber das ist ganz offenbar eine Bewertung, die unserer Zeit nicht mehr gerecht wird. Denn es gibt Information, die Wert besitzt, und solche, die komplett wertlos ist. Information, die Handeln ermöglicht, und solche, die nur lähmende Starre bewirkt. Information, die mir hilft. Und Information, die mich krank macht.

Kann eine Information auch falsch sein? Im Grunde ja, natürlich. Und doch haftet dem Begriff etwas so Sachliches an, dass wir implizit davon ausgehen, dass Informationen stimmen müssen. Überdies stecken wir in dem Dilemma, dass wir zwischen echten Informationen – also Nachrichten über tatsächliche Sachverhalte – und medialen Unwahrheiten nicht immer verlässlich unterscheiden können. Die bekanntesten Beispiele hierzu stammen aus den Berichten über den ersten Golfkrieg, in dem Fakten bewusst unterschlagen oder verändert wurden, um bei den Fernsehzuschauern gezielt Eindrücke hervorzurufen. Da sie dies nicht nachprüfen konnten – sie waren nicht vor Ort, sie glaubten, was man ihnen vermittelte –, hatten sie gar nicht die Möglichkeit, zu erkennen, was eine wirkliche Information war. Und was eben keine. Das Zeitalter der Information ist daher auch das Zeitalter des Fakes.

## Filtern und Navigieren

Kann man unter solchen Umständen noch »wohlinformiert« sein? Kaum, denn selbst wenn wir irrtümlich annähmen, dass immer noch ein großer Teil der uns zugeführten Informationen eine echte Information, das heißt eine Nachricht über einen wahren Sachverhalt ist, ergäbe sich nur ein neues Problem. Dieses Problem wäre das der Gewichtung.

Wer aus einer Informationsmenge die relevanten Daten herausfiltern will, der braucht Muster und Methoden, nach denen er vorgeht.[2] Ein Journalist zum Beispiel kann in der Regel Texte querlesen und auf relevante Fakten hin abscannen. Ein Psychoanalytiker geht beim Deuten von Träumen bestimmten Mustern nach, die ihm auffällig erscheinen. Und ein Arzt sammelt aus den Informationen, die er erhält, die für eine Diagnose wesentlichen zielsicher heraus. Sie alle haben Fähigkeiten ausgebildet, die ihnen erlauben, sich auch in einer Datenflut noch sicher zu bewegen. Diese Fähigkeiten sind Teile ihres Berufsbildes, und zu einem nicht unbeträchtlichen Teil beruhen sie auf Erfahrung.

Wie aber entwickelt man so eine Erfahrung angesichts von Datenmengen, die an keinen Beruf und keinen Zweck mehr gekoppelt sind? Woran erkenne ich überhaupt den Wert einer Information? Ist es für mich wichtig, zu wissen, dass David Beckham einen neuen Haarschnitt hat? Wenn ich Friseur bin, dann vielleicht schon, denn es werden Leute kommen, die genau diesen Haarschnitt haben möchten. Aber als Obstverkäufer oder als Lehrerin?

## Das zugeschüttete Gehirn

Gewöhnlich versuchen wir, das Dilemma der Unwägbarkeit durch das Gesetz der Menge zu lösen. Da wir nicht wissen, welche Informationen wichtig sind und welche nicht, nehmen wir einfach so viele auf wie nur möglich. Das entspricht dem, was auch ein Computer täte. Ihm allerdings würde sich nicht das Problem stellen, dass mit dieser enormen Informationsanhäufung Lebenszeit vertan wird. Und dass die Sicherheit, hier zu klügeren Gewichtungen zu gelangen, mit dem Gesetz der Menge keineswegs steigt. Sondern im Gegenteil sogar sinkt.

Das menschliche Gehirn, das aus guten Gründen nicht exakt arbeitet, hat nun mit beidem seine Probleme. Wie wäre es zum Beispiel mit dem Satz: »Geh nicht in den Keller, dort sind böse Geister«? In unserer Welt wäre dies keine Information, sondern allenfalls ein Witz oder aber die ängstliche Sicht eines unbedarften Kindes. In manchen Teilen der Welt aber wäre dies durchaus eine Information. Der Unterschied besteht darin, dass wir uns darauf geeinigt haben, dass es Geister (wahrscheinlich) nicht gibt, während man woanders durchaus an die Existenz von Geistern glaubt.

Vielleicht haben Sie auch von der Nachricht gehört, dass es eine App geben soll, die Ihr Smartphone bis zu zehn Meter Tiefe absolut wasserdicht macht. Diese App haben sich tatsächlich eine Menge Leute herunterzuladen versucht, denn das klang doch gut: ein wasserdichtes Smartphone. Woran sie im Moment des Herunterladens nicht dachten: Keine Software (App) kann auf die Hardware (Smartphone) unmittelbar so einwirken, dass sich dabei das Material verändert. Die Information – hier ist eine App, die Ihr Handy sichert – war purer Blödsinn.

Es ist ein Zeichen unserer Zeit, dass die Grenzen zwischen sinnvoller Information und purem Blödsinn immer wieder verschoben werden. Dabei sind es keineswegs nur Narren, die den unsinnigen Nachrichten auf den Leim gehen. Denn da wir permanent Nachrichten bekommen, die ohne größeren Wert für uns sind, und dennoch weiterhin Informationen sammeln – es könnten ja wichtige Dinge dabei sein –, arbeiten unsere Gehirne immer weniger trennscharf. Und sitzen in der Folge selbst offenkundigem Nonsens leichter auf.

Sind wir also kollektiv dazu verurteilt, immer weniger Bescheid zu wissen, während wir uns trotzdem wohlinformiert glauben? Das wäre die Verwirklichung eines beunruhigenden Science-Fiction-Szenarios. Aber genau darauf läuft es hinaus. Ein mit Informationen zugeschüttetes Gehirn wird schlicht unfähig sein, Relevantes von Irrelevantem zu trennen und Wahrheit von Fake zu unterscheiden. Jedenfalls, wenn es rein rational vorgeht. Vielleicht aber ergeben sich bessere Möglichkeiten, wenn wir und unsere Kinder wieder jene Kompetenzen zu aktivieren lernen, die ein Computer nicht hat.

## Die Überlastung des Systems

Der amerikanische Neurowissenschaftler Daniel J. Levitin lehrt an der McGill-Universität in Montreal. In seiner Arbeit bringt er Disziplinen zusammen, die einander in Hinsicht auf die Frage der Informationsverarbeitung eindrucksvoll ergänzen. Levitin ist nämlich auch als Musiker und Musikproduzent tätig und bezieht seine Arbeitsfelder mitunter aufeinander. In seinem Buch *The Organized Mind* stellt er dar, dass unsere Gehirne ihrer Anlage gemäß darauf ausgerichtet sind, möglichst alle verfügbare Information aufzunehmen.[3] Das führt im Zeitalter beständig auf uns eindrängender Informationen natürlich zur Überlastung des Systems.

Zum Beispiel im Straßenverkehr. Hier kann jede Information wichtig sein und für mich eine Gefahr oder eine Möglichkeit enthalten. Ob ich eine Parklücke entdecke zum Beispiel. Ob plötzlich eine Geschwindigkeitsbegrenzung auftaucht. Oder ob mich soeben ein Radfahrer rechts überholt. Was in diesen Kontext aber gar nicht hineingehört und auch aus der Perspektive der Evolution absolut keinen Wert besitzt, ist die gerade im Autoradio erörterte Frage, ob der Börsenkurs sich geändert hat. Ob meine Freundin im Supermarkt einen superguten Frankenwein entdeckt hat. Oder ob es im schwedischen Königshaus ein Problem gibt.

Um zu wissen, ob eine Information Relevanz besitzt oder nicht, muss man sie zuordnen können. Das setzt voraus, sie entweder bereits zu kennen oder aber aus ihrem Kontext ableiten zu können, inwieweit sie eventuell von Wichtigkeit ist. Da beides angesichts der riesigen Informationsmengen, die auf uns eindringen, oftmals nicht möglich ist, nehmen wir eine unglaubliche Menge an Information auf, ohne dass ein innerer Filter wirksam würde. In dieser Menge wiederum ist eine große Anzahl von Reizen enthalten, die alarmierend sind. Und die als Alarmreize wirken, wenn wir nicht lernen, sie auszufiltern, das heißt, zu unterscheiden, welche davon für unser Zurechtkommen im Alltag relevant sind und welche nicht.

Am Beispiel Aron wird deutlich, welchem Konflikt wir gegenwärtig ausgesetzt sind. Es ist der Konflikt zwischen der Zugänglichkeit von Information und der Bedeutung von Information. Die neue und permanente Zugänglichkeit weltumspannender Daten trägt dazu bei, dass jene Informationen, die aus dem Körperinnern und der seelischen Welt stammen, anscheinend irrelevanter geworden sind. Genau diese problematische Verschiebung von Wichtigkeiten aber bedingt, dass aus dem ruhenden Löwen im Schoß der Evolution ein getriebenes Tier wird, dem keine Erholung mehr möglich ist.

## Information bedeutet Stimulation

Es ist ein schwieriger Prozess gewesen, Aron davon zu überzeugen, dass sein Gehirn auf Informationen nicht neutral reagiert, sondern diese zu einem großen Teil als Stimuli verarbeitet. Bloße, gewissermaßen rein sachliche Information gibt es zwar, aber sie ist gewöhnlich vermischt mit emotional bedeutsamen Inhalten oder regt diese zumindest an.

Informationen nicht mehr allein sachlich, sondern auch unter dem Gesichtspunkt ihrer emotionalen Auswirkungen zu betrachten könnte zur Folge haben, dass wir uns vor dem Anschauen einer Nachrichtensendung etwa fragen, wie wir die Inhalte, um die es gleich gehen wird, wohl verarbeiten werden. Und dass wir uns entweder entscheiden, die Auseinandersetzung mit diesen Inhalten nur dann zu führen, wenn wir emotional stabil genug sind. Oder aber, dass wir zu dem Schluss kommen, dass diese Inhalte für uns weniger relevant sind, als wir gemeinhin denken. Und dass wir uns mit dem Anschauen einem Stress aussetzen würden, der für uns keinen Sinn ergibt.

Insbesondere im Internet aber führen Informationen ein Eigenleben, was ihre Bewertung nicht leichter macht.[4] Umso entscheidender ist es, die Informationen, die aus dem Organismus selbst kommen, wieder bewusster zu registrieren. In zunächst kurzen, dann größere Zeiträume einnehmenden mentalen Übungen wird Aron lernen, den Informationen, die aus ihm selbst kommen, wieder mehr Beachtung zu schenken. Das erscheint ihm zunächst vollkommen irrelevant, so als sei er in seiner Selbstwahrnehmung vom Weltgeschehen abgeschnitten. Erst eine Metapher hilft ihm zu erkennen, was durch das gewaltige Ausmaß an Informationsaufnahme wirklich in ihm geschieht. Und warum die Rückkehr zu den von innen kommenden Informationen für sein Wohlbefinden so wichtig ist.

## Infiltration statt Information

Wenn wir uns fragen würden, wie viele Informationen wir an einem normalen Samstag morgens um zehn Uhr bekommen, so würden die meisten von uns sagen, das halte sich in überschaubaren Grenzen. Wir haben von einem Wahlergebnis gelesen, zur Kenntnis genommen, dass ein Filmstar gestorben ist, und vielleicht hat unser Kind uns erzählt, welches Level es bei »Clash of Clans« erreicht hat.

So weit die Informationen, an die wir uns erinnern. Aber wenn wir auch nur kurz beim Bäcker (oder im nahe gelegenen Supermarkt) waren, dann haben wir aus beiläufigen Gesprächen Inhalte herausgehört, haben auf Tafeln über Allergene gelesen und wurden im Supermarkt von ständig mitlaufenden Werbesendungen mit Sonderangeboten beschallt.

Nach all diesen Informationen haben wir nicht gesucht, sie kamen einfach zu uns. Hätten wir sie zurückweisen können, so wäre nicht jede von ihnen an uns herangekommen. Aber wir konnten sie gar nicht zurückweisen, sie waren einfach da. Insbesondere der Teil der auf uns eindringenden Informationen, der zu Werbezwecken eingesetzt wird, setzt sich dabei über mögliche Formen der Zurückweisung hinweg.

Diesen Dauerbeschuss durch akustische und optische Reize hat der französische Architekt und Philosoph Paul Virilio einmal die »Kolonisierung« unserer Körper genannt. Kolonisierung deshalb, weil wir uns nicht aussuchen, was wir ansehen oder hören wollen: Wir werden damit auch gegen unseren Willen konfrontiert, und die Reize gehen in uns ein wie Besatzer, die ein unberührtes Land zu ihrer Kolonie erklären.[5]

Anstelle von »Informationszeitalter« wäre, wenn wir Virilios These weiterentwickelten, »Infiltrationszeitalter« vielleicht der bessere Begriff. Oder wir müssten ein neues Verständnis des Begriffs Information entwickeln. Eines, in dem Information auch im Sinn einer Bedrohung enthalten wäre.

Denn alles das, was wir am Begriff »Information« und an den Ableitungen »informiert sein« oder in der Steigerung »gut informiert sein« so schätzen, stammt ja aus Zeiten, in denen der Zugang zur Information verstellt war. Nur wenigen Glücklichen stand er uneingeschränkt offen, während teils durch Standes- oder Milieuhindernisse, teils durch mangelnde Bildung der Großteil derer, die auch gern besser Bescheid gewusst hätte, draußen bleiben musste. Bis vor wenigen Jahrzehnten noch war es zum Beispiel einem Patienten, der medizinisch und wissenschaftlich keine Kenntnisse besaß, unmöglich, herauszufinden, ob das ihm verabreichte Medikament in befriedigendem Maß für hilfreich anzusehen war, welche Nebenwirkungen es aufwies und wie andere Patienten seine Qualität einschätzten. Heute ist so etwas mit ein wenig Aufwand auch einem Laien möglich. Wenn wir die heutige Situation mit der früheren vergleichen, leuchtet daher der Emanzipationsfortschritt durch mehr Zugänge zum Wissen unmittelbar ein. Andererseits ist die Information heute auch zu einer Waffe geworden. Gezielte Fehlinformationen unterstützen politische Entscheidungen, vorenthaltene Informationen halten gesellschaftliche Prozesse unter Kontrolle.

Was können wir angesichts dieser Entwicklungen tun? Nun, wenn Tiere zwischen den Informationen aus dem Innen und denen aus dem Außen eine notwendige Balance zu halten vermögen, dann wird uns dies auch im Zeitalter der Überreizung grundsätzlich möglich sein. Hierfür aber müssen wir zur Kenntnis nehmen, dass uns ein Übermaß an Außeninformation in Verbindung mit dem Ignorieren innerer Informationsquellen krank macht. Es wird darauf ankommen, gerade angesichts der Informationsfluten, zu denen wir einerseits Zugang haben, die aber andererseits auch ungefragt auf uns eindringen, eine neue Art Gespür für das zu entwickeln, was für uns wirklich wesentlich ist. Und für das andere jene gesunde Form der Abwehr auszubilden, die ein Hund gegenüber einer Fernsehserie zeigt. Er wendet sich vom Bildschirm ab und einer menschlichen Bezugsperson zu.

# 3. Kapitel

## Multitasking als innere Spaltung

Als Moritz mit dem Psychologen sprach, zu dem er nach seinem Unfall gehen musste, erstaunte ihn, was dieser für Zahlen nannte. Er hatte Moritz gefragt, was er denn wohl glaube, um wie viel sich beim Telefonieren im Straßenverkehr das Unfallrisiko erhöhe. Moritz hatte nämlich gemacht, was viele machen. Er hatte telefoniert, während er sein Auto steuerte. Allerdings ohne Freisprechanlage, sondern so, wie es besonders hart geahndet wird: mit dem Smartphone am Ohr. So hatte er ein kleines bisschen zu langsam reagiert, als die Verkehrssituation mit einem Mal anspruchsvoll wurde. Weil nämlich ein stehen gelassener Einkaufswagen auf einem abschüssigen Seitenweg ins Rollen gekommen und auf die Fahrbahn geglitten war. Moritz erwischte den Einkaufswagen mit vollem Tempo, trat verspätet in die Bremsen, kam ins Schleudern und rammte gleich zwei nahe dem Supermarkt in zweiter Reihe geparkte Autos. So viel Schaden zog dann natürlich Aufmerksamkeit auf sich, in erster Linie die der Polizei, die Moritz schon als rasanten Fahrer kannte …

Und nun sitzt er also hier. Der Verkehrspsychologe hat ihm ein paar Fragen gestellt, darunter die, um wie viel das Risiko denn wohl steige. Moritz fühlt sich unwohl. Das hat etwas von Austricksen hier. Oder eher noch von Schule. Der Psychologe hat die bessere Rolle. Er ist der Lehrer und darf prüfen. Moritz dagegen muss sich prüfen lassen. Und wenn er die falsche Antwort gibt, ist er durchgefallen. Da empfiehlt es sich, ein bisschen drastisch zu schätzen. Vielleicht sogar zu übertreiben.

»Verdoppelt«, sagt er. Und ergänzt dann, mit einem selbstkritischen Ausdruck im Gesicht:»Nein, nein, wahrscheinlich doch eher verdreifacht. Das Risiko verdreifacht sich vermutlich.« Dann wartet er auf die Frage, die ja kommen muss. Warum er bei so einer Risikovermutung trotzdem am Steuer Telefongespräche führe. Doch es kommt anders.

»Nein«, sagt der Psychologe,»es verdoppelt sich nicht und es verdreifacht sich auch nicht.« Er spricht sachlich, fast ein bisschen trocken. Vielleicht hat Moritz doch ein bisschen zu hoch gelegen.

»Fünfundzwanzig«, hört Moritz den Fachmann sagen, der Tonfall dabei ebenso sachlich wie zuvor und ohne einen Hauch von Kritik,»es steigt um das Fünfundzwanzigfache.«

Moritz weiß schon, dass er richtig gehört hat. Aber er glaubt seinen Sinnen nicht ganz. Und doch hat er ganz richtig vernommen, dass das Unfallrisiko eines Autofahrers, der sein Handy am Ohr hat, um das Fünfundzwanzigfache ansteigt. Im Fall eines Glücksspiels wäre die fünfundzwanzigfache Chance, zu gewinnen, so gut, wie den Jackpot bereits in der Hand zu haben.

Woran es dann liege, dass er noch keinen Unfall verursacht habe, will Moritz wissen. Er bekommt die Antwort, dass es ja andere, aufmerksamere Fahrer gebe als ihn. Das gefällt ihm nicht, ja, es ärgert ihn. Er fühlt sich kleingemacht.

Die Gesprächsebene wechselt. Nun will der Psychologe etwas über sein gesundheitliches Befinden erfahren und darüber, wie Moritz seine körperliche Fitness einschätzt. Die sei gut, meint er, aber oftmals fühle er zu spät, wie verspannt er eigentlich sei. Dann erzählt er, dass er häufig Kopfweh habe und seine Freundin dann bitte, ihm die Schulter- und Nackenmuskeln zu massieren.

»Aber schauen Sie«, sagt Moritz,»das macht sie dann so!«

Er dreht den Kopf weg, blickt auf etwas Imaginäres auf der Sessellehne und knetet in der Luft herum. Es sieht aus, als bearbeite er irgendetwas, an dem nicht das leiseste Interesse besteht. Etwas gänzlich Uninteressantes.

»Immer braucht sie dabei was zu lesen. Hat immer eine Zeitschrift oder ein Buch dabei, das Massieren langweilt sie zu sehr, sagt sie.«

Der Psychologe lacht. Ob ihm eigentlich auffalle, dass das ungefähr dasselbe sei, wie am Steuer zu telefonieren. Moritz stutzt und beginnt dann selbst zu lachen.

»Sie meinen, kein Interesse für das, was man tut?«

Nicht ganz, meint der Psychologe, aber so ähnlich. Eher meine er, dass jemand zwei Dinge gleichzeitig tut und keines von beiden dann richtig.

## Ich krieg das alles hin

Beide, Moritz wie auch seine Freundin, betreiben das, was man Multitasking nennt. Multitasking ist ursprünglich ein technischer Begriff. Er meint die Möglichkeit eines Betriebssystems, mehrere Arbeitsprozesse nebeneinander ablaufen zu lassen. In der Psychologie spricht man von Multitasking da, wo es um das parallele Erledigen zweier oder mehrerer Aufgaben geht. Dass wir das – zum Teil – können, wissen wir alle. Schon unsere Mütter konnten sich unsere Schulsorgen anhören, während sie Kartoffeln schälten.

Auf das, was hier geleistet werden muss, sind wir anscheinend evolutionär ganz gut vorbereitet. Die Löwenmutter muss, während sie ihre Jungen säugt, gleichzeitig die Umgebung im Auge behalten. Jeder von uns kann überdies eine Vielzahl peripherer Reize wahrnehmen, während er einer Tätigkeit nachgeht. Jedoch: Ist dies schon Multitasking? Wir kämen ja auch nicht auf die Idee, etwa Sexualität als Multitasking zu bezeichnen, obschon dabei das Handeln und gleichzeitige Verarbeiten von Reizen in einem sehr komplexen Verhältnis zueinander stehen.

Multitasking ist also nicht einfach nur das parallele Tun hier und Wahrnehmen da. Die Mutter, der wir unsere Schulsorgen erzählten, sollte ja nicht bloß wahrnehmen – sie sollte teilnehmen. Das aber ist eine ganz andere Aufgabenstellung. Denn ein intensives Gespräch zu führen ist eine anspruchsvolle Aufgabe. Ob die beim Kochen wirklich adäquat zu lösen ist, darüber gehen die Meinungen auseinander.

Lange Zeit hat niemand solche Fragen gestellt. Das liegt zum einen daran, dass erst seit knapp zwei Jahrzehnten von Multitasking gesprochen wird. Um die Jahrtausendwende herum galt Multitasking als eine ausgesprochene Kompetenz. Eine übrigens, die Annahmen zufolge bei Frauen häufiger zu finden war als bei Männern.

Hierfür gibt es in der Tat Hinweise. Da ist zum Beispiel die Beobachtung, dass viele Frauen, insbesondere Mütter, tatsächlich viele Dinge gleichzeitig erledigen – oder zumindest kurz hintereinander. Sie kommen von der Arbeit, die sie halbtags ausüben, sie kochen, sie helfen dem Kind bei den Hausaufgaben, sie fahren es zum Sport und arbeiten hinterher die Rechnungen durch, weil die Heizkosten wieder gestiegen sind. Zwischendurch versuchen sie noch, ein paar Dinge nachzuarbeiten, die morgens bei der Arbeit nicht zu Ende geführt werden konnten.

Ein bekanntes Szenario? Für viele ja. Und es ist ein sehr stressintensives Szenario. Mütter wie die hier beschriebenen sind oftmals am Abend ziemlich erschöpft – und das liegt weniger an der Gesamtleistung, die sie zu erbringen hatten (viele von ihnen betonen sogar, dass sie ja eigentlich nicht viel zu leisten hätten), sondern am ständigen Umschalten. Die ruhige Routine, die sich einstellt, wenn man längere Zeit an einer Sache dranbleiben kann, findet bei ihnen einfach nicht statt. Während der ständige Wechsel von zu erfüllenden Aufgaben ein Stressniveau erzeugt, das aus den Einzeltätigkeiten nicht abgeleitet werden kann. Wohl aber aus der Summe der verschiedenen Anforderungen.

Der Psychologe Gijsbert Stoet und seine Mitarbeiter untersuchten die unterschiedlichen Formen des Multitaskings bei Frauen und Männern. Dabei konzentrierten sie sich insbesondere auf eine Form des Multitaskings, die im strengen Sinn gar kein Multitasking ist: Sie erforschten die Erledigung sehr schnell aufeinanderfolgender Aufgaben. Bei solchen Szenarien wird nicht wirklich parallel erarbeitet, was zu leisten ist, sondern in sehr eng getakteten Zeiteinheiten.[1]

Die Studie ergab tatsächlich eine partielle Überlegenheit der Frauen gegenüber den Männern, dies jedoch in nennenswerter Weise nur auf einem einzigen Feld (einen Schlüssel finden, während das Telefon klingelt). Aufs Ganze gesehen erwiesen sich die Unterschiede als geringer, als die verbreitete Ansicht dies nahelegen würde. Vor allem aber ließ die Studie, ähnlich wie viele Studien in diesem Forschungssegment, kaum erkennen, welche Art Belastung eigentlich mit dem Multitasking einhergeht.

## Freudlose Optimierung

Der Computerwissenschaftler Dario Salvucci verweist gern darauf, dass Multitasking längst überall stattfindet. Wir fahren Auto, während wir miteinander reden; wir bearbeiten eingehende Post und telefonieren dabei. Salvucci hat recht. Multitasking findet überall statt. Nur bedeutet das nicht, dass es auch gut ist. Das bloße gehäufte Auftreten von etwas sagt ja über dessen Wert noch nichts aus. Und doch ist die Häufigkeit des Multitaskings ein bedeutsamer Grund, genau diesen Wert näher zu untersuchen.

Als Computerwissenschaftler geht Salvucci ähnlich wie der »Künstliche Intelligenz«-Forscher Niels Taatgen von dem Gedanken aus, dass menschliches Multitasking prinzipiell verbessert werden kann, wenn wir uns an den Prozessen orientieren, die Multitasking in technischen Betriebssystemen erfolgreich machen.[2] Wäre es nicht denkbar, dass wir von effizient ablaufenden technischen Prozessen Rückschlüsse auf unsere eigenen Funktionsweisen ziehen und diese dann, technischen Modellen folgend, optimieren könnten?

Spürt man einen Augenblick in die Fragestellung hinein, regt sich Skepsis. Und zwar weniger der erwogenen Möglichkeiten wegen – auf sie kommen wir gleich – als vielmehr um der Frage willen, warum wir das eigentlich tun sollten? Um uns im Sinne einer Maschine zu optimieren? Vielleicht würde unsere Leistungsfähigkeit in der Tat wachsen, aber wie stünde es denn mit dem, was mit der Konzentration auf ein Tun eng zusammenhängt, nämlich mit der Freude an dem, was man tut?

Kehren wir noch einmal zu Moritz und seiner Freundin zurück. Selbst wenn sie perfekt massieren kann, während sie gleichzeitig etwas liest, so bliebe doch der Eindruck übrig, dass Moritz ihre Anteilnahme nicht spürt. Abläufe mag man verbessern, vielleicht sogar optimieren können. Aber Zuwendung hängt nun einmal an ungeteilter Aufmerksamkeit.

## Ausnahmezustand im Gehirn

Kommen wir auf die technische Seite der Fragestellung zu sprechen. Hier geht bei Taatgen und Salvucci das Übertragen von Maschinenfunktionen auf das menschliche System ein bisschen zu schnell. Da wir es mit Computerwissenschaftlern zu tun haben, liegt die Frage nahe, ob hier die Funktionsweisen eines Rechners nicht allzu ungeprüft auf menschliche Gehirne übertragen werden. Neuesten Forschungsergebnissen zufolge zeigen Gehirne bei Multitasking nämlich ein sehr interessantes Verhalten.

Die entscheidende Rolle beim Lösen von Aufgaben spielt eine Hirnregion, die seit dem englischen Physiologen David Ferrier (1843–1928) als »präfrontaler Kortex« bezeichnet wird. Was der präfrontale Kortex zu tun hat, ist überaus komplex. Er bekommt Signale aus allen wesentlichen sensorischen Zentren, und zwar sowohl Signale, die von außen, als auch Signale, die von innen, also aus dem Organismus selbst kommen. Wie Antonio Damasio schrieb, beinhaltet der präfrontale Kortex Hirnregionen, »die jederzeit Signale über praktisch jede Aktivität in unserem Geist und Körper empfangen«.[3] Mit diesen Möglichkeiten ausgestattet, ist er dafür zuständig, eingehende sensorische Reize mit Erinnerungsinhalten abzugleichen. Überdies obliegt ihm eine wichtige regulatorische Funktion hinsichtlich des limbischen Systems, einer alten und hochkomplexen Struktur unseres Gehirns, die u. a. mit Emotionalität und Sexualität, aber auch mit der Speicherung von Gedächtnisinhalten und Lernvorgängen befasst ist.

Man könnte also sagen, der präfrontale Kortex sei eine bedeutende (manche Forscher sagen: die bedeutendste) Steuerungszentrale unseres Gehirns. Das legt nahe, dass der präfrontale Kortex auch beim Bearbeiten wichtiger Aufgaben aktiv ist. Und hier genau lässt sich zeigen, was Multitasking ganz konkret für Auswirkungen hat.

Die französischen Neurowissenschaftler Étienne Koechlin und Sylvain Charron konnten nachweisen, dass die Aktivität des präfrontalen Kortex sich verändert, wenn Probanden statt einer einzigen Aufgabe, auf die sie sich ganz konzentrieren können, zwei bekommen und ihre Aufmerksamkeit also aufteilen müssen.

Bei Menschen, die konzentriert an einer Sache arbeiten, funktionieren die beiden Teile des präfrontalen Kortex in den zwei Hirnhälften synchron. Sie sind gleichermaßen an der Lösung der Aufgabe beteiligt. Bei zwei Aufgaben jedoch, die parallel gelöst werden sollen, findet eine merkwürdige Aufspaltung statt: Die linke Hälfte des präfrontalen Kortex widmet sich nun nämlich dem ersten und die rechte Hälfte des präfrontalen Kortex dem zweiten Aufgabenfeld.[4]

Arbeitsteilung, mag man hier vielleicht sagen, aber das wäre zu harmlos. Eher schon könnte man von einer Strategie unter Krisendruck sprechen. Einem Ausnahmezustand gewissermaßen, der nicht ohne Folgen bleiben wird. Denn klar ist ja, dass nicht beide Seiten des Systems die gleichen Informationen bekommen. Étienne Koechlin hat selbst betont, dass mehr als zwei Aufgaben parallel zu lösen eine Überforderung des Gehirns bedeute. Dies auch deshalb, weil in unseren Gehirnen nicht, wie bei Rechnern, viele Prozesse parallel ablaufen, sondern in einem, wenn auch sehr, sehr schnellen Nacheinander.

Man muss sich nur vorstellen, was diese Systemüberforderung für emotional wichtige Aufgabenstellungen bedeuten würde. Wenn die Aufspaltung im Gehirn hierbei in der beschriebenen Weise abliefe, so würde das innerlich synchronisierte Handeln, die Abstimmung einer Person mit sich selbst, empfindlich leiden. Und der Preis für den Anschein erhöhter, maschinenähnlicher Leistungsfähigkeit bestünde in einer Entfremdung von sich selbst.

## Multitasking macht unsozial

Multitasking ist also nicht nur anstrengend und führt zu schlechteren Ergebnissen. Es steht auch im Verdacht, das Sozialverhalten zu behindern. Die Gründe hierfür könnten vielfältig sein. Sicher ist, dass dabei der präfrontale Kortex erneut eine Rolle spielt.

In Antonio Damasios oben zitiertem Buch wird mit Nachdruck darauf hingewiesen, wie bedeutend die Rolle des präfrontalen Kortex für unser Zusammenleben ist. Wir wissen zum Beispiel, dass Menschenaffen bei einer Schädigung dieser Region ihre Fähigkeit zum Sozialleben einbüßen, da sie nicht mehr in der Lage sind, die hierfür notwendigen Codes zu berücksichtigen.

Ist die Vermutung verfrüht, dass Menschen, die zum Multitasking erzogen werden, in ihrem Sozialverhalten möglicherweise Einschränkungen entwickeln werden? Leider nein. Der Kommunikationswissenschaftler Clifford Nass und der Erziehungswissenschaftler Roy Pea von der Stanford University fanden bei Acht- bis

Zwölfjährigen gravierende Einschränkungen infolge von Multitasking. In ihrer Untersuchung bezogen sie sich besonders auf das »media multitasking«, also die gleichzeitige Verwendung von Fernsehen und Computernutzung im sozialen Kontakt.[5] Die wichtigste Frage, die uns beschäftigen sollte, haben wir uns vor dem Hintergrund solcher Daten noch nicht nachdrücklich genug gestellt. Was ist so interessant daran, mehrere Aufgaben gleichzeitig zu erledigen?

Bei näherer Betrachtung eigentlich gar nichts. Zieht man einmal die narzisstische Befriedigung ab, die darin bestehen könnte, zu demonstrieren, was man doch alles hinkriegt, so bleibt nicht viel übrig. Bei allem, was uns wichtig ist, schätzen wir parallele Aufgabenstellungen ja auch nicht. Möchten wir beim Küssen noch nebenher Wirtschaftsanalysen lesen? Wir schließen ja meist schon die Augen, um dabei Konzentration und Hingabe zu intensivieren. Oder möchte irgendwer parallel zum Sex noch etwas anderes machen? Über Umweltpolitik diskutieren zum Beispiel? Rein rational betrachtet spräche nichts dagegen: Sexualität ist eine Angelegenheit, die körperliche Empfindungen und Gefühle betrifft, der Intellekt ist dagegen kaum beteiligt. Er könnte sich daher doch ganz gut dringenden Fragestellungen widmen …

Die Absurdität der Beispiele zeigt: Wo wir intensiven Lustgewinn und tiefe Begegnung suchen, kommen wir offenbar gar nicht auf die Idee, es mit Multitasking zu probieren. Das passiert nur – ja, wo eigentlich? Vermutlich da, wo wir in einem fort den Eindruck haben, noch etwas erledigen zu müssen.

Betrachten wir Moritz noch einmal, mit dem dieses Kapitel begann. Mit wem hat er eigentlich telefoniert, als er Auto fuhr? Was war ihm so wichtig, dass er dafür einen Unfall riskierte – der dann auch eintrat? Die Antwort ist so grotesk, dass man sie kaum erfinden könnte: Er telefonierte mit dem Fensterputzer.

Wie fühlt man sich, wenn man für ein banales und leicht aufzuschiebendes Gespräch das 25-fache Risiko eingeht, verletzt zu werden oder selbst einen anderen zu verletzen? Moritz fühlte sich großartig, weil er nämlich den Eindruck hatte, ganz schön viele Dinge im Griff zu haben. Dass man kaum etwas wirklich im Griff hat, ist eine unliebsame Erkenntnis. Wenn auch eine, an der man nicht vorbeikommt. Gelangt man aber zu dieser Erkenntnis, so stellt man verwundert fest, dass es Phänomene gibt, die mit dem Multitasking durchaus verwandt sind. Nur seltsamerweise sind sie mit einem erheblich schlechteren Ruf verbunden.

## Die wandernde Aufmerksamkeit

Kaum sind wir da, sind wir woanders. Aus dem Büro heimkehrend, nehmen wir unsere Kinder wahr, kurz nur, und dann summt es in unserer Tasche, und von hinten ruft jemand unseren Namen. Zögernd, ob wir eher ans Smartphone gehen oder schauen sollen, wer denn da ruft, klingt von irgendwo Musik zu uns herüber, gefolgt von einer Stimme, die sich freut, dass wir da sind, aber wir müssen bald wieder los. Zum Elternabend nämlich.

Essen? Keine schlechte Idee. Aber erst einmal sind die unerledigten Mails dran, dann die Nachrichten, und zwischendurch – nein, das wird nichts, wir werden an der Werbung hängen bleiben, eines unserer Kinder wird Probleme mit den Hausaufgaben haben, wir brauchen dringend mal ein Bier, und die Stimme, die da gerufen hat, ist immer noch nicht zugeordnet.

Wir könnten mal eine Pause brauchen. Oder die Achtsamkeits-CD einlegen, die wir nach dem Kurs gekauft haben, der uns gut gefallen hat. Ob es Achtsamkeitsübungen auch auf Youtube gibt? Das könnten wir mal nachsehen. Am besten gleich, denn man schiebt so vieles Wichtige auf. Also … Nein, das wird auch nichts, denn wir müssen ja los. Der Elternabend wartet, aber worauf eigentlich? Ist er wirklich wichtiger als die Kinder, die wir dann weniger sehen? Der Anrufer eben, wer mag das übrigens gewesen sein? Ein kleiner Piep signalisiert, dass er auf die Mailbox gesprochen hat. Wenn wir das Bier nun schnell trinken und schauen, ob da noch Pizza ist, dann werden wir online die Nachrichten checken, pünktlich beim Elternabend ankommen und haben sogar vorher noch den Anruf abgehört. Nur die Hausaufgaben, die Achtsamkeit und – ach ja, die Kinder ...

Viele von uns leben so. Vielleicht nicht ganz so überzeichnet, wie hier dargestellt, aber tendenziell eben doch. Ob sie es sich wohl ausgesucht haben, so zu leben? Möglich, aber unwahrscheinlich. Denn glücklich wird man so nicht. Aber warum ist es dann so? Warum eine Lebensform, die erkennbar kein Glück zu bieten hat, dafür aber jede Menge Stress? Warum die Abkehr von dem, was wesentlich ist, auf Kosten dessen, was nebensächlich ist?

Aufmerksamkeit ist offenbar mehr als bloß die Beigabe zu einem ansonsten gelingenden Leben. Nein, Aufmerksamkeit ist die Basis. Was im Kern unserer Aufmerksamkeit steht, wird auch den meisten Einfluss auf unser Leben haben. Wohin die Aufmerksamkeit sich richtet, dahin geht auch das Lebensgefühl. Wenn eine diffundierende Aufmerksamkeit das Merkmal unserer Epoche ist, dann heißt das für unser Lebensgefühl etwas ganz Ähnliches: Es diffundiert, es wird immer diffuser. Was aber tun mit einem diffus werdenden, sich auflösenden Lebensgefühl?

## Allein vor dem Spiegel – ein Experiment

Das Phänomen, das wir hier berühren, wird »Mind-Wandering« genannt. Gemeint ist damit, dass es vielen Menschen immer schwerer fällt, ihre Aufmerksamkeit über einen längeren Zeitraum hinweg bei einer Sache zu halten. Was so viel bedeutet wie: Wir leiden alle ein wenig unter Aufmerksamkeitsstörungen.

Multitasking und wandernde Aufmerksamkeit begegnen sich an dem Punkt, an dem die Aufmerksamkeit nicht mehr bei einer

Sache ist. Ob sie wandert oder springt, ob sie die Umgebung abtastet und dabei bereits über anderes nachdenkt, spielt dabei nur eine untergeordnete Rolle. Der Multitasker lässt sich wie die Mind-Wanderin als ein Mensch beschreiben, der nicht bei der Sache ist. Wo sind wir in diesem Moment? Wohin richtet sich unsere Aufmerksamkeit? Meine ist ganz beim Schreiben, was bedeutet, dass ich, indem ich Sätze bilde, auch zugleich an Sie, die Leser, denke. Sie wiederum, indem Sie lesen, folgen diesen Sätzen.

Sie lesen also. Und Ihre Aufmerksamkeit ist beim Text. Aber wo war Ihre Aufmerksamkeit vorher? Indem Sie diese Frage wirken lassen, beginnen Sie nachzudenken, und ein weniges der Aufmerksamkeit, die zuvor ausschließlich beim Text lag, wandert in die Erinnerung an Momente, die nur ganz knapp zurückliegen.

Gefunden? Ja. Eine Tasse Kaffee eingeschenkt, ein Youtube-Video zugemacht, auf dem Balkon in die Sonne geblinzelt, die Folie vom Buch gezogen und es aufgeklappt. Wissen Sie noch, was Sie beschäftigte? Neben der Sonne, dem Kaffee, dem Video? Sollte es da wirklich gar nichts anderes gegeben haben, wären Sie zu beglückwünschen.

Machen wir eine Probe. Oder besser, ein kleines Experiment. Es braucht nur 15 Minuten, aber in diesen 15 Minuten tun sich nichts anderes, als sich selbst wahrzunehmen. Sie schalten alle elektronischen Medien ab, oder Sie legen sie außer Reichweite. Sie ziehen sich in einen Raum zurück, in dem Sie Ihre Ruhe haben. Und dann nehmen Sie einen Spiegel zur Hand, oder Sie setzen sich unmittelbar vor einen. Und nun bitte ich Sie: Schauen Sie fünf Minuten lang nur Ihr Gesicht an. Und nehmen Sie sich wahr.

Vielleicht sieht das ganz einfach aus. Aber das ist es nicht. Schon eine Minute nur auf sich selbst zu blicken kann unerfreulich werden. Verpasst man nicht eben jetzt schon etwas? Was, wenn eine Nachricht eintrifft? Und wer, bitte, schaut sich ewig an, ohne auch nur irgendetwas zu tun? Zum Beispiel, sich zu rasieren. Oder zu schminken.

Und dann kann die Art, wie man sich anblickt, unterschiedlich aufgeladen sein. Selbstgefällig oder auch überaus kritisch, je nachdem. Jede Hautunreinheit, jedes Fältchen: Mit einem Mal ist man selbst im Zentrum der Aufmerksamkeit. Nach einer Weile nervt es schlicht. Jetzt möchten Sie irgendwas tun. Vielleicht fangen Sie an, mit sich selbst zu plaudern. Oder Grimassen zu schneiden. Das alles ist in Ordnung und besagt weiter nichts, als dass die Abwesenheit von Reizen Ihnen unvertraut ist. Geben Sie also dem Bedürfnis ruhig nach und schneiden Sie ein paar kindliche Fratzen oder hören Sie sich selbst zu.

Wenn fünf Minuten vorüber sind, nehmen Sie sich weitere fünf Minuten für den zweiten Teil des Experiments und versuchen zu klären, was Sie in dem vorausgegangenen Experiment erlebt haben. Ist Ihnen etwas aufgefallen, zum Beispiel eine körperliche Veränderung? Eine beginnende muskuläre Anspannung wäre nicht ungewöhnlich, und es könnte auch sein, dass Ihr Herz spürbarer pochte. Vielleicht haben Sie aber auch bemerkt, dass Sie vor allem nachgedacht haben. Und sich zum Beispiel fragten, was der Unsinn denn soll. Oder wann Sie das letzte Mal so lange in einen Spiegel gestarrt haben. Was immer es war, was Sie erlebt haben: Es war gut investierte Zeit. Denn Sie haben sich mit sich selbst beschäftigt.

Und nun kommen die letzten fünf Minuten unseres Experiments. Sie gehen einmal durch, was Sie in den vergangenen zehn Minuten alles bleiben gelassen haben, was sie sonst unweigerlich getan hätten. Und dann prüfen Sie, ob irgendetwas davon so wichtig war, dass es unbedingt hätte erledigt werden müssen. Erkunden Sie, ob Sie während des Experiments den Drang hatten, sich von sich selbst abzulenken, oder innere Stimmen vernahmen, die Sie antreiben wollten.

Wenn Sie nun nicht mehr in den Spiegel schauen, sondern in sich hinein: Wie fühlt sich das an? Fremd? So, als hätten Sie etwas ehemals Vertrautes wiedergefunden? Immer noch ein bisschen komisch? Ja, so mag es sich anfühlen, wenn man Aufmerksamkeit exklusiv bekommt. Wenn man singulär ist und nicht multi oder plural. Vielleicht bleibt ja ein Eindruck davon zurück. Oder Sie denken sich, dass Sie schon lange nicht mehr so aufmerksam angeschaut wurden.

## Mulitasking ist auch eine Störung

Als Therapeut wird einem das ab und zu gesagt, dass man jemanden so intensiv anschaut. Nicht jeder findet das angenehm. Manch einer fühlt sich durchleuchtet, analysiert bis auf die Knochen. Anderen wird unbehaglich zumute, weil sie meinen, sie müssten etwas tun.

Alle aber nehmen so etwas wie Bedeutsamkeit wahr. Denn ein Mensch, der intensiv wahrgenommen wird, muss bedeutsam sein. Und genau so erleben wir es als Kinder, wenn wir einen wohlmeinenden, intensiven Blickkontakt spüren. Wir erleben Interesse, Anteilnahme, Begegnung. Und alles dies vergeht in dem Augenblick, wo jemand seine Aufmerksamkeit etwas anderem zuwendet: einer Fernsehserie, der Tageszeitung oder, zeittypisch, dem Smartphone.

Denn Multitasking ist nicht wirklich denkbar als eine Aktivität, bei der es nicht zu Einbußen kommt – Einbußen, die Konzentration und langfristig auch das Sozialverhalten betreffend. Das Dumme ist, dass man nicht unbedingt merkt, wie viele Einbußen es beim Multitasking wirklich gibt. Weil nämlich gerade die verteilte Aufmerksamkeit jene Konzentration, die auch Fehler und Schludrigkeiten erkennen würde, unmöglich macht. Erst also da, wo etwas schon gravierend wird, kommt es zu diesem Erkennen.

Um es an einem Beispiel zu veranschaulichen: Es beginnt verbrannt aus der Küche zu riechen, was ich, weil ich nebenbei eine aktuelle klinische Studie lese, zu spät merke, weshalb ich nun einsehen muss, dass gleichzeitig eine Nudelpfanne zuzubereiten und über Schläfenlappenepilepsie zu lesen sich schlecht ergänzen. Es scheint mir an der Zeit, das Multitasking den Aufmerksamkeitsstörungen an die Seite zu stellen. Denn wo liegt eigentlich der Unterschied zwischen jemandem, der sich nicht konzentrieren kann, und jemandem, der es einfach nicht tut? In der Art der Selbstbestimmung? Wohl kaum, denn niemand, der auf seine Multitasking-Fähigkeiten stolz ist, würde einräumen, dass seine Leistungen dabei nachlassen.

## Wollen wir von Maschinen lernen?

Warum eigentlich verschwinden die Debatten über Multitasking nicht ganz einfach in der Versenkung, nachdem neurophysiologische Befunde einerseits und unzählige Erfahrungen andererseits uns klarmachen müssten, dass die Einbußen weit größer sind als der Gewinn? Vielleicht, weil Maschinen können, was uns ohne Einbußen nicht gelingt. Weil sie weder Aufmerksamkeit suchen noch welche gewähren. Weil es bei ihnen egal ist, ob sie Dinge gleichzeitig tun. Und weil sie darauf ausgelegt sind, genau dieses zu tun, ohne jemandem etwas wegzunehmen.

Es scheint dem Zeitgeist zu entsprechen, immer wieder einmal Versuche zu unternehmen, uns den Maschinen ähnlicher zu machen. Nachdem diese selbst zunächst unter Imitation unserer neuronalen Netzwerke konstruiert worden sind, sollen wir nun von ihrem Modell lernen. Aber wer will das eigentlich, und wer hat etwas davon? Warum nur sollten wie uns an etwas orientieren, was nicht menschlich ist, ja, was nicht einmal lebt?

Zur Beantwortung dieser Frage verweise ich hier weder auf einen Kognitionswissenschaftler noch auf einen Psychiater. Sondern auf einen Wissenschaftler, dessen Stärke der Überblick über größere Zusammenhänge ist. Der israelische Forscher Yuval Noah

Harari wirkt an der Hebrew University in Jerusalem. Von seinen ursprünglichen Studien über die Kriegsführung im Mittelalter hat sein Blick sich geweitet und die gesamte menschliche Entwicklung ins Visier genommen. Dabei gilt sein spezielles Interesse dem, was die ausufernde Technologie mit uns Menschen tut.

Harari postuliert eine wachsende Entkopplung von Intelligenz und Bewusstsein.[6] Dabei ist Intelligenz das, was auch Maschinen besitzen: Rechnerleistung und Speicherkapazität machen sie inzwischen zu unüberwindlichen Schachspielern. Bewusstsein aber haben nur Lebewesen.

Hararis Sorge gipfelt darin, dass die Menschheit sich als ein überflüssiger Algorithmus erweisen könnte. Das ist eine Sorge, die gegenwärtig viele Forscher und Autoren umtreibt, denn tatsächlich übertreffen uns die Maschinen an Rechenleistung und an Speicherkapazität ja schon heute. Jedoch lässt sich hinsichtlich der Trennung von Intelligenz und Bewusstsein ein Rückschluss auf die Multitasking-Ansätze der Techniker und Informatiker ziehen. Ihr Ansatz zielt nämlich auf eine Erweiterung der Intelligenz- und damit letzten Endes bloß der Leistungsmöglichkeiten. Eine Sichtweise, die dem Effizienzdenken des Kapitalismus perfekt entspricht.

Hingegen fällt bei jenen Tüftlern das menschliche Bewusstsein komplett unter den Tisch. Da Leistungssteigerungen ohne Bewusstsein jedoch einerseits zu Formen der Entmenschlichung und andererseits zu einem erhöhten (psychischen) Krankheitsrisiko führen, wäre es fahrlässig, sich von diesen Modellen täuschen zu lassen. Eine hochfunktionale sinnentleerte menschliche Arbeitsmaschine würde nämlich kein begeisterter Multitasker mehr sein. Sondern bloß ein Burn-out-Patient mehr.

# 4. Kapitel

# Gefangen im Netz?

Das Symbol unserer Zeit, des Zeitalters der Hirnforschung und der Digitalisierung, ist das Web, das Netz. In Netzen verfängt sich, was in der Luft schwirrt oder im Wasser umherschwimmt. Netze verbinden, sie spannen Fäden zwischen Orten, die ansonsten wenig miteinander zu tun haben.

Man begreift die Bedeutung, die wir der Vernetzung zuschreiben, nur dann richtig, wenn man erkennt, dass die Metapher des Netzes tatsächlich unsere Kultur des beginnenden 21. Jahrhunderts prägt. Vernetztes Denken ist das Symbol eines autoritätsfreien Diskurses. Netzwerke haben keine Hierarchien, nur Knotenpunkte. Vernetzung ist das wesentliche Moment der Globalisierung; Konzerne bilden Netzwerke aus, die ohne die neuen Kommunikationsmöglichkeiten nicht möglich wären. Vernetzung bedeutet aber auch, dass wir soziale und politische Netzwerke bilden können, wie es etwa im Verlauf der arabischen Revolution von großer Bedeutung war.[1]

Und dann sind wir auch noch nach innen vernetzt. Neuronale Netzwerke bilden das, was wir als unser Selbst, als unsere Persönlichkeit erfahren. Doch im Gegensatz zur Vernetzung in der äußeren Welt mit ihrer Vielzahl von Stimuli bekommt dieses innere Netzwerk, unser »Intranet«, wie Forscher es manchmal witzelnd nennen, eine verhältnismäßig geringe Aufmerksamkeit.

## Eine technische Idylle

Unsere Zeit ist reich an Klagen darüber, was der Computer alles mit uns macht. Diese Klagen sind einerseits nachvollziehbar, denn die Orientierung an den permanent eintreffenden Informationen auf dem Smartphone oder an den im Halbstundentakt eingehenden Gewinnmöglichkeiten eines Browser-Games verwirren unser Bewusstsein zutiefst und können es durchaus auf Abwege führen. Andererseits führt die ewige Sorge hinsichtlich der Computerisierung auch selbst auf Abwege. Sie ignoriert nämlich die Tatsache, dass die Entwicklung der Technologie auch im Dienst unserer Bedürfnisse steht. Um es auf den Punkt zu bringen: Mit der Digitalisierung hat nicht nur eine technologische, sondern vor allem eine Bewusstseinswende stattgefunden.

Diese Wende kann ihr positives Potenzial jedoch nur dann entfalten, wenn sie Wahlmöglichkeiten offenlässt. Was den Faktor Vernetzung angeht, so besteht die wichtigste Wahlmöglichkeit darin, partiell auch *nicht* vernetzt zu sein. Stellen wir uns einen User vor, der kein Bedürfnis hat, sich technisch zu vernetzen. Man kann ja wunderbar am Laptop arbeiten und auch spielen, während man auf dem Balkon sitzt und die Esche im Hof mit ihren Zweigen winkt. Mitunter kommt eine Meise vorbei und hält auf den Nistkasten zu. In den Fichten jagen Eichhörnchen einander.

Ein Idyll? Ja, aber ein ziemlich wirklichkeitsnahes. Denn der Mensch, der so arbeitet und gleichzeitig seine Umgebung wahrnimmt, hat seinen Computer vom Internet losgekoppelt. Was ihm geblieben ist, ist ein gutes Arbeitsgerät, auf dem auch ein bisschen Spaß und Unterhaltung ihren Platz haben. Musik, Spiele, Textdateien: nichts, was die Konzentration übermäßig fordern würde. Und auch nichts, was die Wahrnehmung der rührigen Natur drum herum nennenswert behindert.

Der so naturnah am Bildschirm arbeitende Mensch erweist sich aber als Herr der von ihm benutzten Technologie, weil er diese

Technologie auf genau die Möglichkeiten beschränkt hat, die er benötigt. Aktuell hat er kein Bedürfnis nach Vernetzung und arbeitet daher mit einem Gerät ohne Internetzugang. Doch der Mensch, den wir hier gezeichnet haben, ist kaum zu finden. Stattdessen hören wir immer öfter von Menschen, die unfähig sind, auch nur eine Stunde ohne Internetanschluss zu sein. Schwache Charaktere? Vielleicht manchmal, aber sicher nicht immer. Nur sind viele Menschen nicht gut gerüstet für das, was die digitalen Möglichkeiten mit sich bringen. Womöglich haben sie unterschätzt, was für einen Preis die Erfüllung ihrer Wünsche fordert. Und bezahlen so mit der Fesselung ihrer Aufmerksamkeit für die Möglichkeiten der Vernetzung und die Omnipräsenz der Bilder.

## Verloren im Labyrinth

Unsere zunehmende mediale Vernetzung ist über zwei Jahrzehnte hinweg primär als positive Entwicklung betrachtet worden. Erst ganz allmählich wächst das Gefühl dafür, dass Vernetzung nicht nur gute Seiten hat. Dass sie Forderungen stellen, Stress erzeugen und sogar das Identitätsgefühl stören kann.

Versuchen wir zu ergründen, wie es vom einen zum anderen kommt. Zunächst erlebe ich mit wachsender Vernetzung nur die Fülle der neuen Möglichkeiten. Ich kann zum Beispiel mit vielen Kollegen chatten und mich über neueste Entwicklungen in meinem Fachgebiet austauschen. Wenn ich bei Facebook oder Twitter bin, bekomme ich viel von anderen mit – oft Dinge, die ich gar nicht wissen wollte. Und dann bin ich vielleicht noch in einem Gesundheitsforum oder bei eBay unterwegs. Unendlich viele Möglichkeiten, nicht wahr?

Ja, einerseits. Zunächst schafft Vernetzung jede Menge Möglichkeiten. Dann erst erzeugt sie Stress. Denn Vernetzung fordert auch. Sie fordert Zeit, um zu lesen und zu antworten, Anfragen zu bestätigen und Bilder hochzuladen. Der Besuch im Netz wird zu einem medialen Rundgang, der, würden wir ihn auf die reale Welt übertragen, etwa so aussähe: Wir wollten bei der Gesundheitsberaterin vorbei und haben unterwegs 17 Bekannte getroffen. Mit jeder haben wir drei, vier Worte gewechselt, manchmal auch ein paar Sätze. Dann kamen wir an ein paar Geschäften vorbei und haben die Auslagen gemustert. In einige dieser Geschäfte gingen wir kurz mal gucken. Dabei fiel uns ein, dass wir noch ein paar Sachen zum Flohmarkt bringen wollten, das haben wir rasch erledigt. Dabei kreuzten einige Kollegen unseren Weg, und wir haben kurz ein bisschen gefachsimpelt. Nun haben wir endlich Zeit für die Gesundheitsberaterin.

Wie viele Stunden sind wir so unterwegs? Einige vermutlich. Wie viele davon waren geplant? Ein Bruchteil, und der Rest ergab sich wie von allein. Hier sind die Begriffe manchmal trügerisch, denn wenn wir sagen, wir surfen im Netz, dann klingt das sportlich und auf lässige Weise kompetent. Dass wir dabei auf tausend aufmerksamkeitsheischende Gimmicks hereinfallen und länger in der Datenwelt unterwegs sind, als wir eigentlich wollten, wird in dem leichten Begriff »surfen« unterschlagen. Auch, dass wir Mails von Handelsketten bekommen, bei denen wir einmal etwas bestellt haben, dass wir von entfernten Bekannten beworben werden, die gern unsere Facebook-Freunde wären, dass die Bekannten aus dem letzten Urlaub uns über Whatsapp Fotos schicken, alles, was im Einzelfall positiv sein könnte, wird in der Summe zu Stress. Und außerhalb der digitalen Welt ist es ja nicht anders …

## Im Netz der Verpflichtungen: Walter

»Sie glauben es nicht«, sagt Walter, Inhaber einer kleinen, aber ungemein rührigen Firma, die sich auf die Fertigung und den Vertrieb edler Geschenke spezialisiert hat, »selbst am Wochenende kommen Anrufe über Anrufe. Und jeder will etwas von mir.«

Er lächelt, aber es ist kein glückliches Lächeln. So sieht keiner aus, der mit seinem Leben zufrieden ist. Obschon an Äußerlichkeiten vieles, ja, das meiste stimmt. Walter ist erfolgreich und angesehen. Seine drei Söhne sind mit ihrem Studium fertig und erproben sich erstmals in ihren Berufen. Seine Ehe ist nach drei Jahrzehnten immer noch intakt, wie Walter das ausdrückt. Er ist mit einer politisch engagierten Frau verheiratet, die am Wochenende für schulische Reformen die Trommel rührt. Walter findet das gut. »Man muss eine Meinung haben«, sagt er, »und für die bringt man sich dann ein. In diesem Fall nicht mehr für die Kinder, aber für die Enkel.«

Wenn nun alles gut ist, warum ist Walter dann bei mir? Er komme nicht mehr zu sich, sagt er, er merke förmlich, wie er sich selbst entgleite. Als würden andere über ihn bestimmen. Als hätte er sein Leben nicht mehr in der Hand.

Ob es dann womöglich jemand anderes in der Hand habe, will ich wissen. Da grinst Walter und sagt, ich hätte den Nagel schon auf den Kopf getroffen, nur müsse man da etwas ergänzen: »Nicht einer hat mein Leben in der Hand. Sondern viel zu viele.«

Ein aufschlussreicher Satz. Der Satz eines Ohnmächtigen, könnte man meinen; eines Mannes, der hilflos von anderen ausgenutzt wird. Aber so verhält es sich bei Walter gar nicht. Er hat ja Freude an seinen vielen Kontakten. Es ist auch nicht so, dass niemand ihm helfen würde. Nur braucht er selbst meist keine Hilfe. Aber Freunde und Bekannte zu haben, das ist natürlich schon schön. Nur sind es ihm mittlerweile zu viele.

Der verstorbene Wissenschaftler und Unternehmensberater Peter Kruse betonte, dass es bei jeder Vernetzung zwei Stadien gebe. Im ersten Stadium erlebe man die Vernetzung vor allem aus der Perspektive des Möglichen. Man nehme vor allem wahr, was jetzt alles gehe, wen man alles erreichen könne und was einem alles offen stehe. Im zweiten Stadium folge dann auf die Perspektive des Möglichen das Erlebnis, dass Vernetzung auch fordert. Wen ich erreichen kann, der kann auch mich erreichen. Aus der Euphorie im Erlebnis meiner Möglichkeiten wird Stress, wenn auch die anderen ihre Möglichkeiten nutzen.[2]

Um im Bild zu bleiben: Man kann sich in Netzen auch verfangen. Oder in ihnen gefangen werden. Man kann in einem Netz feststecken und die Aufmerksamkeit für die anderen – auch für die anderen Netze – verlieren.

Das hat nicht allein mit der Digitalisierung zu tun. Im Fall von Walter so gut wie gar nicht. Walter ist mit seinen knapp 60 Jahren kein Digital Native, er nutzt seine technischen Mittel, aber er nimmt sie nicht sonderlich wichtig.

Doch enge Terminpläne, viele Geschäftskontakte und das Pflegen scheinbar wichtiger Beziehungen sind ja auch kein neues Phänomen. Nur, dass die Folgen einer solchen Lebensweise immer deutlicher werden. Der Analytiker James Hillman stellte schon zu Beginn der 1990er Jahre im Gespräch mit dem Journalisten Michael Ventura fest, der Terminkalender sei »eine der massivsten Abwehrmauern« für unsere Selbstwahrnehmung. Und er stellte die provozierende Frage: »Fragen Sie jemals Ihre Seele, wenn Sie Ihren Terminkalender machen?«[3]

Hillman hatte zu diesem Zeitpunkt schon erkannt, wie wichtig die Ausbildung der Selbstwahrnehmung ist, bevor wir unsere Netzwerke aufbauen. Sobald wir uns aktiv in die Netze begeben, ist die Selbstwahrnehmung erschwert. Wer hingegeben einem Chat folgt, spürt nicht, wie seine Muskulatur sich verkrampft. Die vertraute visuelle Rückkoppelung, die uns zeigt, dass auch andere ihre Positionen wechseln oder ihre Schultern lockern, unterbleibt hierbei. Wer skypt, merkt der fixierten Sitzpositionen wegen unter Umständen erst verspätet, dass der Rücken wehtut und die Beinmuskulatur sich verspannt anfühlt. Und wer mit unterschiedlichen Geschäftspartnern über Stunden telefoniert, dessen Wahrnehmung registriert den Sauerstoffbedarf womöglich gar nicht, der sich in dieser Zeit aufgebaut hat.

Man könnte sagen, dass das äußere Netz die Entfernung nach innen vergrößert. Oder prägnanter: Je engmaschiger ich mich mit anderen vernetze, desto weniger Aufmerksamkeit bleibt für mich selbst.

Wiederum wäre es leicht, diese Prozesse allein der Digitalisierung zuzuschreiben. Doch ließe diese fatalistische Sichtweise etwas Entscheidendes außer Acht. Die Hochzeit der beginnenden Vernetzung waren die 1990er Jahre, in denen nicht nur Firmen Netzwerke bildeten, sondern auch alternative Heiler, Psychiatrieerfahrene, Renegaten und Regimekritiker in autoritären Systemen, hochspezialisierte Wissenschaftler und auf den Vertrieb eher banaler Waren eingestellte Kaufhausketten. Sie alle erlagen der Suggestion, dass Vernetzung Chancen maximiert, Schlagkräfte steigert, durch Synergieeffekte Kreativität fördert und dem individuellen Kämpfer eine Armee Gleichgesinnter zur Seite stellt.

Doch bis heute ist von den Gefahren der Vernetzung für unser Selbsterleben kaum je die Rede. Bis die Kehrseite hervortritt und der Stressfaktor steigt. Wo wir die mangelnde Selbstaufmerksamkeit als Gefahr zu erkennen beginnen, da ist es deshalb unerlässlich, auf die Gefahren der Vernetzung aufmerksam zu machen.

Bei Walter wird die Therapie zeigen, dass er tatsächlich nur wenige Menschen um sich hat, die wirklich zu viel von ihm wollen. Und ausgerechnet bei denen vermag Walter sogar klare Grenzen zu setzen. Es ist nämlich keineswegs so, dass er zu soft oder womöglich unfähig wäre, sich selbst zu schützen. Er führt ja ein Unternehmen, und da muss man so etwas können, zumindest ein wenig. Nein, es ist tatsächlich die schiere Menge guter, oft sogar sehr guter Kontakte, die Walter so zu schaffen macht. Eine Menge, in der er Prioritäten wird setzen müssen.

## Kein Spielball im Netz sein

Ja, es gibt erste Auflehnungen gegen die Macht der Vernetzung. Noch richten sich diese, der Zeitströmung folgend, vor allem auf das Internet, die sozialen Foren und die großen Internetfirmen. Doch mögen sich die Bewegungen nach und nach auch auf andere Felder der Vernetzung ausdehnen lassen.

Der Sozialpsychologe Harald Welzer hat es ganz einfach ausgedrückt: Shitstorms in sozialen Foren lassen ihn kalt, weil er nicht in die betreffenden Foren geht. Und wenn Neonazis ihn beschimpfen wollen, müssen sie ihm Briefe schreiben.[4] Es stimmt: Weniger Aufmerksamkeit für das, was da im Netz geschieht, reduziert den Stress, sich mit all diesen Inhalten auseinandersetzen zu müssen. Man muss es nicht lesen. Man muss nicht antworten. Man kann eigentlich auch darauf verzichten.

Allerdings wollen viele Firmen natürlich, dass wir in ihrem Sinn handeln. Und nutzen dafür gern unsere soziale Vernetzung und die damit einhergehenden Verhaltensweisen. Wie sie das machen, darauf hat der ehemalige Google-Produktmanager Tristan Harris aufmerksam gemacht.[5]

Als vernetzte Wesen haben wir, wenn wir Nachrichten versenden, eine Antworterwartung und empfinden umgekehrt, wenn etwas bei uns eingeht, einen Stimulus, zu antworten. Wer also unser Nutzerverhalten in sozialen Foren steuern will, kann darin zum Beispiel Botschaften verbreiten, die uns persönlich und emotional ansprechen, so als wären es Botschaften von Freunden oder Bekannten. Tatsächlich handelt es sich jedoch um Fake-Messages, die von Computern generiert werden. In der Folge fühlen wir uns angesprochen, obschon wir nicht wirklich angesprochen wurden. Und empfinden den Impuls zu realem Antworten.

Eine weitere Methode, wie sich Firmen unserer Vernetztheit bedienen, besteht darin, in sozialen Foren gezielt Bilder zu gruppieren, auf denen immer auch wir selbst zu sehen sind. Obwohl nur ein Algorithmus arbeitet, fühlen wir uns wahrgenommen, so als hätte eine vertraute Person ein Bild mit uns hochgeladen. Und verbringen in der Folge mehr Zeit im Forum.

Der Computerwissenschaftler und Netzkritiker Jaron Lanier meint, dass wir uns von Kunden zu Spielbällen der Internetkonzerne verwandelt haben. Anstatt uns ihre Produkte anzubieten, machen sie uns zu ihrem Produkt. Sie formen uns so, dass wir dem Kunden, den sie haben möchten, immer ähnlicher werden.[6] Laniers Argumentation hat einiges für sich. Und vor allem hat sie eine Konsequenz. Wenn man sich erst einmal bewusst ist, dass man manipuliert wird, dann muss man beginnen, Widerstand zu leisten. Und hier wird es schwierig. Denn viele, allzu viele von uns reagieren auch hier nur mit einem Achselzucken. Als ließe sich da nichts ändern.

## Zwischen den Netzen

Welches ist wichtiger, das äußere oder das innere Netzwerk? Die Evolution spricht eine deutliche Sprache: Beide sind gleichermaßen wichtig. Wo immer eines von beiden vernachlässigt wird, entsteht ein Risiko. Vernachlässigen wir die äußere Vernetzung, so kann es passieren, dass unser Verband, unsere Bezugsgruppe, unser Rudel plötzlich weitergezogen ist und wir übrig bleiben, allein. Vernachlässigen wir aber unsere innere Vernetzung, so können Körperfunktionen aus dem Ruder laufen und seelische Schäden entstehen.

Denn aus dem inneren Netzwerk stammt alles das, was uns als Individuum wirklich bedeutsam macht. Man kann Frisuren kopieren und Styles imitieren, kann Körper ähnlich trainieren und dieselben Tanzschritte lernen. Aber das, was uns eigentlich ausmacht, das, was wir das »Selbst« nennen, ist nur über die innere Vernetzung spürbar und erlebbar.

Techniker und Informatiker haben schon immer um den Wert dieser inneren Vernetzung gewusst. Den Strukturen neuronaler Netzwerke folgend, versucht die Forschung auf dem Gebiet der künstlichen Intelligenz, Computer mit Netzwerken auszustatten, die den menschlichen neuronalen Strukturen ähnlich sind. Bis jetzt hat sie noch nicht erreicht, was sie anstrebt. Das hat auch mit den Dimensionen der Vernetzung zu tun, die im Gehirn wirksam sind. Eine einzige Nervenzelle kann nach aktuellem Forschungsstand ungefähr zehntausend andere aktivieren. Aber sie vermag es ebenso, diese zehntausend Nervenzellen in ihrer Funktion zu hemmen.[7]

Ob die Entwicklung von Computern sich auch in Zukunft an der Struktur menschlicher Neuronenverbände orientieren wird, ist eine offene Frage. Denn einerseits ist diese Struktur von beeindruckender Komplexität und eröffnet die Perspektive, nachvollziehen zu können, was etwa bei schöpferischen Prozessen passiert. Andererseits sind auch die Schwächen offenkundig. Wer möchte schon einen Computer, der sich ablenken lässt?

## Wie viele Freunde können wir ertragen?

Der Hirnforscher Ernst Pöppel meint, dass wir anhand der Größe des Frontalhirns auf den Umfang früherer Bezugsgruppen – in erster Linie Stammesgruppen – Rückschlüsse ziehen können. Dabei ergibt sich, dass die sozialen Verbände, auf die wir evolutionär eingestellt sind, nicht größer als 150 Menschen sein sollten. Bei Größenordnungen dieser Art ist das Sozialverhalten überschaubar, die nötige Empathiefähigkeit kann aufgebracht werden, und der Einzelne ist in der Lage, den Überblick zu behalten.[8]

Pöppel weist aber auch darauf hin, dass wir nur mit einer Handvoll Menschen überhaupt engen Kontakt zu pflegen vermögen. Die 150 Leute wären das, was wir heute das soziale Netzwerk nennen würden. Doch ist dies in unseren Tagen natürlich um ein Vielfaches größer. Gemeint sind hier nicht nur die »friends« und »followers«. Sondern auch all jene, mit denen wir tagein, tagaus mitunter nur flüchtige Kontakte pflegen: der Arbeitskollege und die Nachbarin, der Kassierer im Supermarkt, die Mitschüler unserer Kinder nebst ihren Eltern, die entfernt wohnenden Freunde …

Die Liste ließe sich noch sehr weit fortsetzen. Das Ergebnis wäre für nahezu jeden von uns aber das gleiche: Es sind viel zu viele, mit denen wir Kontakt unterhalten. Die schiere Menge sorgt für ein latentes Überforderungssyndrom, das sich zum Beispiel in der Unfähigkeit zeigt, mehr Empathie zu entwickeln. Pöppel verweist darauf, dass extrem dicht besiedelte Länder einen Rückgang an Empathiefähigkeit zu verzeichnen haben: Sie im erforderlichen Maß auszubilden scheint einfach nicht mehr zu funktionieren.

Was hieraus folgt, ist etwas zugleich Einfaches und ungemein Schwieriges: Wir müssen wieder lernen, Hierarchien zu bilden und Prioritäten zu setzen. Denn stark vernetzte Menschen zeigen ein Kommunikationsverhalten, das alle Kontakte auf ähnlichen Levels pflegt und den Kontakt zu sich selbst hintanstellt. Wenn wir unsere evolutionäre Begrenztheit anerkennen und zugleich einsehen würden, dass Netzwerke nicht zwangsläufig gut sind, sondern etwas hochgradig Ambivalentes, dann hätten wir einen Schritt in die richtige Richtung getan.

# 5. Kapitel

## Das Selbst im Dschungel der Möglichkeiten

Unsere vorausgegangenen Überlegungen zeigen, wie leicht es in einer multistimulierten, vielfach vernetzten, überinformierten Welt ist, den Bezug zu sich selbst zu verlieren. Dass dabei verschiedene Ebenen betroffen sein können, wurde gleichfalls deutlich.

Wer ist das aber eigentlich, wir »selbst«? Und was verlieren wir, wenn wir uns »selbst« verlieren? Den Begriff des Selbst zu definieren fällt selbst erfahrenen und wissenschaftlich gut ausgebildeten Psychologen nicht leicht. Und zwar, weil es schon eine Vielzahl mehr oder weniger diffuser Definitionen davon gibt, was das Selbst denn wohl sei. Das hindert uns freilich nicht daran, weiterhin nach unserem »Selbst« zu suchen.

Die Begriffe Selbstsuche und Selbstfindung machen deutlich, dass es keineswegs selbstverständlich ist, zu dem vorzudringen, was wir unser »Selbst« nennen. Ja, es scheint sich sogar eine regelrechte Aufgabe damit zu verbinden, diese ominöse Instanz in uns ausfindig zu machen. Ungefähr so, als hätten wir es hier mit einem Schatz zu tun, den wir in unserer Persönlichkeit heben müssten. Und als sei diese Schatzsuche mit einigen Anforderungen verbunden.

Sich selbst finden zu wollen ist keine moderne Erfindung. Es ist ein jahrhundertealtes, in immer neuen Variationen durchgespieltes Thema. Schon die Volksmärchen wissen von Prinzessinnen, die fühlen, dass sie zu etwas anderem als zum Herrschen geboren sind.

Oder sie erzählen von Müllerssöhnen, die die väterliche Mühle verlassen, weil ein innerer Stachel sie treibt, draußen in der Welt ihr Glück zu suchen. Alle diese Figuren stehen für einen tieferen Wunsch der menschlichen Psyche: mit sich selbst in Einklang zu kommen und zwischen dem, was die Psyche wahrnimmt, und dem, was letztendlich gelebt wird, eine Übereinstimmung herzustellen.

Ich habe dieses Buch mit der Beobachtung eines wachsenden Mangels an Selbstaufmerksamkeit begonnen. Und dabei gezeigt, dass fehlende Selbstaufmerksamkeit das Leben öder werden und unterschwellig wachsende Probleme übermächtig wachsen lässt. Fehlende Selbstaufmerksamkeit bewirkt aber noch sehr viel mehr, als bloß unter Druck zu stehen, falsche Prioritätenentscheidungen zu treffen oder körperliche Beschwerden zu entwickeln.

Fehlende Selbstaufmerksamkeit macht nämlich die Lebensaufgabe jeder menschlichen Psyche, zwischen dem, was sie in sich fühlt, und dem, was die äußeren Bedingungen erfordern, eine befriedigende Synthese herzustellen, ungleich schwieriger, als sie sowieso schon ist. Denn wer sich nicht oder nur unzureichend wahrnimmt, der wird jene tieferen Schichten, die das eigentliche Wollen der Psyche enthalten, gar nicht wahrnehmen können. Und so auf subtile Weise an sich vorbeileben.

## Wer oder was ist eigentlich das Selbst?

Ein seltsamer Begriff: das Selbst. Und doch aus unserer Sprache kaum wegzudenken. Wir sprechen von Selbstbewusstsein, Selbstsicherheit, Selbstentwicklung und Selbstmotivation. Und doch fällt es uns schwer, zu umreißen, wer oder was dieses »Selbst« denn sein soll. Ganz offensichtlich nicht allein das, was wir »ich« nennen.

Wer sich umschaut, merkt schnell, dass in der Wissenschaft wie auch im Alltag die Begrifflichkeiten bunt durcheinanderzuwirbeln scheinen. Und tatsächlich besteht über die Disziplinen hinweg keineswegs Einigkeit darüber, was denn unter den großen Begriffen Ego, Ich und Selbst genauer zu verstehen sei.

Ich möchte Ihnen an ein paar ausgewählten Beispielen zeigen, wie es im Sprachgebrauch der Wissenschaftler in den letzten Jahren zugegangen ist. Der amerikanische Hirnforscher Joseph LeDoux verwendet den Begriff des »Selbst« im Sinne der »Gesamtheit des lebenden Organismus«.[1] Das ist eine reichlich weit gefasste, vor allem auf das Körperliche gerichtete Definition.

Dasselbe trifft auf den amerikanischen Mediziner Gerald Edelman zu, der das Selbst gleichfalls als etwas Organismisches beschreibt. Seiner Definition zufolge ist das Selbst »die genetische und immunologische Identität eines Individuums«. Dies ist nun noch ganz ohne jede Form psychischen Erlebens. Daher fügt Edelman hinzu, dass das Selbst auch »die für ein Individuum charakteristischen Inputs aus dem eigenen Körper, die sich aus seiner Geschichte und seinen Bewertungssystemen herleiten« beinhalte.[2]

Unser Selbst, das sind also Inputs aus dem Körper, die wiederum von persönlicher Historie und Bewertung abhängen. Das klingt für eine erlebnisfähige Psyche immer noch recht dünn, vor allem aber ungemein abstrakt. Und dieser Eindruck – dass nämlich der Begriff vom »Selbst« in der Definition immer merkwürdig reduziert oder aber hochabstrakt erscheint (man versuche nur einmal, den Begriff »Selbstverwirklichung« mit den obigen zwei Definitionen zusammenzubringen) – setzt sich fort, wenn wir einen Blick in andere Wissenschaften werfen.

Wie angesichts solcher Verwirrung überhaupt zu einer Definition gelangen? Man kann sich ganz offenbar nicht auf ein einheitliches Bild vom Selbst beziehen, sondern muss immer wieder aufs Neue formulieren, was man in einem bestimmten Zusammenhang unter dem Selbst versteht. Ihrer Natur nach sind philosophische Konzepte abstrakter, neurowissenschaftliche orientieren sich an dem, was physiologisch herleitbar ist, und sozialpsychologische Konzepte betonen das Verhältnis von Individuum und Gesellschaft. Da wir aber eine Psyche haben, die sowohl biologisch als auch sozial eingebunden ist, und da die reine Abstraktion für das gelebte Leben so lange unwesentlich ist, wie sie nichts Fühlbares hervorbringt, brauchen wir ein praktischeres, ein verwendbareres Konzept. Im Folgenden biete ich daher ein integratives Konzept vom Selbst als einer umfassenden seelischen Größe an. Einer Größe, die sich unterscheiden lässt von dem, was wir »Ego« nennen oder »Ich«.

## Das Ego, das Ich und das Selbst

Insbesondere seit die Hirnforschung zur Leitwissenschaft der Humanwissenschaften wurde, sind wir mit einer Diffusion der Begriffe konfrontiert. So werden »Ich« und »Selbst« oft synonym benutzt, was sich ziemlich genau auf den Zeitraum zurückdatieren lässt, in dem einzelne Forscher nachweisen wollten, dass es ein Ich – oder wahlweise eben ein Selbst – im Gehirn überhaupt nicht gibt, weil sich darin keines finden lässt.

Inzwischen hat die Diskussion solche banalen Vorwitzigkeiten verlassen. Geblieben ist die Begriffsverwirrung. Sie erlaubt es, dass von Selbstverwirklichung geredet wird, wo eigentlich die Befriedigung des Egos gemeint ist, und dass Selbstbewusstsein als ein starkes Ich missverstanden wird. Das klingt banal, ist es aber keineswegs. Denn es gibt ja tatsächlich verschiedene Ebenen unserer Person, und dazu gehören auch verschiedene Begriffe.

Wir sprechen von Ich-Stärke. Und von Selbstbewusstsein. Es gibt eine Selbstfindung, eine Ich-Findung dagegen nicht. Das legt nahe, dass das Selbst umfassender ist als das Ich. Und auch der Begriff des Egos ist stark in unsere Umgangssprache eingegangen. Wir sagen, jemand habe ein starkes Ego, wenn wir meinen, er sei besonders durchsetzungsfähig. Aber die Wendung kann auch bedeuten, jemand nehme sich ungewöhnlich wichtig und mache sich vielleicht ein bisschen breit. Ein gekränktes Ego wird mit einer Demütigung, einem Verlassenwerden oder einem nicht erreichten Ziel assoziiert, bei dem aber vor allem der persönliche Ehrgeiz im Mittelpunkt steht und gar nicht so sehr die Sache selbst.

»Im weitesten Sinn ist mit ›Ego‹ oder ›Ich‹ einfach das Subjekt bezeichnet …« So schreibt Ken Wilber, einer der differenziertesten Autoren auf dem Gebiet der Bewusstseinsphilosophie. Und er macht klar, dass dies eben eine sehr einfache, kaum trennscharfe und daher wenig hilfreiche Bezeichnung ist.[3] Wie aber nun der Begriffsverwirrung Herr werden?

Ich möchte eine Unterscheidung vornehmen, die es erlauben wird, die Verwirrung hinter uns zu lassen. Zugleich wird sie es leichter machen, zu erkennen, was hinsichtlich unserer Persönlichkeit eigentlich betroffen ist, wenn uns die Aufmerksamkeit für uns selbst abhandenkommt. Um dies zu ermöglichen, scheint es mir hilfreich, die drei Bezeichnungen »Ego«, »Ich« und »Selbst« erst einmal grob zu umreißen. Dazu bediente ich mich dreier Begriffe: Begehren, Vermittlung und Ganzheit.

»Begehren« steht für das, was wir landläufig als »Ego« kennen. Das Ego lässt sich am einfachsten erfassen, wenn man es mit kindlichem Wollen und Luststreben sowie mit dem Drang nach Bestätigung assoziiert. Das Ego will vor allem glänzen, oben sein, Geld verdienen, bewundert werden, kurz: etwas Äußeres vorweisen können. »Guck mal, Mama!«, rufen Kinder, wenn sie etwas Tolles hingekriegt haben. »Schaut alle her!«, ruft das Ego, wenn es sich Applaus wünscht, den Aufstieg in der Hierarchie oder Statussymbole.

Da ist das »Ich« von ganz anderer Art. Es ist ruhiger und klarer. Und das muss auch so sein, anders könnte es seine Aufgabe nicht erfüllen. Das Ich ist nämlich in erster Linie eine *vermittelnde* Instanz. Es vermittelt zwischen Innen und Außen, zwischen meinem Begehren und den gesellschaftlichen Konventionen, zwischen »mir« und den »anderen«.

Zusammenfassend könnten wir sagen: Unser Ego ist lustorientiert und triebgesteuert, es verfügt über eine Menge Energie und liebt es, im Mittelpunkt zu sein. Das Ich dagegen arbeitet, ordnet, hält Spannungen aus und erzeugt Kompromisse. Wie ein Schlichter sitzt es zwischen den Gegensätzen, arbeitet langsam und beharrlich an gangbaren Wegen und beherrscht dabei die Kunst der Diplomatie.

Wenn wir nun zum »Selbst« kommen, so zeigt sich als Erstes, dass das Selbst größer und umfassender ist als Ego oder Ich. Was wir mit dem Selbst umfassen, ist unser Wesen. Das, was nur wir sind, in seiner Ganzheit. Egos sind einander ähnlich, das merkt man vor allem, wenn sie miteinander konkurrieren. Menschen mit einem starken Ich erkennt man auch schnell, sie halten viel Spannung aus, können konstruktiv denken und Brücken bauen. Menschen aber, die mit ihrem Selbst in Verbindung stehen, haben noch etwas anderes. Nämlich Individualität. Man merkt ihnen an, dass sie vollständig sind, ganz.

Dieser Eindruck von Ganzheit entsteht dadurch, dass das Selbst eine in hohem Grad integrierende und gleichzeitig gewichtende Instanz ist. Indem es unterschiedliche Anteile der Person integriert, vermittelt es ein Gefühl struktureller Einheit, in der die Gegensätze sich ergänzen und nicht einander im Wege stehen. So macht es aus der Vielfalt zugleich wieder eine Einheit und schafft eine reife Gesamtperson. Diese wird nicht vom Glamour des Egos und nicht von der kühlen Reife des Ichs bestimmt. Vielmehr entfaltet sie einen tiefen Glanz, ein Charisma, das aus der Intensität eines umfassend erfühlten Lebens erwächst.

Wenn die Herausbildung eines Selbst nicht gelingt, wenn der Verlust an Selbstaufmerksamkeit die Entwicklung einer gesammelten Persönlichkeit verhindert, dann ist es leicht, zum Spielball der Angebote zu werden. Dann werden wir von dem gesteuert, was um uns herum ist. Und alles, was uns mit uns selbst noch verbindet, sind die Launen und die Abwehrhaltungen, in die wir verfallen.

Genau dies ist das Problem vieler Jugendlicher und junger Erwachsener. Ihrem Ego erscheint die Welt voller Angebote. Das fühlt sich so lange angenehm an, bis sie merken, dass sie diese Angebote weder alle wahrnehmen können (weil man gezwungen ist zu wählen), noch dass sie ihnen tatsächlich alle zur Verfügung stehen (weil zum Beispiel die Studienvoraussetzungen zu hoch sind). Das reifende Ich weiß natürlich, dass hier zwischen Lustempfinden und Realitätssinn vermittelt werden muss. Nun käme die dritte Instanz ins Spiel, das Selbst. Um die innere Vielfalt zu einen, müssten die jungen Menschen tiefer ergründen, was sie wirklich wollen und worum es ihnen eigentlich geht. Das aber fällt, wo die tiefere Selbstaufmerksamkeit fehlt, unendlich schwer. Um dies nachzuvollziehen, sehen wir uns ein Beispiel an.

## Ronjas Suche nach sich selbst

Sie fände es total schlimm, sagt Ronja, wenn sie nach ein paar Jahren merken würde, dass der Job, den sie macht, sie nicht mehr erfüllt. Denn dann wäre ja alles, was sie vorher gemacht hätte, verlorene Zeit gewesen.

Für einen Moment herrscht Stille im Raum. Stille, in der diese Aussage nachklingt.

Als Ronja dann weiterspricht, klingt sie gehetzt. »Ich meine, man verbringt ja unheimlich Zeit mit dem, was man beruflich macht. Unheimlich viel Zeit. Selbst wenn man nur die acht Stunden am Tag macht, ist das ein Drittel des Lebens. Das darf nicht falsch investiert sein, oder? Ich meine, es wäre schrecklich, ein Drittel meines gesamten Lebens mit etwas zu vertun, auf das ich absolut keinen Bock habe oder zu dem ich mich sogar zwingen muss!«

Ronja ist gerade 24 geworden. Sie hat nach dem Abitur unterschiedliche Dinge gemacht. Angefangen, Pharmazie zu studieren, was ihr Abiturschnitt hergab. Schnell stellte sie fest, dass viele Kommilitoninnen klar zu wissen schienen, was nach dem Studium komme: Forschung, Apotheke. Eine klare Planung. Ronja kam sich ein bisschen vor wie in der Schule. Nach zwei Semestern stieg sie aus und jobbte eine Zeit lang an Messeständen. Die Kommunikation mit den Vertretern ganz unterschiedlicher Berufsgruppen – Einkäufer für Modehäuser, Sportartikelhersteller, Marketingexperten – machte ihr Spaß. Das Gehalt gefiel ihr nicht so sehr.

Ronja erkundigte sich, was man brauche, um bei einer Werbeagentur einzusteigen. Sie stellte fest, dass hier nicht alles so streng geregelt war wie in der Welt der Pharmazeuten, und sie sah sich die Profile einzelner Agenturen im Netz an. Schnell fand ihr kritischer Verstand heraus, dass dies wohl doch zu flach für sie sei, und sie beschloss, sich eine Weile Zeit zu geben. Und vielleicht erst einmal herauszufinden, was eigentlich ihre Talente waren.

Das Arbeitsamt legte Ronja eine Reihe Tests vor, mit deren Hilfe ihr Begabungsprofil ermittelt wurde. Man stellte fest, dass sie über soziale Kompetenz verfügte, logisch denken konnte, sich gern in geordneten Systemen bewegte und eine Begabung für mathematisches Problemlösen besaß. Sprache und Kreativität waren nicht ihre stärksten Seiten, was sie verwunderte, da sie sich selbst anders sah.

Ronjas Eltern, beide im Handel tätig, kannten ein Coaching-Unternehmen, zu dessen Profil auch die Hilfe bei beruflichen Entscheidungsfindungen gehörte. Sie rieten ihr, dort einmal vorzusprechen. Und sich gegebenenfalls ein zweites Mal testen zu lassen.

Ronja folgte der Empfehlung ihrer Eltern. Die Coachs gefielen ihr. Sie waren freundlich und nahmen sich viel Zeit. Die Ergebnisse der Tests allerdings waren ähnlich – bis auf eine Kleinigkeit. Ein Test ergab, dass sie möglichst nicht mit rasch wechselnden Aufgaben konfrontiert werden solle, sondern sich mit etwas Zeit tiefer in einen Sachverhalt einarbeiten müsse. Für Ronja klang das nach einer Konzentrationsstörung. Ihr Tester beruhigte sie und meinte, da gebe es keine Probleme. Es gehe eher darum, das Stressniveau niedrig zu halten.

Am Ende ergab sich aus der mathematischen Begabung im Verein mit ihren Persönlichkeitsmerkmalen die Empfehlung, es mit Informatik zu versuchen. Ronja nickte und meinte, sie werde darüber nachdenken. Stieg auf ihren rosa Roller und fuhr davon. Zu Hause knallte sie ihren Helm an die Wand. Ein befriedigendes Geräusch. Sah sich Youtube-Videos an, trank Havanna Club mit Multivitaminsaft und nahm die Schmerztabletten, die noch in ihrem Kulturbeutel waren. Zehn oder zwölf, übrig geblieben von einer Zeit, in der sie sich nacheinander alle Weisheitszähne hatte ziehen lassen.

Sie starb nicht davon. Sie schlief nur sehr lange. Und die Schmerztabletten sorgten dafür, dass sie trotz der großen Menge Rum ohne Kopfschmerzen erwachte. Als sie sich einigermaßen hergerichtet hatte, fuhr Ronja zu ihren Eltern. Trank Kaffee und aß mit ihnen Honigwaffeln. Sie erzählte, sie sei depressiv. Wisse nicht mehr, wohin mit sich. Und sei vollkommen unfähig, eine Wahl für ihr späteres Berufsleben zu treffen. Die Eltern rieten zu einer Therapie.

## Herausfinden, was einem guttut

Pharmazie zu geregelt, das Gehalt auf Messen zu klein, Werbung zu banal – und was war mit Informatik? Zu langweilig. Und überhaupt, das ganze Leben vor einem Computer, das konnte es nicht sein.

So fiel die Bilanz aus, die ich als Ronjas Therapeut erstellte. Eine schwache Bilanz, aus der Sicht eines Menschen, für den Realitätssinn und klare Pläne das Wichtigste sind. Würde Ronja weniger von sich fordern und ihren Entscheidungen mehr Raum gewähren, so sähe dies aber vielleicht anders aus. Ich wechselte daher meine Fragetechnik und wollte wissen, ob sie glaube, dass der Beruf für das Lebensglück die entscheidende Bedeutung habe. Ronja bejahte. In ihren Augen hing alles, wirklich alles, von der Berufswahl ab. Aber woher hatte sie diese Überzeugung? Eltern wünschen ihren Kindern für die Zukunft einen guten Job. Vielleicht auch noch eine glückliche Beziehung. Und womöglich auch, dass ihr Kind so leben kann, wie es möchte. Aber Umfragen der letzten Jahre zeigten erstaunlich häufig, dass der Wunsch nach einem guten Job doch an erster Stelle steht.

So einen »guten Job« möchte auch Ronja. Der Haken ist nur: Sie hat eigentlich keine Vorstellung davon, wie dieser gute Job denn beschaffen sein soll. Erfüllend soll er sein, aber Ronja weiß nicht, worin ihre Erfüllung besteht. Sozialprestige sollte er bringen und Geld sowieso: Aber als Steuerberaterin sieht sie sich nicht. Irgendetwas Besonderes fehlt da noch. Nur, dass Ronja nicht weiß, was das ist.

Als ich meine, dass Jobs ja eigentlich Anstellungsverhältnisse sind, und sie frage, ob sie sich denn als Angestellte sieht, zögert Ronja. Das hat sie sich nie gefragt. »Schön«, lächele ich, »dann lassen Sie uns anders an die Sache herangehen als die Kollegen vom Arbeitsamt. Und versuchen wir, weniger Ihre Begabungen herauszufinden als vielmehr das, was Sie wirklich befriedigt.«

Ronjas Problem lässt sich auf einen einfachen Nenner bringen: Sie verwechselt einen guten Job mit einem gelingenden Leben. Ob sie aber überhaupt einen festen Job will oder ob sie nicht als niedergelassene Physiotherapeutin, als Näherin mit eigenem Studio oder als Inhaberin eines Secondhandladens viel glücklicher wäre, darüber denkt sie nicht nach. Ihre Eltern übrigens auch nicht.

Fragt man Menschen, was sie unter einem »guten Job« verstehen, bekommt man gewöhnlich drei Merkmale genannt: anständige Bezahlung, vernünftige Arbeitszeiten sowie ein gutes Betriebsklima. Das sind nun leider aber Kriterien, mit denen sich eine Berufswahl kaum treffen lässt. Beginnen wir einmal mit dem letzten Merkmal: Niemand wird sagen können, welches Betriebsklima mit einem bestimmten Beruf verbunden ist. Es gibt ärztliche Gemeinschaftspraxen, in denen die Kälte regiert, und es gibt ausgesprochen freundliche Schuhgeschäfte, in denen man sich aufgehoben und rundum wohlfühlt. Dass manche Branchen von vornherein idealistischer scheinen als andere, spielt für das zwischenmenschliche Klima keine Rolle. Man findet durchaus Bioläden, in denen man das Gefühl bekommt, hier werde soziale Umweltverschmutzung betrieben. Manche in Containern untergebrachte Büros atmen eine freundliche Atmosphäre. Und andere engen einen ein, kaum dass man sie betritt.

Arztpraxen, Schuhgeschäfte, Großraumbüros: drei vollkommen unterschiedliche Arbeitsplätze. Und das Betriebsklima hat nicht das Allerleiseste mit dem dort ausgeübten Beruf zu tun.

Anders sieht es schon bei den Arbeitszeiten und der Bezahlung aus. Dass Bäcker früh aufstehen müssen, weiß man. Und dass eine Erzieherin nicht den Kontostand eines Investmentbankers haben wird, auch. Hier heißt es also, Kriterien zu finden, nach denen man sich entscheiden kann.

Ganz allmählich beginnt Ronja, anders über ihre Zukunft nachzudenken. Bis sie längerfristig wirksame Entscheidungen treffe – das Wort »endgültig« empfehle ich ihr zu vermeiden –, wird sie ein paar Monate lang unterschiedliche Arbeitsfelder ausprobieren. In dieser Zeit jobbt sie. Und verschafft sich Erfahrungen.

Zu ihrem 24. Geburtstag gibt Ronja eine Party. Es soll kein runder Geburtstag gefeiert werden, sondern ein wichtiger. Es kommen alte Freundinnen, neue Kolleginnen. Und einige Leute aus dem Club, in dem Ronja jetzt kellnert. Die Party wird laut, alkoholreich, fröhlich. Sie habe das Leben zwar noch vor sich, schreit Ronja, aber das Beste sei, sie lebe schon jetzt. Großes Gelächter. Und ein wildes Umarmen.

Ronja kellnert immer noch. In vier Monaten wird sie in einer Buchhandlung eine Ausbildung anfangen. Sie mag das Klima dort, ist schon als Kind gern dorthin gegangen. Sie findet, dass die großen Ketten viel kaputt machen. Und dass es cool ist, wenn man kleine, schöne Sachen macht. Dass sie das Wissen, das sie dort erwirbt, später auch woanders einsetzen könnte, weiß sie.

Und sie hat angefangen, ein Kinderbuch zu schreiben. Ob ein Verlag das Manuskript jemals nehmen wird, weiß sie nicht. Aber sie weiß, dass ihr das Schreiben Freude macht.

## Warum Selbstfindung heute so schwer ist

Was ist das? Die Geschichte einer Selbstfindung? Zunächst einmal wohl eher eine ganz reale Geschichte, die auf dem Verlust von etwas basiert. Dem Verlust an Selbstgefühl nämlich, an Tiefe. Und der Wiedergewinnung davon.

Wodurch ist dieser Verlust entstanden? Ronja ist doch eine intelligente junge Frau, die wissen könnte, worum es geht. Aber genau da liegt das Problem. Es ist ja keine Frage der Intelligenz, ob ein Mensch entfremdet lebt. Oder ob er mit sich selbst in Kontakt steht.

Betrachtet man die kleine Geschichte aufmerksam, so findet man eine Blickverengung, die es gegenwärtig häufig gibt. Die nämlich, ein Job – fremdbestimmte Arbeit also, in einem Anstellungsverhältnis – sei die Wiege von Glück oder Unglück. Diese Sichtweise ist aus zwei Gründen verhängnisvoll. Zum einen, weil sie die Rolle fremdbestimmter Arbeit falsch einschätzt. Und zum anderen, weil es möglicherweise in naher Zukunft schon immer weniger solcher Arbeitsplätze geben wird. Weil nämlich die Arbeit, wie wir sie kennen, durch die Digitalisierung in vielen Bereichen allmählich ausstirbt.

Wofür ist Arbeit eigentlich da? Um sich rundum wohlzufühlen? Eigentlich nicht. Zunächst einmal dient sie dazu, sich selbst am Leben erhalten zu können. Wenn sie zudem befriedigt, schön. Wenn nicht – nun, erst einmal lebt man zumindest, oder?

Und dann kann ein Tun, das tief befriedigt, ja auch vielerlei Seiten haben. Es kann im monetären Sinn sogar unnütz sein. Wenn jemand einer Kunst anhängt, die überhaupt keine Marktchancen hat, sollte er oder sie das dann bleiben lassen? Oder sich marktkonformer verhalten?

Einmal andersherum betrachtet: Ist Steuerberater ein Beruf, der tiefe Erfüllung verspricht? Viele würden das bestreiten, obschon man ihn gut machen kann, und alles gut Gemachte ermöglicht schon einmal eine eigene Art der Befriedigung. Möglicherweise gibt es Menschen, die in diesem Buch aufgehen, aber ich habe noch keinen Steuerberater kennengelernt, der dies als seinen Traumberuf genannt hätte. Die Träume waren dann andere. Segeln oder sich Pferde leisten können. Etwas, was die Leidenschaft tiefer befriedigt. Und wofür man das nötige Kleingeld braucht.

Es ist leicht zu erkennen, dass Arbeit ein bedeutender Faktor der Selbstverwirklichung sein *kann*. Ebenso klar ist aber auch, dass viele der Jobs unserer Tage hierfür nichts anzubieten haben. Sie sind so funktionalisiert, dass sie leicht von Computern gemacht werden können – was mit einem Großteil von Jobs mit einiger Sicherheit ja auch passiert. Und so ist es sinnvoll, die tiefe Befriedigung weniger in einem Job zu suchen als in einer Tätigkeit, die nicht zwangsläufig Geld einbringen muss.

Auf Karl Marx geht die Idee zurück, dass Arbeit den Menschen von sich selbst entfremden kann. Marx stellte dafür den ursprünglich arbeitenden Menschen – den, der einen Bogen schnitzt und jagt, oder den, der aus Kupferblech einen Topf herstellt, die Schneiderin, die ein Kleid näht, oder die Köchin, die Gemüse hackt und Knochen auskocht – dem Arbeiter der Moderne gegenüber. Hatte der ursprünglich arbeitende Mensch noch einen Bezug zu seinem ganz eigenen Werk – jeder Arbeitsgang gehörte ihm, und wenn er mit seinem Tun fertig war, hatte er Grund, stolz zu sein, und konnte Befriedigung fühlen –, so ist der Industriearbeiter nur noch für ein, zwei Arbeitsschritte da. Dreht hier eine

Schraube und richtet dort einen Hebel. Setzt Relais nach Relais ein. Oder verschließt Dose nach Dose am Fließband, checkt Datei nach Datei am Bildschirm, tagaus, tagein.

Man muss kein Marxist sein, um die Wahrheit und das seelische Ausmaß dieser Entwicklung zu ermessen. Marx hatte für Psychologie wenig Interesse, da er überzeugt davon war, dass das Sein (die Art, wie wir materiell-strukturell leben) das Bewusstsein (also die Weise, in der wir uns erleben, uns selbst sehen, uns fühlen) bestimme. Täuscht der Eindruck, dass auch unsere Zeit von einer Entfremdung der Arbeit bedroht ist? Nein, er täuscht nicht. Vielmehr wird er von der Angst vor Jobverlust lediglich überlagert. Aber allein die Vorstellung, dass eine große Anzahl heutiger Berufstätigkeiten von Maschinen übernommen werden kann, zeigt ja schon, wie segmentiert und entfremdet diese Tätigkeiten ihrer Art nach sind.

Ronja ist ein Beispiel für Menschen, die von einfachen Glaubenssätzen gesteuert werden, die ihr Ego in die Enge treiben. Solche Steuerungen durch Glaubenssätze sind einerseits oberflächlich, andererseits aber von beträchtlicher Tragweite. Einen Begriff des Selbst oder gar von Selbstfindung hatte Ronja nicht – oder zumindest zunächst einmal nicht. Sie ahnte wohl, dass es da noch etwas Tieferes in ihr gab. Aber sie vermochte, gelähmt von einem Glaubenssatz, nicht, zu diesen Tiefen vorzudringen.

Ronja hatte keine Vorstellung von dem, was ein Selbst ist oder sein könnte. Aber sie wusste durchaus, dass ein Mensch an sich vorbeileben, dass er womöglich falsch leben kann. Diese Vorstellung konzentrierte sich in dem einen Glaubenssatz, dass die Berufswahl der entscheidende Faktor für das Lebensglück ist. Und dass daher die Berufswahl eine ungeheuer schwierige Wahl ist.

Auffällig ist dabei, dass Ronja sich niemals fragte, was sie denn eigentlich glücklich macht. Was sie mag, wofür sie sich einsetzen, für welche Werte sie Engagement entwickeln würde. Alle diese Fragen sind Fragen der Selbstfindung. Und die Helden und Heldinnen der Märchen wie auch die Protagonisten der großen Entwicklungsromane müssen sich mit ihnen auseinandersetzen.

## Mit sich selbst eins sein

Ronja muss sich heute nicht mehr fragen, ob sie dies mag oder jenes, ob sie für diesen Wert oder für jenen steht. Sie weiß es einfach. So zerrissen sie einmal war, als sie Fehlidentifikationen folgte, die entweder nur dem Ich (vernünftige Entscheidungen) oder aber dem Ego huldigten (jede Menge Geld und Spaß), so mit sich selbst eins und entspannt erscheint sie heute. Sie hat natürlich weiterhin ihr altes Temperament, aber sie spürt auch, dass sie etwas in sich hat, was sie leitet.

Schwierigkeiten hat sie nur in einem Punkt. Wenn sie nämlich erklären soll, warum sie so klar in sich ist, so überzeugend mit sich zur Deckung gekommen. Sie höre eben gut auf sich, sagt sie dann, aber sie weiß auch, dass das nicht jeder versteht.

Denn in Abgrenzung vom Ich, das vor allem vernunftorientiert und dem Verstand zugeordnet ist, erleben wir das Selbst eher intuitiv und emotional. Ein Ich vermag einzusehen, warum etwas aus Vernunftgründen gemacht werden muss. Aber ein Selbst gibt sich damit nicht zufrieden. Es will selbstangemessen handeln, sinnvoll und – im besten Sinn – begeistert.

Aber die Begeisterung des Selbst ist von anderer Art als die des Egos, des dritten großen Anteils in unserer inneren Struktur. Das Ego nämlich liebt den Glanz, die Belohnung, den Erfolg mit dem Siegertreppchen und das möglichst hohe Honorar. All dies hilft ihm, zu strahlen und sich selbst zu begründen.

Man kann es schon bei Kindern sehen. Das Kind, das eine Sache verfolgt, auch wenn sie unpopulär ist; das etwas lernen möchte, obschon es niemanden interessiert, das sich der Coolness verweigert, weil es merkt, dass es sich damit nicht wohlfühlt, dieses

Kind ist ganz offenbar selbstaufmerksam. Und setzt etwas um, was es als sein Eigenes, seine Individualität empfindet: eben das Selbst. Nun wird für gewöhnlich die Herausbildung des Selbst als große, vor allem dem späteren Leben vorbehaltene Aufgabe angesehen. Dieser Sichtweise möchte ich hier widersprechen und zeigen: Ansätze zum Selbst und zur Selbstfindung sind auch in Kindesjahren schon vorhanden. Sie prägen einige Kinder sogar in ungewöhnlichem Maß. Mitunter sind das die, die es sozial etwas schwerer haben. Aber gerade dies hat eben auch damit zu tun, dass sie früh schon eher sich selbst verpflichtet sind als einem Konsens, der sich mit jeder neuen Windrichtung drehen kann.

Auch wenn es zu Beginn vielleicht verstörend angemutet hat, hat Ronja doch begonnen, das zu tun, was man »Selbstfindung« nennt. Sie hat erkannt, dass es nicht die Möglichkeiten und die Angebote einer Kultur allein sind, um die es im Leben geht. Es geht vor allem darum, sich mit sich selbst stimmig und harmonisch zu fühlen.

## Vom Selbstverlust zum »künstlichen Selbst«

Das Beispiel Ronja macht nachvollziehbar, dass ein starkes, gesundes Selbst nicht nebenbei entsteht. Ein intaktes Selbst ist vielmehr die Folge eines aufmerksam in Auseinandersetzung und Introspektion gelebten Lebens. Wie das Ich nur entstehen kann, indem Konflikte ausgehalten, Kompromisse gebildet und Spannungen durchgestanden werden, so kann das Selbst nur durch vertiefte Wahrnehmung, Auseinandersetzung und das Erkunden tieferer Seelenschichten wachsen.

Alles dies braucht zweierlei: Aufmerksamkeit und Zeit. Aufmerksamkeit ist, wie wir sagten, die heikelste humane Ressource unserer Zeit. Ebenso schwer zu bekommen wie unverzichtbar für ein beglückendes Dasein. Die Aufmerksamkeit, die wir für unser seelisches Gedeihen benötigen, ist überdies von besonderer Art. Es handelt sich bei ihr nicht um bloßes Zur-Kenntnis-genommen-Werden. Sondern persönliche Aufmerksamkeit hat etwas von seelischer Anteilnahme, von persönlicher Begegnung und von echtem Interesse aneinander.

Woran aber erkennt man echtes Interesse? Nun, zum Beispiel an der Zeit, die jemand in mich zu investieren bereit ist. Und an der Zeit, die ich selbst in meine innere Entwicklung zu investieren bereit bin.

Wie wir an den Beispielen der ersten Kapitel gesehen haben, wird der Verlust der Selbstaufmerksamkeit oftmals nur rudimentär empfunden. Wohl wissen viele Menschen, dass sie ihren Kindern nur unzureichend Aufmerksamkeit schenken. Als Therapeut hört man oft Sätze, in denen beklagt wird, dass die Summe der täglichen Verpflichtungen es nicht erlaube, genügend an der Welt der Kinder teilzunehmen. Doch wird dies als zu entrichtender Preis für den Stand der Vernetzung und als Folge allzu fordernder Arbeitsbedingungen leicht rationalisiert – und damit entschuldigt.

Der Verlust der Selbstaufmerksamkeit wird daher in aller Regel erst durch das Herausbilden von Problemen kenntlich. Wenn, wie im Fall Ronja, das Fehlen tiefer, seelischer Wahrnehmung einen Entscheidungsnotstand und seelische Einbrüche nach sich zieht.

Es gibt jedoch auch Fälle, in denen scheinbar keine bedrohliche Situation entsteht und das Fehlen eines mit sich vertrauten Selbst sich erst verzögert bemerkbar macht. Wenn nämlich erst mit Verspätung deutlich wird, dass ein stabiles Identitätsgefühl noch gar nicht oder erst ansatzweise gebildet worden ist. Wo dies der Fall ist, da führt der Verlust an Selbstaufmerksamkeit zu ungleich größeren Schäden. Indem er nämlich die Etablierung eines reifenden Selbst nicht nur verhindert, sondern sich nach künstlichen seelischen Balancen auf die Suche macht.

Auch in solch einem Fall kann es zu Symptomen kommen, die die Betroffenen in die klinischen Praxen führen. Doch sind diese Symptome anders gelagert und oft weniger eruptiv. Auch geht ihnen ein Prozess voraus, der anscheinend erst einmal unbedenklich ist. Man kann hier geradezu eine Gleichung aufstellen, die lautet: Der Verlust an Selbstaufmerksamkeit bedingt einen Verlust an Selbstwissen. Der Verlust an Selbstwissen und an Selbstgefühl erzeugt den Eindruck einer Leerstelle. Diese Leerstelle führt entweder zu einer seelischen Krise, wie es für Ronjas Situation typisch war. Oder sie wird kompensiert durch das, was ich »künstliches Selbst« nenne. Etwas, das in unserer Lebenswelt zunehmend um sich greift.

# 2. TEIL

## Heikle Kompensationen

# 6. Kapitel

## Identität oder künstliches Selbst?

Es gibt Menschen, die nur wenig von dem, was sie eigentlich ausmacht, wissen. Dies erlebt man zunächst in Form eines Mangels. Eines Mangels an innerer Vielfalt und eines Mangels an Authentizität. Diese gründet sich nämlich darauf, dass wir uns als Ganzheit wahrzunehmen vermögen. Wo immer die Identifikation mit nur einem Teilbereich an die Stelle der Ganzheit tritt (etwa dem beruflichen Erfolg, der Abstammung, den sexuellen Erfolgen, der künstlerischen Begabung, der Sportlichkeit o. Ä.), haben wir es mit einer brüchigen Konstruktion zu tun. Und sobald der Teilbereich, auf den sich dieses künstliche Selbst stützt, zusammenbricht (etwa durch Arbeitslosigkeit, familiären Ausschluss, Impotenz, künstlerischen Misserfolg oder geringe sportliche Durchsetzungskraft), bricht gleich die ganze Person mit ein.

Doch ein gelungenes Selbst umfasst mich mit allem, was ich bin. Was bedeutet, dass nicht nur meine Schokoladenseiten dazu zählen, sondern auch jene Züge, die ich lieber nicht hätte. Meine Ängste, meine heimlichen Wünsche sowie das, was ich mir erträume.

Da nicht alle meine Ängste und nicht alle meine Wünsche immerfort gleich bleiben, manche Sehnsüchte Erfüllung finden und manche Sorgen sich irgendwann auflösen, so kann man sich vorstellen, dass das Selbst sich beständig verändert und durch die Auseinandersetzung mit sich und der Welt wächst. Diese Auseinandersetzung ist aber ohne Aufmerksamkeit für das eigene innere Geschehen nicht möglich. Ich muss meine oberflächlichen und meine verborgenen Verhaltensweisen, meine Spannungen und meine Wünsche erst einmal wahrnehmen, um ihre Spannweite ermessen und mich so seelisch stärken zu können.

Man könnte nun einwenden, dies sei doch nicht mehr als eine Vorstellung. Vielleicht ganz schön, aber nicht unbedingt wissenschaftlich fundiert. Doch wir haben es hier mit Prozessen zu tun, die eine neurophysiologische Basis besitzen.[1] Einer der bekanntesten zeitgenössischen Hirnforscher, Antonio Damasio, etwa schreibt: »Die frühesten Ursprünge des Selbst, einschließlich des höheren Selbst, das Identität und Personalität erfasst, sind in der Gesamtheit jener Hirnmechanismen zu finden, die fortwährend und unbewusst dafür sorgen, dass sich die Körperzustände in jenem schmalen Bereich relativer Stabilität bewegen, der zum Überleben erforderlich ist.«[2]

Mit anderen Worten: Auf der Basis unbewusster körperlicher Regulationsmechanismen entwickeln, sich über die Gefühlswahrnehmung, das Herausbilden von Werten, Ansichten und Meinungen, das Nachdenken über mich und die anderen sowie über das Aushalten von Ambivalenzen das, was wir als »Identität und Personalität« kennen.

Wo dies aber nicht geschieht, können wir nun ergänzen, da erleben wir eine Person als seltsam hohl. Wer sich selbst nicht kennenlernt, vermag auch die anderen nicht wirklich kennenzulernen. Wo aber keine seelische Tiefenerfahrung ist, wo das Selbstgefühl fehlt, wo die Herausbildung der Identität durch Auseinandersetzung, Werteklärung und das Erforschen tieferer Motivationsebenen unterblieben ist, da besteht zu dem, was Begegnungen erlebnisintensiv macht, kein Zugang. Wir erleben einen Menschen, das ja. Aber uns fehlt das Gefühl für eine ganze Persönlichkeit.

## Das Konzept des künstlichen Selbst

Angesichts dieses Fehlens einer ganzen Persönlichkeit bildet sich das heraus, was ich als »künstliches Selbst« bezeichnen möchte. Unter dem künstlichem Selbst verstehe ich eine psychische Haltung, die – angesichts eines Mangels an Anteil nehmender Fremdaufmerksamkeit, bei ausbleibender Selbstaufmerksamkeit und, hieraus resultierend, einem fehlenden tieferen Selbstgefühl – an die Stelle des reifen, sich als Ganzheit empfindenden Selbst ein Surrogat setzt. Menschen, die ein künstliches Selbst entwickeln, haben gewöhnlich nicht erlebt, dass man sich wirklich für sie als Person interessiert. Sie wurden vielleicht geliebt, das ja, und was ihnen gelang, erbrachte möglicherweise Applaus. Aber eine wirkliche Anteilnahme, eine Auseinandersetzung mit ihnen als werdender Persönlichkeit haben sie nicht erfahren.

Man kann hier gut sehen, dass die Basis des modernen Selbstverlusts nicht nur in der eigenen Überreiztheit liegt, sondern auch im Fehlen menschlicher Anteilnahme. Diejenigen, deren Eltern und Erzieher chronisch abgelenkt waren, haben oftmals Probleme damit, selbstaufmerksam zu sein. Das lässt sich als Folge einer Rückkoppelung erklären: Menschen, an denen nicht wirklich Anteil genommen wurde, erleben sich selbst als wenig interessant. Sie schauen nicht in sich hinein, so als wäre da nichts. Aber das ist nur die Folge davon, dass schon zuvor niemand hineingeschaut hat.

Wenn der so empfindende Mensch diese Leerstelle spürt, dann entsteht ein Bedarf. So setzen wir die Reifung der Persönlichkeit kulturell gewissermaßen voraus, was den Druck mit sich bringt, so etwas wie eine gereifte Persönlichkeit vorweisen zu können.

Wer sich aber nicht fühlen kann, wer nicht aufmerksam in sich hineinzuhorchen vermag, der hat immer noch eine Möglichkeit. Er kann von sich selbst ein Bild entwerfen. Dieses Selbstbild, ein künstliches Selbst, ist hochfunktional: Es erlaubt, dass ein Mensch sein Handeln begründen und in einen sinnvollen Zusammenhang stellen kann. Überdies verschafft es einen Eindruck von Identität. Diese scheinbare Identität aber ist bloß an einzelne Splitter der Persönlichkeit gebunden. Man könnte sagen, sie ist eine Überidentifizierung mit etwas, was zwar zu mir gehört, mich aber nicht als ganzen Menschen ausmacht. Daher geht bei einer solchen Entwicklung die Selbstentfremdung, die mit dem Bild, das der betroffene Mensch von sich entwarf, begann, unmerklich immer weiter. Und zwar nicht nur bei der Konfrontaion mit schwer zu bewältigenden Aufgaben, sondern auch bei den Zielsetzungen, die das eigene Leben betreffen. Ich möchte dies an einem Beispiel zeigen.

## Tom: Fußballprofi oder gar nichts

Tom hat alles gegeben. Hat sich geknechtet, bis jeder Muskel ihm wehtat, war immer der Erste auf dem Platz und der Letzte, der ihn wieder verließ. Sein Schweiß hinterließ im Kraftraum Pfützen. Wenn er wieder über die Meisterschaft reden wollte, verdrehten die anderen die Augen. Und die vielen Stunden, die er vor dem Bildschirm Spiele anschaute, torpedierten jede Beziehung.

Seit er 15 war, war für Tom die Sache klar: Fußballprofi wollte er werden oder gar nichts. Der Anfang war leicht gewesen. Als Talent erkannt, vom Verein rekrutiert, durch gute Spiele im Selbstvertrauen gestärkt, rückte er auf. Erste Meisterschaften, neue Mannschaftspositionen, und irgendwann stand dann die Möglichkeit im Raum: Daraus könnte man noch mehr machen.

Mehr, ja. Aber Tom wollte alles. Temperamentvoll und leidenschaftlich war ihm auch eine Neigung zum Fanatismus nicht fern. Fußballprofi oder gar nichts, solche Alternativen entsprachen ihm. Und er tat, was er konnte, um seinen Traum Wirklichkeit werden zu lassen.

Der Zeitgeist kam ihm zu Hilfe. Musste man seine Träume

nicht leben? Doch, gewiss musste man das – und es war gut, hier nicht allzu viele Nachfragen zuzulassen. Was zählte, war allein, dass man seinem Stern folgte. Wohin auch immer.

Es gibt Talente, und es gibt Ausnahmetalente. Tom war ein großes Talent. Ein Ausnahmetalent war er nicht. Das bedeutet, dass Vereine eine Zeit lang in ihn investierten. Sein Engagement wurde geachtet, seine Leidenschaft geschätzt. Aber auch von Verbohrtheit war die Rede. Und von falscher Selbsteinschätzung.

Als Tom 25 wurde und die Bundesliga noch immer weit entfernt lag, wurde ihm klar, dass er die Altersgrenze überschritten hatte. Kein großer Verein hatte für ihn nennenswerte Summen losmachen wollen, und was hinter ihm nachwuchs, war vielversprechend.

Kein Mann, der aufgibt, haute Tom nur noch mehr rein. Steigerte das Training und erklärte, schon noch zeigen zu wollen, was in ihm steckte. Es folgten zwei brillante Spiele und dann eines, in dem zwei Kniebänder rissen. Das bedeutete eine Zwangspause. Tom versuchte, sie zu unterlaufen, aber die Folge des verfrühten Trainings war nur, dass er noch länger pausieren musste.

Als er kurz nach seinem 26. Geburtstag wieder einsteigen wollte, landete er auf der Reservebank. Die Mannschaft hatte ihn über die Wochen seines Fehlens ersetzt. Das war zwar erst nicht leicht gewesen – sein ungestümes Temperament riss mitunter gerade die Jüngeren mit –, aber dann hatte es doch geklappt. Und zwar gut.

Der Weinkrampf kam erst unter der Dusche, nachdem er ein Spiel auf der Reservebank verbracht hatte. Es war nie seine Art gewesen, sich einfach vom Acker zu machen und die anderen im Umkleideraum sitzen zu lassen. Aber heute rannte er einfach davon.

Jetzt, nachdem er auf dem Heimweg in die Pedale getreten hatte, bis die Beine schmerzten, jetzt, da die heiße Dusche seine überstrapazierten Muskeln aufweichte, jetzt mit einem Mal brachen seine Widerstände zusammen. Und indem sich seine Tränen mit dem Duschwasser vermischten, sah Tom mit seinen inneren Augen, wie die Alternative »Fußballprofi oder gar nichts« von seinem Leben beantwortet wurde. Mit »gar nichts«.

## Mit dem Tunnelblick zum Ziel

Männer wie Tom sind, wenn sie zum Therapeuten kommen, am Boden zerstört. Sie zeigen Züge von Verzweiflung und bleiben oft über lange Zeit depressiv. Wie ein schwarzes Loch zieht sie das Misslungene ihres Lebens an: die Zukunft, die nicht gekommen ist. Und an deren Stelle sie keine andere mehr zu setzen vermögen.

Der Schlüssel, um Menschen wie Tom zu helfen, besteht in etwas, das weit zurückführt: an den Ort nämlich, an dem jene ungesunde Fixierung entstand, die den späteren Zusammenbruch überhaupt möglich machte.

Manchmal ist es freilich schwer, zwischen einer ungesunden Fixierung und einer berechtigten Radikalität verlässlich zu unterscheiden. Muss man nicht alles geben, damit aus einem etwas werden kann? Und erzählen nicht viele Profis, die »es geschafft« haben, genau davon?

Ja, manchmal. Aber man muss sie auch nach ihrer Karriere treffen, um beurteilen zu können, was hier geschehen ist. Der Anteil jener Sportstars, die nach Beendigung ihrer Karriere ins Bodenlose fallen, ist groß. Und wie jeder weiß, der solche ehemaligen Stars schon behandelt hat, spürt man in ihnen, was nicht hat entstehen können, was sie in ihrer Fixierung auf das eine Ziel nicht zugelassen haben. Fixierungen auf ein und nur ein Ziel bringen eine Verengung der Aufmerksamkeit mit sich. Eine solche Fokussierung ist einerseits hilfreich, denn sie wirkt wie Sonnenlicht, das man mit einer Lupe bündelt, mit ungleich stärkerer Kraft. Dies ist freilich nur dann hilfreich, wenn sich die gebündelte Aufmerksamkeit auch auf etwas richtet, was Gutes bewirken kann.

Verengte Aufmerksamkeit kann nämlich auch zu einem »Tunnelblick« führen. Das weite Areal um uns herum verschwindet, und wir blicken nur noch nach vorn. Wer so durch sein Leben geht, der hat nur noch ein Ziel im Blick, ohne ein Gefühl für das, was rechts oder links liegen könnte.

## Wenn das Ego das Selbst überstrahlt

Die Herausforderung, sich selbst zu finden und zu verwirklichen, ist in unseren Tagen beinahe zur Pflicht geworden. Man kann sogar sagen, sie ist keine Herausforderung, sondern für viele ein Problem. Zwar ist die Summe der Wahlmöglichkeiten gestiegen, das Gefühl für sinnvolles Tun aber scheint gesunken. Pathologische Erscheinungsformen unserer gesellschaftlichen Wirklichkeit, die zum Beispiel Investmentbanker mit großzügigen Gewinnen ausstattet, während eine Erzieherin sich kaum eigene Kinder leisten kann, lassen viele am Sinn einer Selbstsuche zweifeln.

Es kommt aber noch etwas Drittes, Entscheidenderes hinzu. Und zwar der Umstand, dass wir kollektiv begonnen haben, Bilder an die Stelle von Gefühlen zu setzen. Indem wir mehr und mehr zu Oberflächenentscheidungen neigen, verweigert sich das elementare, das gewissermaßen aus der Tiefe kommende Gefühl nachhaltiger Motivation und Sinnfindung.

Was geschieht hierbei genau? Um das zu begreifen, ist es zunächst wichtig, in den Zusammenhang von kulturellen Mustern und inneren Prozessen hineinzublicken.

Unsere Zeit verlockt mit Angeboten, die eine weitgehende Freiheit der Selbstwahl suggerieren. »Träume nicht dein Leben, lebe deinen Traum« oder »Mach dein Ding« sind vertraute, vielfach variierte Sätze, die alle die eine Botschaft widerspiegeln: dass es nämlich möglich ist, zu leben, was und wie man will.

Aber ist es das wirklich? Mir scheint, dass in diesem Lebensmodell ein luxuriöser Anspruch steckt, der an echter Selbstfindung schmerzlich vorüberläuft. Einem Angehörigen eines Indiostammes im Amazonasgebiet fiele es wohl nicht ein, so zu reden. Und auch nicht den Arbeitern in einem Sweatshop irgendwo in der Dritten Welt. Ich habe Angehörige der Tuva aus Sibirien kennengelernt, und auch sie gingen nicht davon aus, dass es nur eine Sache des Egos sei, was aus ihnen würde.

Denn hier geht es um eine pure Egoverwirklichung. Schaut man sich die Slogans genauer an, so merkt man schnell, wie sie den Sprüchen der Werbeindustrie gleichen. Ja, sie sind gewissermaßen auf demselben Grund gewachsen. Der Werbeslogan will ein Lebensgefühl an ein Produkt oder eine Marke binden. Der Wunscherfüllungsslogan bindet das Ego nur an sich selbst, ohne dabei die tieferen Ebenen der Persönlichkeit, Fragen der Verantwortung oder womöglich des Sozialen auch nur am Rand zu erwähnen.

Wohlgemerkt: Hier wird nicht der oft zu lesende Vorwurf erhoben, nach dem wir alle und speziell unsere Heranwachsenden immer egoistischer würden. Ich werde im Narzissmus-Kapitel zeigen, wie sehr diese Einschätzung, die inzwischen auch von Wissenschaftlern verbreitet wird, an den seelischen Realitäten unserer Zeit vorbeiläuft. Nein, das Dilemma der reinen Egobefriedigung ist neben der enormen Fallhöhe für alle jene, denen diese durchgängige Befriedigung nicht gelingt, die seelische Verflachung, die sich darin verbirgt.

Genau in dieser Verflachung besteht der Unterschied zur echten Selbstverwirklichung. Letztere lässt immer Kompromisse zu, weil sie das ganze Selbst meint. Während in der Ersteren nur der Drang wirkt, das Ego mit seiner vielfachen Wunschproduktion zu befriedigen. Daher empfinden wir die Verwirklichung des Selbst auch als schwere Aufgabe, als anstrengend, aber auch als beglückend.

## Verlockende Bilder anstatt tiefer Gefühle

Hätte man in Tom, als er schuftete und sich antrieb, hineinschauen können, so wären dort vor allem Bilder zu sehen gewesen. Bilder, in denen er mit seinen persönlichen Fußballhelden auf den Platz lief. In denen er die Arme reckte, um den Fans zu winken. Sich nach dem Torschuss das Trikot hochriss …

Starträume, wie sie viele träumen, die sich als Model oder Rockstar, als Schauspielerin oder als Athlet sehen. Nichts Ungewöhnliches also. Warum aber haben sie hier eine so heikle Wirkung gehabt? Es ist die Mischung gewesen. Die Mischung aus Fantasien und den Egoverwirklichungsslogans, die Toms Evangelium waren.

Ich kenne die Therapeutin, die mit Tom gearbeitet hat, ehe er zu mir kam. Sie hat ihm eine gravierende narzisstische Störung diagnostiziert. Hierfür gibt es in der Tat viele Hinweise. Seine Aufteilung der Welt in »winner« und »loser« zum Beispiel. Seine Neigung, sportliche Konkurrenten zu entwerten, in der eine latente Angst mitschwang, von jemandem übertrumpft zu werden. Seine gering ausgeprägte Empathie. Und eben die Bilder, die er in sich züchtete.

Innere Bilder spielen in unserer Zeit eine bedeutende Rolle. Schon in Schulen werden sie für sogenannte »Traumreisen« genutzt; Selbsterfahrungen der Fantasie, die von einer getragenen Stimme begleitet werden, die mitunter wie eine Hypnose erscheint. Der Unterschied ist aber ziemlich groß. Denn nicht nur, dass es um etwas »Traumhaftes« geht, auch die Bildwelt, die wir in Hypnosen erleben, ist eine andere.

Auch in Beratungen und Coachings, und natürlich in Therapien kommen Bilder zum Einsatz. »Visualisieren Sie Ihren Erfolg«: Solche Formeln kannte Tom gut, er hatte sie aus Büchern und Videos entnommen, die zeigen sollte, wie man mithilfe der seelischen Kraft Erfolg erringt.

So etwas ist gar nicht so schwer. Die Bilder stellen sich sofort ein; ja, es ist so, als hätten sie schon auf uns gewartet. Und ein bisschen stimmt das auch. Denn schon als Kinder träumen wir davon, Helden oder Berühmtheiten zu sein. Nur, dass sich das dann erst einmal relativiert.

Der Hirnforscher Gerald Hüther spricht zu Recht von der »Macht der inneren Bilder«.[3] Denn die Bilder, die wir in uns tragen, haben Macht. Sie wirken auf das ein, was wir empfinden. Und mehr noch, sie wirken auf das ein, was wir tun.

Innere Bilder hängen, wie die Traumreisen zeigen, mit unserer Fantasietätigkeit zusammen. Sie sind gewissermaßen kreatives Geschehen – ohne Medien. Allerdings fällt dabei auf, dass diese Kreativität oftmals verpufft, ohne dass sie zur Gestaltung unserer Lebenswelt beitrüge.

So nimmt es nicht wunder, dass die Produktion innerer Bilder durchaus zweischneidige Urteile hervorbringt. Denn sie haben nicht nur eine seelisch fixierende, mitunter lebensprägende Funktion. Einige Autoren bewerten sie auch als destruktiv, eskapistisch, mitunter krankhaft.[4]

Meiner Einschätzung zufolge ist der krankhafte Anteil innerer Bilder jedoch eher gering. Ebenso wenig ist auch das Genießen der äußeren Bildwelten problematisch. Nicht alles Schauen, nicht jedes Aufgehen in einem äußeren Geschehen führen von uns weg. Ganz im Gegenteil zählen schöne visuelle Reize zu den tiefsten und berührendsten Erfahrungen, die wir machen können.

Wohl aber wohnt speziell den inneren Bildern eine Verführungskraft inne. Und diese Verführungskraft wird umso heikler, je weniger ein Mensch sich selber spürt, Tiefenwahrnehmung besitzt und in sich zu ruhen vermag. Die Erzeugung des künstlichen Selbst wird genau von diesem Verhältnis eines Mangels einerseits und der Verführungskraft der Bilder andererseits bestimmt. Das innere Bild von sich selbst wird hierbei wie mit einem »Fotoshop«-Programm aufgehübscht, retuschiert sowie, je nach Bedürfnislage, mit Merkmalen von Glanz und Glamour, Aspekten von Zugehörigkeit und Gemeinschaft oder aber Symbolen der Könnerschaft und der Perfektion versehen. Und da das Selbstgefühl und ein echtes Selbstinteresse, die dies normalerweise sanft korrigieren und in größere Erfahrungsräume einbetten würden, bei der Entstehung des künstlichen Selbst fehlen, so fällt die Identifikation mit dem so erzeugten Bild verhängnisvoll leicht.

## Von der Macht der Bilder

In meiner Arbeit spielen die Bilder der Seele, die nächtlichen ebenso wie die, die wir tagsüber mit uns herumtragen, eine gewichtige Rolle. Denn in diesen Bildern tut sich oftmals kund, wohin unsere Psyche sich bewegt, was sie umtreibt und was sie sich ersehnt. Wir wissen überdies, dass wiederkehrende Vorstellungen, die wir hinsichtlich unserer Zukunft entwickeln, eine starke Tendenz zur realen Verwirklichung haben. Wir folgen ihnen unbewusst wie der Route, die uns ein Navigationssystem vorgibt.

Allerdings sind Bilder, innere wie äußere, eben nur *eine* Komponente unseres seelischen Lebens. Von mindestens gleicher, wenn nicht noch tieferer Bedeutung ist unser Fühlen. Wenn aber unsere Aufmerksamkeit für beides nicht in gleichem Maß ausreicht, so wird eine der beiden Komponenten in Bedrängnis geraten.

Könnte dies bedeuten, dass wir von uns selbst auch falsche Bilder bekommen können? Ganz sicher sogar. Und dass diese künstlichen Selbstbilder von außen bestärkt werden? Ja, gewiss. Auch wir selbst können ja autosuggestiv wirken, und überdies gehen die Erwartungen anderer oft genug in unsere Selbstbilder mit ein. Was hier als korrigierende Größe nötig wäre, lässt sich mit einigen Stichworten benennen: die Introspektion, das Sich-selbst-Erleben, die tiefere innere Wahrnehmung, das In-sich-hinein-Spüren.

In unserer Zeit ist das tiefere Fühlen in die innere Verfassung hinein jedoch von der Aufmerksamkeit für die Welt der Bilder verdrängt worden. Das bedeutet, dass die kulturelle Fixierung auf das Bild und dabei auch auf das Selbstbild in einem Maß überhand genommen hat, die gefährlich zu werden beginnt. Und zwar, weil ein Selbstbild für gelingenden Selbstkontakt niemals genügt. Ein Bild bleibt ja immer ein Bild. Wir aber atmen, wir laufen herum, wir lieben und empfinden Schmerz: alles Dinge, die ein Bild niemals tut.

## Wenn das künstliche Selbst gewinnt

Offenbar ist nicht das Bild selbst unser Problem, sondern die Herrschaft der Bilder, denen ein Korrektiv fehlt. Wo unser Selbstbild – die Vorstellung, die wir uns von uns selbst machen – von Selbsterleben ergänzt wird, ist diese Herrschaft auf gesunde Weise gebrochen. Wir entwerfen Bilder von dem, was wir sein möchten oder zu erreichen anstreben, fühlen uns aber auch in dem, was wir jetzt sind. Nicht immer werden unsere Bilder von anderen geteilt. Dann kommt es zu einem Konflikt, und wir erleben Spannungen, in deren Bewältigung sich die wachsende Psyche stärkt und bewährt. Im besten Fall wird dabei die Selbstwahrnehmung schärfer, und die Fähigkeit, sich selbst auszubalancieren, nimmt zu.

Genau dies fehlte Tom. Wohl ahnend, dass seine zukunftsorientierte Bildwelt nicht von jedem geteilt wurde, erzeugte er eine Distanz zwischen sich und den anderen. Damit brachte er sich um das Korrektiv der ihn umgebenden Menschen und Meinungen. Denn normalerweise bilden wir uns ja nicht nur innerlich ab, wir handeln und fühlen und bekommen Rückmeldungen. Unser Selbsterleben aber, die Weise, wie wir uns verhalten, wie etwas bei uns ankommt, was uns aufbaut und erfreut oder trifft und verletzt, nimmt dann wiederum Einfluss auf die Vorstellung, die wir von uns haben. Unser Selbstbild wird also vom Erleben und den sozialen Responsen in konstruktiver Weise korrigiert.

Wenn aber nun das Selbstbild eine immer größere Rolle spielt und das Selbstgefühl nachlässt? Dann besteht die Gefahr, dass es zur Herausbildung eines künstlichen Selbst kommt. Ein künstliches Selbst ist eines, das mehr von Bildern als vom Erleben bestimmt wird. Und somit die Persönlichkeit eher verbirgt als hervorbringt. Denn ein Selbstbild ist keine Persönlichkeit, so wenig ein Lebensbild eine ganze Biografie wäre. Gerade nach außen getragene Selbstbilder haben immer etwas von einer Pose und sind überdies flächenhafte Abbildungen. 2-D also, was bedeutet, dass es ihnen an Tiefe mangelt. Der Begriff »Selbstbild« ist von jeher heikel gewählt gewesen, ist er doch ursprünglich der Malerei entlehnt. Dort aber sind »Bildnisse« immer Abbildungen einer Person in einem bestimmten Augenblick und an einem bestimmten Ort. Den Überblick, den eine Biografie gewährt, bekommt man so nicht.

Tom hatte ein idealisiertes, nur von einer einzigen Dimension bestimmtes Selbstbild. Ein Bild, dem er mit aller Gewalt nachstrebte. Anders als bei einer gesunden, von Leidenschaft getragenen Zielstrebigkeit, die noch einen Plan B in der Tasche hat, hatte sein Zukunftsbild etwas Plakatives. Seine Triebfeder war, zu werden, wie er gesehen werden wollte. Nicht, wie er sein, nicht, wie er sich fühlen wollte.

## Die Krankheit unserer Zeit: das künstliche Selbst

Es ist wichtig, zu betonen, dass die Etablierung des künstlichen Selbst kein bewusster und vor allem kein geplanter Vorgang ist. Man kann ihn sich eher wie den Akt eines armseligen, frierenden seelischen Organismus vorstellen, der ein beliebiges Kleid überstreift, das er eben finden kann.

Wie wäre es weitergegangen mit Tom, wenn seine Bilderträume sich erfüllt hätten? Vielleicht erst einmal gar nicht schlecht. Ganz offenbar hat auch ein künstliches Selbst ja seinen Wert. Den nämlich, dort etwas zu haben, wo sonst eine Leerstelle wäre. Ein Selbstbewusstsein entwickeln zu können, ein Selbstbild zu etablieren – alles dies sind ja elementare Wünsche eines jeden Individuums. Tatsächlich kann das künstliche Selbst durchaus befriedigen. Und ich bin sicher, Tom hätte dies für eine Weile auch genießen können. Hätte mit immer anderen Haarschnitten und abenteuerlicher Mode, mit schnellen Autos und medienwirksamen Beziehungen das Bild vom Sportstar ausgefüllt, das ihm vorschwebte.

Irgendwann aber – man kann dergleichen täglich hören, sehen und in der Yellow-Press lesen – wäre die Leerstelle in seiner Person spürbar geworden. Dann nämlich, wenn die Erfolgssträhne auch durch noch so viel Training nicht mehr fortzusetzen gewesen wäre. Sportler, die anders sozialisiert sind und über eine gute Selbstwahrnehmung verfügen, haben dann schon neue Wege gefunden: Sie werden Trainer oder setzen das Studium fort, das sie für die wenigen Jahre der Karriere haben liegen lassen.

Für Tom aber wäre es schwer gewesen. Denn die Bilder ließen ja nichts anderes zu als das, worauf er hingearbeitet hatte.

## Die Bildwelten des künstlichen Selbst

Doch wie erfolgt die Auswahl der Bilder, die uns leiten? Als Regel kann man sagen: Von was für Bildern das künstliche Selbst geleitet wird, hängt entscheidend davon ab, welche tiefere Bedürfnislage ihrer Produktion vorausgeht. Das Beispiel Tom zeigte einen jungen Mann, dessen Bedürfnislage vor allem vom Gesehenwerden, von seinem Wunsch nach Glanz und Glamour bestimmt war.

Andere Menschen, die ebenfalls ein künstliches Selbst herausbilden, tragen andere Bilder mit sich herum. Wir können vier Bedürfnislagen identifizieren, die in die Herausbildung des künstlichen Selbst mit einfließen. Diese vier Bedürfnislagen lassen sich begrifflich gut umschreiben, nämlich mit

- Glanz und Glamour
- Halt und Ordnung
- Zugehörigkeit und Gemeinschaft sowie
- Könnerschaft und Perfektion.

Jede dieser vier Bedürfnislagen hat einen kindlichen Ursprung und stellt in ihrer reinen Form einen Baustein zur gelingenden Selbstwerdung dar. Wir alle durchlaufen narzisstische Stadien, in denen wir ein Leuchten in den Augen der anderen zu erzeugen hoffen und toll gefunden werden möchten. Im Fall des künstlichen Selbst bleibt dieses Bedürfnis infolge fehlender Aufmerksamkeit nicht nur unbefriedigt, sondern es wächst immer weiter. Die Selbstbildaspekte sind in diesem Fall auf Glanz und Glamour ausgerichtet.

Doch wir wollen nicht nur gesehen werden und gefallen, wir möchten auch uns auch in einer Struktur sicher fühlen. Die Vielfalt der glitzernden Warenwelt vermag an entscheidenden Punkten des Heranwachsens eine Wertediffusion nach sich zu ziehen. Wo diese zur Qual zu werden beginnt, da wird sich das künstliche Selbst an Bildern orientieren, die auf Halt und Ordnung ausgerichtet sind.

Wo »Zugehörigkeit und Gemeinschaft« die Leitbedürfnisse des künstlichen Selbst sind, da wird die glamouröse Selbstdarstellung in inneren Bildern unterbleiben. Auch Bilder von Ordnung und Struktur spielen keine Rolle. Denn der Glamour unterscheidet uns ja, er setzt uns ab, während die Bilder von bloßer Ordentlichkeit als kalt empfunden werden. Wer daher zugehörig sein will, der entwickelt vor allem Bilder von großem und harmonischem Miteinander. Und opfert die Ausbildung seiner Besonderheit auf dem Altar des Dabei-sein-Wollens.

Wer endlich dem Idealbild von »Könnerschaft und Perfektion« erliegt, dem ist nicht, wie man vordergründig meinen könnte, Glanz das Bedeutsamste. Auch Zugehörigkeit erkauft sich nicht.

Sondern sein Bedürfnis besteht darin, wichtig und anerkannt zu sein. Schon in der Kindheit machen wir die Erfahrung, dass wir Talente besitzen. Wir bilden diese Talente aus, setzen sie ein und werden womöglich dafür belohnt. Wer aber nie die nötige Aufmerksamkeit dafür bekam, was er Schönes zu zeichnen vermochte oder wie schnell er laufen konnte, dem fehlt die Erfahrung eines »Mach das doch mal, du kannst das so gut!« elementar. Und er erliegt leicht den Bildern eines an Funktionalität orientierten künstlichen Selbst.

Glänzen, Halt finden, dabei und wichtig sein: vier ganz einfache Bedürfnislagen. Sie alle basieren auf der Erfahrung, Aufmerksamkeit zu bekommen und wahrgenommen zu werden. Fehlt diese Aufmerksamkeit, so wird auch die Selbstaufmerksamkeit geringer und richtet sich primär auf Bilder, die die Erfüllung der unerfüllt gebliebenen Kernbedürfnisse verheißen. So entstehen als Ausformung des künstlichen Selbst jene vier charakteristischen Problemfelder, die für unsere Zeit auf so verhängnisvolle Weise typisch sind. Sie heißen »Narzissmus«, »Fundamentalismus«, »Schwarmverhalten« und »Funktionalismus«.

# 7. Kapitel

## Narzissmus: Ein Star sein, um gesehen zu werden

Er hatte sich zwei Jahre gegeben. Um ein Youtuber zu werden, nein, ein Youtube-Star. Keiner von den Gamern, nein, so einer war Nathan nicht. Erstens liebte er Computerspiele nicht sehr – oder zumindest nicht genug, um darin so gut zu werden, dass es für eine öffentliche Gamer-Karriere reichen würde –, und zweitens betrachtete er sich eher als Intellektuellen. Einen mit ausgeprägtem kritischen Vermögen, dem seine Lehrer attestierten, aus ihm könne noch ein guter Journalist werden, ein Literaturkritiker womöglich.

Dem hatte Nathan innerlich zugestimmt. Doch sein Feld ist weniger die Literatur. Es sind die Serien, die ihn in seinen Bann gezogen haben. Die großen, die anspruchsvollen, die künstlerischen Serien der risikobereiten Sender der USA. Serien wie *Sopranos, Breaking Bad, Boardwalk Empire* und natürlich *Game of Thrones*. Also hat er einen Youtube-Kanal eingerichtet und begonnen, Kritiken zu posten. In einer konservativ gehaltenen Szenerie – alter Schreibtisch, Bücherstapel, grüne Leselampe – sitzt Nathan im Anzug und erläutert seinen Followern, worin hier die Qualitäten und dort die Mängel bestehen.

Man hält ihn für kritisch, ja überkritisch. Seine schneidenden Kommentare zerlegen einzelne Folgen wie eine Fertigpizza in hässliche Teile. Nathan lächelt, wenn er so etwas tut. Man sieht, dass es ihm Freude bereitet.

Seinen Zuschauern allerdings nicht. Vielleicht hat er seine

Zielgruppe falsch eingeschätzt, vielleicht seine Selbstinszenierung übertrieben. Vielleicht war er auch nicht ganz so gut, wie er dachte. Das Ergebnis ist jedenfalls niederschmetternd. Werbeverträge kriegt man so nicht. Nathan hatte an Uhrenwerbung gedacht, oder vielleicht an gediegenen Cognac. Doch das Netz findet ihn ziemlich uninteressant.

Zunächst schlägt Nathan zurück. Postet überhebliche Kommentare über die, die ihn nicht sehen wollen, weil sie ihm gedanklich nicht folgen können. Das will natürlich auch keiner wissen, also klickt es kaum jemand an. Und die sonst üblichen Diskussionen bleiben nahezu vollständig aus.

Nathan reagiert mit massiver Selbstentwertung. Wie auf einer Kippkarte verändert sich sein Selbstbild und zeigt anstatt des distinguierten jungen Mannes mit der überlegenen Intellektuellengeste einen Vollidioten, dem sein Anzug zu groß ist. Eine lächerliche Figur, findet Nathan. Erbärmlich. Wo er früher den überlegenen Betrachter gab, bleibt nun ein Versager übrig.

Nathan erinnert in manchem an Tom, den wir im vorigen Kapitel kennengelernt haben. Nur stellt er mit seinem unbedingten Bedürfnis, gesehen und angeschaut zu werden, eine extreme Variante dar. Während Tom sich bis zum Umfallen knechtete, dominiert bei Nathan die Pose.

An die Stelle tieferer Selbstwahrnehmung ist bei Nathan die Oberfläche getreten. Anders als Tom sieht er sich weniger als zukünftigen Star, sondern er ernennt die Millionen Follower, mit denen er rechnet, zu seinen Spiegeln. Würde man in ihn hineinschauen, fände man weniger die Fantasien einer glorreichen Zukunft als vielmehr ein schreiendes Bedürfnis, schnellstmöglich wahrgenommen und großartig gefunden zu werden. Ein Bedürfnis, das er mit den Strategien zu befriedigen hofft, die ihm seine Zeit anbietet.

## Darwin im Reich der Medien

Das Bedürfnis, wahrgenommen zu werden, kann uns weit bringen. Als Babys schreien wir uns die Lunge aus dem Hals, nur damit Mutter oder Vater zu uns ans Bettchen treten. Wer in der Schulklasse übergangen wird und keine herausragende Begabung hat, mit der sich Eindruck schinden lässt, der wird vielleicht zum Klassenclown, weil Gelächter immer noch besser ist, als ignoriert zu werden. In der Pubertät dann stellen manche schon mal etwas an, nur um sicherzustellen, dass sie auch etwas abkriegen von jener Aufmerksamkeit, die wir alle so dringend brauchen. Fragt man sie dann, warum sie zum Beispiel den Fahrradkeller angezündet oder einen obszönen Spruch auf die Klassenwand gepinselt haben, zucken sie nur mit den Schultern.

Nathan giert nach Aufmerksamkeit. Schon als Junge hat er durch ironische Bemerkungen sichergestellt, dass er wahrgenommen wurde. Das funktionierte. Man hörte hin, wenn er etwas sagte, auch wenn man ihn nicht dafür mochte.

Heute, als junger Erwachsener, hat er die Instrumente geschärft und begonnen, sie medientauglich zu machen. Wer ihm bei seinen ersten Vorbereitungen zugeschaut hätte, dem wären vor allem die vielen verächtlichen Bemerkungen aufgefallen, mit denen er andere Youtuber bedachte. Ganze Salven feuerte er auf jene ab, die ihm intellektuell unterlegen schienen, und oft genug tippte er seine Kommentare auch ins Netz.

Betrachtet man das mediale Feld und die allgemeine Tendenz zur Selbstdarstellung etwa bei Youtube, so findet man Leute, die ihre Krankheiten darstellen, neben anderen, die dreiste Streiche posten; Ratgeber finden sich neben Kunst, Gamer-Videos neben Schminktipps oder Survival-Unterweisungen.

Wenn freilich viele, allzu viele Menschen sich darzustellen beginnen, wer wird dann die ersehnte Aufmerksamkeit bekommen? Entsteht hier nicht ein medialer Darwinismus, bei dem nur der am besten Angepasste eine Chance hat, die ersehnte Aufmerksamkeit zu bekommen?[1] Ist nicht die Selbstaufwertung bis hin zur Prahlerei vor allem eine Methode, um sich selbst Bedeutung und damit potenziell Aufmerksamkeit zu sichern? Mit großer Sicherheit, ja.

In einem Aufsatz mit dem Titel »Die Realität des Reality-TV« kommt der Amerikanist Mark Greif auf Sendungen wie *America's Next Top Model* zu sprechen. Und er erkennt, »dass es bei Schönheitswettbewerben längst nicht mehr um Schönheit geht«.[2] Aber worum denn dann? Es geht, so Greif, darum, wie weit Menschen zu gehen bereit sind. Was sie mit sich machen lassen. Und was sie dafür bezahlen, sich öffentlich zeigen zu können. Es hat bei aller Ironie, die hier naheliegt, bei allem Spott, der einfach zu haben wäre, doch etwas immens Tragisches, wenn Menschen sich einer Maschinerie unterzuordnen bereit sind, bloß um gesehen – um angesehen zu werden.

Narzissmus oder Egomanie?

Das Phänomen, mit dem wir es hier zu tun haben, heißt Narzissmus. Üblicherweise verbinden wir den Narzissmus mit Selbstverliebtheit oder mit Eitelkeit. Aber das trifft es nicht ganz, wie das Beispiel Nathans einerseits und die Erkenntnis von Mark Greif andererseits nahelegen.

Narzissmus ist ein schillernder Begriff. Viele Forscher setzen sich gegenwärtig mit diesem Thema auseinander. Dass die bunte Bilderwelt, in der wir leben, diese Welt der Selbstdarstellungen narzisstische Züge hat, ist unübersehbar. Aber was ist der Hintergrund dieses Narzissmus, und worum geht es dabei?

Mein Eindruck ist, dass die gegenwärtig diskutierten Positionen zum Narzissmus nicht genügend begreifen, worum es hier eigentlich geht. Um dies sichtbar zu machen, stelle ich im Folgenden einige dieser Positionen kurz dar, um dann zu zeigen, was die Tragik des Narzissmus als des künstlichen Selbst ausmacht.

Die Psychologin Jean Twenge lehrt an der San Diego State University und befasst sich seit Jahren mit dem Thema Narzissmus.

Ihren Studien zufolge bilden die, die zwischen 1980 und 2000 geboren wurden, die narzisstischste Generation, mit der Menschen es je zu tun hatten. Wenn man so etwas annimmt, dann stellt sich natürlich die Frage nach den Gründen für diese Entwicklung. Jean Twenge geht von vier Faktoren aus, die das Zustandekommen des Narzissmus begünstigen. Zum einen die moderne Haltung des Gewährenlassens und übermäßigen Lobens gegenüber Kindern. Sodann der Umstand, dass Stars und Promis so viel Aufmerksamkeit bündeln. Zu diesen beiden Faktoren kommt nach Jean Twenge die Möglichkeit hinzu, sich Wünsche unverhältnismäßig leicht erfüllen zu können, da beispielsweise Kreditkarten suggerieren, dass unbeschränkter Konsum möglich sei. Und endlich sei da das Internet, das dem Einzelnen zu permanenter Selbstdarstellung verhelfe.[3]

Überzeugend? Eher nicht. Das ist nämlich alles ein bisschen platt. Und zwar, weil hier Narzissmus und simpler Egoismus offenbar gleichgesetzt werden. Das Dilemma an dieser Betrachtungsweise ist: Sie lässt uns verkennen, dass der Narzissmus als eine Form des modernen Selbstverlusts zwar auftrumpfend und raumgreifend daherkommt, aber damit doch auch eine Tragik verhüllt, die umso tiefer reicht, gerade weil sie an der Oberfläche nicht wahrnehmbar ist. Aber wer hat schon Lust, in einen echten Narzissten tiefer hineinzuleuchten?

In die Falle, den Narzissmus mit Egomanie gleichzusetzen, tappt auch der amerikanische Journalist David Brooks. Seine Abhandlung *Charakter* stellt die Menschen und insbesondere die jungen Menschen unserer Zeit als egoorientierte, sich selbst vermarktende, kaum mehr Werten verpflichtete Wesen dar. Von ihren Eltern dahingehend geprägt, sich selbst als besonders und wertvoll anzusehen, betrachten sie, so Brooks, das Leben als etwas, das ihnen Erfüllung bieten soll, anstatt sich zu fragen, was das Leben und die Erfordernisse von ihnen verlangen könnten.[4]

Was hier nur konservativ erscheinen könnte, hat eine andere, eine tiefere Wurzel. Brooks stellt die Wertfrage nämlich auf eine Weise, die in der Betrachtung der jungen Generation vor allem zu Abwertungen führt. Indem er bedeutende amerikanische Beispiele für Mut, Opferbereitschaft und Solidarität bemüht, erscheinen die Menschen unserer Tage als gierige Selbstbefriediger, denen jegliches Gefühl für echte Werte fehlt.

Ob Brooks die, über die er da schreibt, wirklich kennt? Ob er weiß, wie viel soziales oder ökologisches Engagement, wie viel Bereitschaft zu neuen Lebensformen und zu anderem, vielleicht auch durchs Internet inspirierten Formen des Engagements es unter jungen Erwachsenen wirklich gibt?

## Ist jeder, der Selfies macht, ein Narzisst?

Betrachten wir den Narzissmus unserer Zeit einmal losgelöst von Etiketten anhand eines alltäglichen Phänomens. Eine Gruppe Reisender steigt aus dem Bus, steuert auf die alte, reich verzierte Brücke einer deutschen Universitätsstadt zu, und anstatt die Brücke näher zu betrachten und dem darunter träge dahingleitenden Wasser ein paar Blicke zu schenken, ziehen sie alle ihre Handystöcke hervor, suchen sich den besten Platz für ein Selfie und machen ein Foto.

Was geschieht damit? Vielleicht wird es bei Facebook hochgeladen, erscheint bei Instagram oder kommt auch nur in die Galerie, in der bereits Hunderte verwandter Fotos darauf warten, dass sich die Selfie-Sammlung vermehrt.

Es gibt vermutlich kein Phänomen unserer Zeit, das so sehr mit dem Begriff »Narzissmus« belegt wird wie der Trend, Bilder von sich zu machen und zu posten. Denn muss, wer beständig Bilder von sich in die Welt gibt, nicht von sich selbst überaus eingenommen, ja besessen sein? Tanzt er nicht ganz offenkundig um sich selbst herum wie um einen Totempfahl, der für das Allerheiligste steht?

Vielleicht. Vielleicht ist der Selfie-Trend aber auch lediglich die individuelle Antwort auf die Forderungen der Netz- und Bilderwelt, die uns alle zunehmend einspinnt. In diesem Fall würde jeder der so gern belächelten, sich selbst fotografierenden Reisenden an einem Zeitphänomen teilnehmen, das er oder sie nicht gewollt und auch nicht hervorgebracht hat. Und das aber, da sich das Phänomen eben überall findet und immer mehr Menschen an ihm beteiligt sind, etwas Zwingendes bekommt.

Um den Narzissmus als künstliches Selbst zu begreifen, muss man verstehen, dass der Entzug oder das verminderte Spenden von Aufmerksamkeit zu den schlimmsten Dingen gehören, die uns als Heranwachsenden widerfahren können. Gewiss, in unserer Zeit scheinen das übermäßige Behüten und Beachten der Kinder ein großes Problem zu sein. Aber unter diesem Phänomen verbirgt sich ein anderes, viel tiefer wirksames Dilemma.

## Wenn die erweiterte Selbstaufmerksamkeit fehlt

Freud liebte neben den antiken Philosophen vor allem die Tragödiendichter, insbesondere Sophokles. Seine Verwendung antiker Bilder zur Veranschaulichung psychischer Prozesse wurde insbesondere im Fall des Ödipuskomplexes zu einer gesellschaftlichen Standardformel, die heute umgangssprachlich für jede Art von ungewöhnlich starker Mutterbindung steht.

Mit dem Narzissmus verhält es sich ähnlich. Seine Geschichte ist von antiken Autoren mehrfach erzählt wurden, insbesondere die Fassung, die Ovid in den *Metamorphosen* vorstellt, wurde berühmt. Danach ist Narziss ein schöner Jüngling, verurteilt dazu, sich unsterblich in sein eigenes Spiegelbild zu verlieben. In einer Fassung führt dies dazu, dass Narziss vor dem Teich, in dessen Spiegel er sich betrachtet, verschmachtet und nur noch seine Knochen zurückbleiben. In einer anderen Fassung stürzt Narziss in den Teich, als er versucht, sein Spiegelbild zu küssen. Hilflos ertrinkt er.

Das Bild des jungen Mannes, der auf die spiegelnde Wasserfläche blickt, ist vielfach gemalt worden. Es ist in uns als Chiffre für Selbstverliebtheit und – eigentlich fälschlicherweise – Eitelkeit verankert. Denn Narziss liebt sich ja gar nicht selbst, sondern er ist von seinem Spiegelbild fasziniert, das er aber nicht als solches erkennt. Narziss glaubt, sein Spiegelbild sei ein anderer. Der blinde Seher Teiresias hatte vorausgesagt, der Jüngling werde nur dann ein hohes Alter erreichen, wenn er sich selbst nicht begegne.

Auch im psychologischen Sinn ist Narzissmus keineswegs mit Selbstverliebtheit gleichzusetzen. Eher schon mit einem steten Kreisen um sich selbst. Und das beginnt schon ganz früh. Schauen wir uns ein Baby an. Ein Wesen, dessen Selbstwert zu keinem Zeitpunkt infrage steht. »His Majesty, the Baby« nannte es Freud. Wobei wir nicht hundertprozentig sagen können, inwieweit das Baby sich überhaupt selbst als Einzelwesen empfindet.

Aber auch nachdem Baby und Mutter als zwei Wesen erfahrbar werden, bleibt das Baby ein Wesen, das von seinen Bedürfnissen gesteuert wird. Und das nicht die geringsten Probleme hat, alle Erfüllungen seiner Wünsche und alle Befriedigungen seiner Bedürfnisse lauthals einzufordern. Bei einem Baby ist das selbstverständlich und bezaubernd. Auch einem heranwachsenden Kind sieht man Angeberei und Selbstdarstellung noch nach, erwartet aber zunehmend die Fähigkeit, auch Kontexte wahrzunehmen, empathisch zu sein und Rücksicht zu nehmen. In der Selbstfindungsphase der Adoleszenz wird der Narzissmus jedoch noch einmal wichtig: Er dient der Beförderung dessen, wofür man steht. Und umgekehrt wird das, was man ablehnt, massiv entwertet. Aus dieser Mischung entsteht die Zuordnung vieler Jugendlicher zu Gruppen. Gruppen, denen jeweils gemein ist, dass sie einem bestimmten Lebensmodell (einer Musikrichtung, einer Mode, einem Engagement) leidenschaftlich anhängen, während sie das Modell der anderen (die *andere* Musik, die *andere* Mode, die Engagiertheit in *anderer* Richtung) in Bausch und Bogen verdammen. Wie gesagt, so etwas gehört zur normalen Entwicklung dazu. Aber eben mit der Maßgabe, dass es überwindbar ist. Einem Kleinkind sehen wir die prahlerische Selbstdarstellung lächelnd nach. Bei seiner Mutter fänden wir dieselbe Art der Selbstdarstellung keineswegs mehr zum Lachen. Dass ein Baby seine Bedürfnisse über alles setzt, geht gar nicht anders. Und dass Jugendliche in ihrer Selbstfindung primär um sich selber kreisen, ist vollkommen in Ordnung. Bei einem Mann, der selbst Vater ist, wäre es das aber nicht mehr. Und wir würden uns fragen, was hier denn los ist. Der frühe Narzissmus, von dem wir alle herkommen, muss überwunden werden, um später Beziehungen auf Augenhöhe führen und Verantwortung übernehmen zu können.

Respektiert und ernst genommen werden: Dies ist es, was in einer gelingenden Entwicklung an die Stelle des kindlichen Narzissmus tritt. Wenn dies nun aber die eigentlichen Bedürfnisse des Narzissten sind und die Narzissmusdiagnose heute gleich auf eine ganze Generation angewendet wird – liegt dann nicht der Schluss nahe, dass es in unserer Zeit an diesen zwischenmenschlichen Ressourcen fehlt?

Einerseits ja. Andererseits erzeugt der mediale Darwinismus, in dem es primär um Aufmerksamkeit geht, eine brutale Grundsituation. Die im ersten Kapitel beschriebenen Aufmerksamkeitsmängel gegenüber Kleinkindern, zum Beispiel auf Spielplätzen, legen nahe, dass seine Majestät, das Baby, in Gefahr steht, genau das immer weniger zu sein. Denn was hilft es einem Kind, wenn es ständig als toll und besonders gelobt wird, ihm andererseits aber mit der Aufmerksamkeit die Grundressource des seelischen Wachstums genommen wird?

Jene Aufmerksamkeit, die wir unseren wichtigsten Bezugspersonen geben, lässt sich als »erweiterte Selbstaufmerksamkeit« begreifen. Denn die Aufmerksamkeit, die wir ihnen schenken, wirkt unmittelbar auf uns zurück. Unsere Kinder, unsere Liebsten, unsere nächsten Verwandten sind mit uns als Einzelpersonen auf eine Weise verbunden, die oftmals ganz körperlich erlebt wird – wenn uns das Herz aufgeht im Anblick des oder der Geliebten, uns warm ums Herz wird, wenn wir dem Kind beim Spielen zuschauen oder wenn wir glänzende Augen bei denen erkennen, die uns liebevoll und beglückt anschauen. Im Gegenzug haben wir etwa nach Trennungen das Gefühl, uns sei etwas aus dem Herzen gerissen worden, empfinden Liebesentzug wie physischen Druck oder Interesselosigkeit im wahrsten Sinn des Wortes als Kälte.

Man kann unsere wichtigsten Bezugspersonen, insbesondere die Kinder, also in unserer Vorstellung vom eigenen Selbst mit verankern. Indem meine Vaterschaft zu meinem Selbst gehört, nehmen auch meine Kinder an ihm teil. Die Vielfalt der Anforderungen an moderne Menschen bewirkt aber oft, dass nicht nur die eigene Person immer weniger wahrgenommen wird. Auch die Aufmerksamkeit einem Kind gegenüber ist als erweiterte Selbstaufmerksamkeit immer stärker bedroht.

Wo nun die erweiterte Selbstaufmerksamkeit ausbleibt, da wird die Folge sein, dass ein Kind sich als nicht wahrgenommen erlebt. Es wird die Furcht aufbauen, nicht wirklich von Interesse zu sein – und zugleich ein dringendes Bedürfnis, eben doch interessant zu sein. Wie das von der Rutsche stürzende Kind, wie Moritz, den seine Frau mit abwesendem Blick massiert, spürt es, dass etwas fehlt. Und entwickelt Strategien, dieses Fehlende zu kompensieren. Unsere Zeit bietet hierfür vor allem zwei Wege an.

## Narziss und Echo – der Star und sein Publikum

Der Beziehungsexperte Craig Malkin arbeitet als klinischer Psychologe am Cambridge Hospital, das zur Harvard Medical School gehört. Der englische Originaltitel seines Buches *Rethinking Nar-*

*cissism* macht deutlich, dass ihm an einer Rehabilitation des Narzissmus gelegen ist.[5] Dabei wählt Malkin wie Freud den Weg über die Mythologie. Malkin betrachtet Narziss nicht isoliert, sondern im Kontext mit anderen Figuren. Die Komplementärfigur zu Narziss ist eine Bergnymphe namens Echo. Sie ist von ungewöhnlich beredsamer Art, sie kann wunderschön sprechen. Zeus, der mitunter mit Nymphen fremdgeht, benutzt sie, um seine nahende Gattin Hera abzulenken, während er seinen Liebesdingen nachgeht. Zur Strafe nimmt Hera Echo ihre Gabe, und sie kann fortan nur noch nachsprechen, was andere sagen.

Das zieht eine Tragik nach sich. Echo verliebt sich nämlich in einen schönen jungen Mann: Narziss. Doch sie kann ihn, Heras Verwünschung wegen, nicht ansprechen. Denn sie ist nur in der Lage, zu wiederholen, was Narziss sagt.

Narziss erwidert Echos Liebe nicht. Ja, er weist sie brutal zurück. Vor Gram bricht ihr das Herz, und sie erstarrt zu einem Felsen, der bis heute den Klang gesprochener Worte zurückwirft. Nemesis aber, die Göttin der Rache und der Vergeltung, verurteilt Narziss dazu, nur lieben zu können, was er nicht besitzen kann – eben sich selbst.

Malkin sieht die beiden als perfekte Gegenspieler. Oder besser: Sie ergänzen einander eigentlich. Denn es gibt neben den Narzissten in unserer Welt auch die Echo-Menschen. Jene Menschen, die sich eben nicht darstellen, nicht glänzen, nicht auf sich verweisen, sondern wiedergeben, was andere sagen, und spiegeln, was andere zeigen.

Genau so ein Mensch möchte Nathan, mit dem dieses Kapitel begann, nicht sein. Seine Vorstellung davon, ganz er selbst zu sein, ist freilich verkürzt und radikalisiert. Doch wird sie verständlicher, wenn man sich vor Augen führt, was er für sich fürchtet. Eine Existenz, die vom Nicht-wahrgenommen-Werden bestimmt wird. Und die darin bestünde, wiederzugeben, was andere sehen und sagen.

Betrachtet man den Narzissmus, wie Malkin das tut, ergibt

sich ein eher freundliches Bild. Die Popstars und die Youtuber, die Filmschauspieler und die Models, die sich auf Facebook präsentierenden Mädchen und die auf Conventions posenden Jungs, sie alle sind zweifellos in einer Weise narzisstisch. In der nämlich, einen Genuss an der Präsentation ihrer selbst zu finden, sich zu mögen und andere an ihrer Selbstdarstellung teilhaben zu lassen.

Wenn wir nun annehmen, dass es komplementär zu ihnen die Echo-Menschen gibt, dann sind dies die Fans und Follower, die Konsumenten und die begeisterten Applaudierer einerseits. Andererseits aber auch die Kritiker und Rezensenten, ja sogar die Spötter: Ihnen gemeinsam wäre, dass sie nach Malkin keine eigene Stimme haben und mit dem, was sie tun, bloß wiedergeben, was vorgegeben wurde. Das aber ist, wie die Beispiele zeigen, eine ungerechte Zuordnung. Und zwar, weil Echo-Menschen sich zwar auf die Hervorbringungen anderer beziehen. Dies jedoch, anders als im Mythos, mit durchaus eigener Stimme. Letzten Endes, so scheint mir, verwenden die Stars wie die Follower Strategien, die ohneeinander nichts wert sind.

Vielleicht, so der Psychoanalytiker und Familientherapeut Martin Altmeyer, haben wir es hier mit einem seltsam neuen Phänomen zu tun. Denn auf nahezu archaische Weise werden Darstellung und Aufmerksamkeit gegeneinander aufgewogen. Wie bei einer Bühneninszenierung gibt es hier die, deren Interesse das Zuschauen ist, und dort jene, die sich darstellen möchten. Dass sie dabei in seltsamer Naivität höchst intime Dinge von sich posten, von denen sie wissen, dass diese auch missbraucht werden können, hat nach Altmeyer einen einfachen Grund: Die jungen Menschen fürchten offenbar weniger, überwacht, als vielmehr, übersehen zu werden.[6]

## Der tausendfache Spiegel

Man erkennt, dass das künstliche Selbst des Narzissmus mit seinem Drang nach Glanz und Glamour etwas auszugleichen versucht. Etwas, was ihm fehlt oder wovon es zumindest fürchten muss, es nicht zu bekommen. In diesem Sinn lässt sich der Narzissmus als eine Spur begreifen, die uns, folgen wir ihr, zu jener Angst führt, die heute allzu vielen unterschwellig eigen ist: der Angst, nicht mehr wahrgenommen zu werden. Dieser Angst, die wir in der gesunden Variante durch das Eingehen tiefer Beziehungen angehen, wird vom Narzissten durch Selbstinszenierung bekämpft.

Deutlich wurde überdies, dass der Kampf um Aufmerksamkeit in der modernen Mediengesellschaft Züge eines darwinistischen Wettbewerbs bekommen hat. Ein Umstand, den der Narzisst sehr genau wahrnimmt. Und ihm entspricht, so gut er es eben kann. Was bedeutet, er möchte der »Fitteste«, der Bestangepasste sein – denn nur der überlebt.

Abschließend könnte man sagen, dass das, was wir »Narzissmus« nennen, überhaupt erst dort beginnt, wo ein Spiegelphänomen eintritt oder angestrebt wird. In der Sage war der Jüngling Narziss von dem hübschen jungen Mann, der ihn da aus der Tiefe des Teiches anblickte, gefesselt. Und ganz diesem Urbild entsprechend sind die Formen des zeitgenössischen Narzissmus von der Sehnsucht bestimmt, dass ein Blick auf uns ruht.

Im allerersten Spiegel, dem Blick unserer Eltern, erfahren wir als Kinder, was wir dem großen, dem erwachsenen Gegenüber sind, welche Gefühle wir in ihm wecken und was wir ihm bedeuten. Freilich muss es bei diesem Blick nicht bleiben. Denn die Chance auf den nur uns geltenden, den wesentlichen und zutiefst bestärkenden Blick haben wir immer da, wo tiefe und intime Beziehungen entstehen. Die Tragik des in seinem künstlichen Selbst fixierten Narziss besteht darin, dass ihm dies nicht genügt – oder nicht zu genügen scheint.

Gerade weil der narzisstisch infizierte Mensch unserer Zeit sich selbst und seine intimen Begegnungen weniger wahrnimmt, steigt sein Bedürfnis nach Wahrgenommenwerden. Und gerade weil er seine Tiefenströmungen, die ursprünglichen Bedürfnisse seiner Psyche kaum wahrnimmt, wird er zum willigen Werkzeug einer Lebensform, die das Außen über alles stellt.

Wie es anders geht, lässt sich an dem Bild zeigen, mit dem wir auf die Selfies zu sprechen kamen. Eine Gruppe Reisende beginnt, Handyfotos zu machen. Dabei kommt es zu Störungen, denn natürlich laufen auch andere über die schön verzierte Brücke, auf der sich alle fotografieren möchten. Und nun, mitten in diesem Trubel, entstehen einige kurze und doch intensive Begegnungen. Denn da gibt es Touristen, die ohne Selfiestab unterwegs sind und mitunter Passanten fragen, ob diese wohl ein Foto von ihnen schießen würden. Andere erleben, dass Menschen stehen bleiben, um das Bild, das sie machen, nicht zu stören. Wo immer dies geschieht, sehen Leute einander an, nehmen Notiz voneinander, sind hilfreich oder dankbar, charmant oder lustig. Augenblicke echten Miteinanders in einer Szenerie, die zugleich von Tragik und Sehnsucht gekennzeichnet ist. Und die zeigen, wie durch Begegnung die Strukturen des künstlichen Selbst für Momente überwunden werden.

# 8. Kapitel

# Starre statt Stärke: Das künstliche Selbst des Fundamentalismus

Wer nicht integrieren kann, muss ausschließen. Wer zu keiner Weite gekommen ist, dem scheint das Enge natürlich. Wem die lustbetonte Vielfalt Unbehagen bereitet, der findet in strenger Einfalt Entlastung.

Auf verschiedenen politischen und wirtschaftlichen Sektoren lässt sich gegenwärtig ebenso wie in einigen Religionen dasselbe beobachten: die Hinwendung zum Fundamentalismus. Dieser Fundamentalismus hat spezifische Kennzeichen, und zwar ganz gleichgültig, ob er christlicher oder islamischer Herkunft ist, dem rechten oder dem linksradikalen Lager angehört, sich esoterisch gibt oder rationalistisch.

Was ist es, was den Fundamentalismus, gleich welcher Ausprägung, kennzeichnet? Zum einen: Der Fundamentalismus diskutiert nicht. Oder zumindest nicht wirklich. Denn wenn zu einer Diskussion die Möglichkeit der Überzeugung durch das bessere Argument gehört, so merkt man im Gespräch mit dem Fundamentalisten schnell, dass dies hier nicht gilt. Denn es sind seine Grundannahmen, die das Gespräch bestimmen. Grundannahmen, die nicht diskutierbar scheinen. Wenn ein Mensch mit hundertprozentiger Überzeugung dem dialektischen Materialismus anhängt und sich weigert, zuzugestehen, dass dies bloß ein Modell ist; wenn er ganz und gar überzeugt davon ist, dass der Charakter vom Blut bestimmt wird und nicht von Erziehung und Temperament; wenn er sich auf

Lehren beruft, die er für unumstößlich hält, dann sind alle Diskussionsbrücken zu denen, für die das Relativieren der eigenen Position eine Basis gegenseitiger Achtung ist, zugestellt. Der Fundamentalist, könnte man also sagen, hat immer recht. Das macht es für ihn leicht, ohne nachdenken zu müssen, immer gleich zur Tat zu schreiten.

Zum Zweiten ist der Fundamentalismus, indem er sich, seinem Namen getreu, auf Fundamente zu stützen glaubt, den Konfrontationen der Moderne entzogen. Die Auseinandersetzung mit neuen moralischen Fragen, das komplizierte Abwägen zwischen Entscheidungsmöglichkeiten, die individuelle Ausprägung eines resonanten Gewissens – das alles braucht der Fundamentalist nicht.

Allerdings hat seine Persönlichkeit so auch keine Chance, zu reifen. Was ohne Auseinandersetzung bleibt, wird keine Kraft entwickeln und sich selbst keinen Halt geben können. Für einen Menschen aber, der sich selbst keinen Halt zu geben vermag, ist das künstliche Selbst eine Art Exoskelett. Ein Exoskelett bildet im Naturreich zum Beispiel für Weichtiere jene äußeren Haltstrukturen, für die bei anderen Tieren das Innenskelett sorgt. Es verleiht dem weichen Inneren von außen her Stabilität. Diese Stabilität ist dem haltlosen, weichen Wesen unverzichtbar. Analog muss ein Mensch, der merkt, dass seine haltende Struktur infrage gestellt wird, daher Angst und Widerstand entwickeln. Wer seine haltenden Überzeugungen angreift, der nimmt ihm ja potenziell Schutz und Struktur. Hier liegt der Grund dafür, dass der Fundamentalismus als künstliches Selbst nicht nur kurisose Züge hat. Sondern auch gefährliche.

## Wer nicht geachtet wird, sucht eine neue Gemeinschaft

Das Aufkommen fundamentalistischer Strömungen in Parteien und Glaubensgemeinschaften gründet zu wesentlichen Anteilen darauf, dass hier Menschen, an denen die Aufmerksamkeit bisher vorbeigegangen ist, plötzlich welche für sich in Anspruch nehmen können. Dem Grundsatz folgend, dass schlechte Aufmerksamkeit immer noch besser ist als gar keine, wären sie sogar bereit, sich beschimpfen zu lassen, um nur das zu bekommen, was wir eben alle nötig haben: gesehen und wichtig genommen zu werden. Freilich handelt es sich hier um eine andere Grundmotivation als im Narzissmus. Denn der Fundamentalist spiegelt sich nicht, er sucht den Schulterschluss. Der Blick, den er sucht, ist nicht der des bewundernden, anhimmelnden Gegenübers. Sondern der anerkennend-solidarische Blick des Kameraden, der mit ihm Schulter an Schulter steht.

Dabei spielt, und dies ist eine bedeutsame Triebfeder für die Errichtung eines fundamentalistischen künstlichen Selbst, das Können nur eine geringe Rolle. Zu glänzen ist nicht das Leitmotiv des Fundamentalisten, weswegen er auf Bildung und Besitz, Meisterschaft und attraktive Erscheinung verzichten kann. Insbesondere unter Angehörigen der gebildeten Schichten kann man unabhängig von der politischen Linie daher auch die Einschätzung hören, in politisch oder religiös fundamentalistischen Lagern könne jeder etwas werden, auch wenn er keinerlei Ausbildung besitze. Daran ist etwas Wahres, etwas tragisch Wahres jedoch.

Denn die Aussage zeigt ja, wie verächtlich hier Menschen betrachtet werden, deren Bildung den von höheren Schichten gesetzten Normen nicht genügt. Und die infolge dieser Einschätzung den Ball zurückspielen und sich in ein Lager begeben, das der Bildung und den anderen Schmuckwerkzeugen des gehobenen Bürgertums wenig Bedeutung beimisst. Dagegen umso mehr dem Gehorsam, dem Blut, der Solidarität mit Gleichgesinnten, der geteilten Grundüberzeugung, der Bereitschaft zur Unterordnung. Und leider oftmals auch dem gemeinsamen Hass.

Nun wird niemand behaupten, Hass sei ein schönes Gefühl. Anders als Wut, die rein affektiven Ursprungs ist, bedarf der Hass überdies kognitiver Nahrung, muss also künstlich am Leben gehalten werden.[1] Hassredner und Hassprediger haben hier ihre Funktion.

Warum also hassen Fundamentalisten? Der eine Grund liegt darin, dass sie eine fehlende persönliche Reife durch Ablehnung kompensieren. Ein adoleszenter junger Mann weiß noch nicht, was er ist, aber er weiß für gewöhnlich ganz gut, was er ablehnt. Das kann der Fußballverein der benachbarten Großstadt ebenso sein wie die falsche Szene mit ihren musikalischen und modischen Etiketten.

Überdies scheint Hass Identität zu stiften. Der amerikanische Journalist Ta-Nehisi Coates erkennt in der Identitätsstiftung durch gemeinsamen Hass sogar ein Grundmerkmal der amerikanischen Gesellschaft.[2] Allerdings: *Echte* Identität ist dies genau nicht. Das künstliche Selbst gaukelt Identität lediglich vor, ohne dass diese wirklich entsteht. Diese Gaukelei muss überdies, um nicht zusammenzubrechen, beständig weiter betrieben werden. Und Hass, insbesondere geteilter Hass ist, losgelöst von seinen Inhalten, hierfür ein geeignetes Mittel.

Es ist der gläubige Ernst im Verein mit der blinden Gefolgschaft, die dem Fundamentalismus seine zerstörerische Kraft verleihen. Eine Kraft, die in jedem Fall zerstörerisch ist, ganz gleich ob es sich um einen Bomben werfenden Fundamentalisten handelt oder lediglich um einen, der jede Möglichkeit der Begegnung verunglimpft. Denn wer nach innen nicht spüren, nicht hinsehen, nicht lieben kann, dem bleibt nur, nach außen zu dominieren, zu regeln, zu hassen.

## Vom Fluss des Lebens abgeschnitten

Fundamentalistische Entwicklungen sind letzten Endes traurige Entwicklungen. Wie im Fall des Narzissmus, wo ein künstliches Selbst sich in tausend Spiegeln seiner Bedeutung versichert, so liegt auch beim Fundamentalismus eine Bedürfnislage vor, die bei einer gelungenen Selbst-Entwicklung in dieser Form nicht bestünde. Diese Bedürfnislage richtet sich auf Dinge, die selbstverständlich sein sollten, es aber in einer Epoche diffundierender Aufmerksamkeit längst nicht mehr sind: Ordnung und Halt.

Für gewöhnlich wird der Fundamentalismus ähnlich wie der Narzissmus mit einem geringen Selbstbewusstsein sowie mit dem Wunsch nach persönlicher Aufwertung verknüpft. Diese beiden Elemente sind ohne Zweifel aus individuellen Biografien herauszufiltern. Doch sie genügen keinesfalls, um das Phänomen in seiner Breite zu erklären.

Man muss sich den werdenden Fundamentalisten als einen Menschen vorstellen, der sieht, dass um ihn herum Menschen zu sich finden, sich an inneren Werten orientieren und eigene Vorstellungen verwirklichen. Sie haben und entwickeln etwas, was er nicht hat oder verwirklichen kann.

Wieso aber ist er dazu nicht in der Lage? Die Antwort liegt in einem Mangel, konkret in einem Mangel an Selbstwahrnehmung. Man kann ja nur verwirklichen, was man in sich erkennt, was also die Bewusstseinsgrenze überschritten hat. Was nur unterschwellig vorhanden ist, aber nicht ins Bewusstsein eintritt, kann nicht Teil meiner bewussten Lebensgestaltung werden.

Der Psychologe und Religionsforscher Michael Baigent verglich den Fundamentalismus einmal mit einem See. Eigentlich wird dieser See von einem Fluss gespeist, doch der Fluss hat seinen Weg verändert. Und nun ist der See ohne Anschluss an fließendes Wasser vollkommen isoliert.[3]

So besehen ist Fundamentalismus eigentlich schrecklich, aber für den Fundamentalisten fühlt es sich anders an. In seiner Kompensation des Fehlenden unternimmt er eine Umwertung jener Werte, denen zu entsprechen ihm nicht gelingt. In seiner neuen Hierarchie knüpft er Selbstverwirklichung und Selbstfindung dann nicht mehr an die Erfahrung seiner eigenen inneren Vielfalt, sondern an das Einhalten von Ordnungsprinzipien.

Man könnte so weit gehen, zu sagen, dass der Fundamentalist gar kein wirkliches Selbst mehr besitzt. Anders als die Narzissten gewinnt er sein Identitätsgefühl ja aus der Zugehörigkeit zu einer Gemeinschaft und dem Befolgen der oftmals extremen Regeln, denen diese Gemeinschaft folgt. Belohnt wird der Fundamentalist für diese Disziplin durch die Gewissheit, immer recht zu haben.

Es ist dieses Rechthaben um jeden Preis, das uns zeigt, dass das falsche Selbst des Fundamentalisten im Grunde gleichfalls reines Ego ist. Nur dass im Gegensatz zum Narzissten hier nicht der Spiegel das Entscheidende ist, sondern die gleichgeschaltete Gruppe, die natürlich immer richtigliegt. Insofern ist der Fundamentalist vom Selbst ebenso weit weg wie der Narzisst. Nur eben als Ego, das jenem Super-Ego zugehört, das die immerfort recht habende Gemeinschaft darstellt.

## Christoph: Therapie oder Bekehrung?

In anderen Zeiten hätte man ihn einen Propheten genannt. Aber das passt in die heutige Welt nicht mehr hinein. Heute würde er sagen, er hat eine Message, die er rüberbringen muss. Und diese Message ist wichtig.

Man könnte ihn auch einen Wichtigtuer nennen. Aber auch das passt nicht richtig. Denn wenn Christoph auch als tief überzeugter Prediger immerfort vorgibt, zu wissen, was richtig ist, so fehlt ihm doch die Eitelkeit derer, die wir für gewöhnlich als Wichtigtuer bezeichnen. Vereinfacht gesagt: Er scheint sich nicht selbst wichtig zu machen. Sondern ihm scheint etwas wichtig zu sein.

Was aber ist das? Die Menschen zu wecken, sagt Christoph. Sie schlafen, sie dämmern dahin, und das muss man ändern. Wie? Durch Mahnung, Predigt, Konfrontation, Überzeugung. Gelingt das? Nicht immer. Aber manchmal vielleicht doch.

Christoph ist keinesfalls da gelandet, wo er einmal hingewollt hat. Ganz sicher hat er nicht in die psychiatrische Landesklinik gewollt, in der er nun sitzt und anderen auf die Nerven geht. Warum er hier ist? Weil er auf der Straße, in der er gewöhnlich predigt – einem Stück Fußgängerzone in einer deutschen Kleinstadt –, ein bisschen zu offensiv auf Menschen zugegangen ist. Er hat Küssende mit dem Hinweis, dass dies unkeusch sei, getrennt. Stärker geschminkte junge Frauen hat er im Namen seiner Religion beleidigt, und einen Mann, den er für reich hielt, mit dessen Sünden konfrontiert.

Gründe für eine Einlieferung? Zum Teil ja. Das öffentliche Mahnen und auch Beschimpfen wäre vielleicht noch hingegangen, aber das vehemente Losgehen etwa auf küssende Paare nicht. Christoph hat in den Menschen etwas ausgelöst, was er ganz sicher nicht auslösen wollte. Er hat ihnen Angst gemacht. Und zwar keine Angst vor Höllenstrafen oder dem göttlichen Zorn. Sondern Angst vor jenem predigenden Irren, der er selbst ist. Und als der er jetzt hiersitzt.

Die Psychiaterin, die sich um ihn kümmert, hat sich eingelesen. In die Hintergründe der Sekte, der Christoph angehört. Immer sicherer wurde sie, dass Christoph kein klassischer Wahnkranker ist, dessen Pathologie ihn zu einem Propheten macht. Nein, Aussage für Aussage hat sie das, was Christoph predigt, mit dem zur Deckung bringen können, was die Sekte lehrt.

Aus dieser Erkenntnis heraus ist die Ärztin mit Christoph die Geschichte seiner allmählichen Fundamentalisierung durchgegangen. Dabei hatten beide Seiten durchaus widersprüchliche Absichten. Wollte die Psychiaterin Christophs heikle Identifikation mit den Sekteninhalten hinterfragen und so sein Verwobensein in Ideologie und Wahn behutsam lösen, so sah Christoph eine Chance, die Ärztin von ihrer falschen Weltsicht zu befreien. Sie schien ja zu glauben, ein paar Medikamente und analytische Gespräche würden die Verderbnis der modernen Welt relativieren. Dabei war sie, so dachte er, selbst gefangen in dem, was das Böse an Freiheiten vorgaukelte. Versehen mit den Freiheiten eines modernen Menschen hatte Christoph sich immer gefühlt wie ein Korken auf den Wellen, den es mal hierhin, mal dorthin wirft. Nicht souverän, sondern zutiefst einsam und verwirrt. Dort, wo Richtschnüre hätten sein sollen, fanden sich bloß einander widerstrebende Lüste. Wenn Christoph sich umsah, sah er nur Fremde. Leute, die offenbar wussten, wie sie zu leben hatten. Nur dass die Art, wie sie lebten, Christoph erbärmlich schien. Ohne Sorge füreinander, ohne Achtung vor sich selbst. Und vor allem: ohne Richtung, ohne Halt.

Christoph ist ein Mensch, der, wie die Psychiaterin später sagen wird, »immer so mitlief«. Für seine Familie nicht wirklich interessant – er war immer so angenehm still gewesen, »pflegeleicht« –, schien er auch für sich selbst wenig interessante Züge zu haben. Die Schule durchlief er ohne größere Probleme, Freunde hatte er wenige. Sein größtes Interesse weckten technische Spielereien, woraus später eine Neigung erwuchs, die ihn zu einem Maschinenbau-Studium motivierte.

Hätte jemand freilich in den Studenten hineinblicken können, so wären da nicht nur technische Themen gewesen. Vor allem eine Frage beschäftigte ihn: Wie lebt man richtig? Denn wenn Christoph sich umsah, schienen viele Leute verkehrt zu leben. Leute heirateten und trennten sich wieder, oftmals unter Schmerzen für alle Beteiligten. Geld wurde in großen Mengen ausgegeben, aber wofür? Menschen wussten, dass auf der Welt etwas schieflief, aber sie machten trotzdem weiter.

Christoph kam nicht dazu, seine eigenen Motive intensiver zu erforschen. Er erschien sich selbst nicht wirklich von Interesse. Zu intensiven Gesprächen kam es auch nicht, denn die Dialoge, die er führte, blieben auf Sachthemen beschränkt. Und was seine Eltern anging, so hatte er nie den Eindruck gehabt, dass sie sich sonderlich mit der Frage beschäftigten, wie es ihm wohl gehen möge. Kam er nicht glänzend zurecht?

## Selbstauslöschung anstelle von Selbstfindung

Jeglicher Fundamentalismus setzt die Regel gegen den Einzelnen, das für jeden Verbindliche gegen das Individuelle. Der Fundamentalismus ist damit der erklärte Feind jeder am Individuum orientierten Lebensform, jeder Selbstverwirklichung, jeglichen Strebens nach Selbst-Sein.

Der schon im Narzissmus-Kapitel zitierte Martin Altmeyer, Psychoanalytiker und ehemaliges Mitglied im »Kommunistischen Bund Westdeutschlands« (KBW), spricht in seiner Analyse der Gemeinsamkeiten von Rechtsradikalismus, Linksradikalismus und politischem Islam von der »Obsession des Homogenen«, der alle diese drei Lager erliegen.[4]

Diese Einschätzung trifft zu. Jedoch richtet sie sich, anders als etwa beim Schwarmverhalten, weniger auf die erlebte Verbundenheit in einer Masse als vielmehr auf Werte, Motive und moralische Richtlinien. Jene Bereiche also, an denen Konflikte entstehen, deren Lösung im Fundamentalismus an das feste Regelwerk delegiert wird.

Hinzu kommt die Bedeutung von Vorbildern, an denen man sehen kann, wie gut gelebt wird. Jede fundamentalistische Strömung kennt diese Personen, die mal als idealisierte Revolutionäre, mal als Heilige, mal als Meister des heiteren Verzichts oder als kampferprobte Helden des Vaterlands die innere Bühne betreten.

Im Kapitel zur Entstehung des künstlichen Selbst haben wir gesehen, dass hier an die Stelle des Selbstgefühls und der Bewältigung von Herausforderungen im sozialen Miteinander plakative innere Bilder treten. Bilder, in denen das, was ersehnt wird, in überhöhter Form dargeboten wird. Bilder, die so bindend sind, dass sie eine leichte Nachfolge ermöglichen. Im Fall des Fundamentalismus kommen Fotos und Videos derer hinzu, denen das künstliche Selbst nachfolgen möchte. Sie nähren eine begreifbare Sehnsucht, für die freilich ein hoher Preis zu bezahlen ist.

Wie stark der Fundamentalismus von Bild und Suggestion be-

stimmt wird, zeigt eine beeindruckende Zahl. Häufige Konsumenten von Videos im Internet konvertieren um volle 174 Prozent wahr-
scheinlicher als Leute, die eher videoabstinent sind.[5] Es leuchtet ein,
dass das Anschauen von Videos etwas erheblich weniger Selbstre-
flexives hat als etwa das Lesen von Texten. Wichtiger aber sind die
sichtbaren Personen, die gerade zu uns zu sprechen scheinen und
mit ihrer zugewandten Autorität genau die Lücke besetzen, die die
abwesenden, ihre Rolle nicht ausfüllenden Eltern klaffen ließen.

## Die Errichtung des künstlichen Selbst als zweite Geburt

Der Psychoanalytiker Erik H. Erikson erkannte, »dass Menschen,
die in ihrem ersten Geborensein scheitern, noch einmal geboren
werden wollen«.[6] Diese bemerkenswerte Erkenntnis könnte Auf-
schlüsse darüber liefern, warum der Anteil sozial im Leben Geschei-
terter in fundamentalistischen Gruppen so ungewöhnlich groß ist.

Folgen wir dieser Erkenntnis, so besteht zum Spott, den der
Fundamentalismus oft erfährt, nicht länger Anlass. Herablassun-
gen, wie etwa die Hans Magnus Enzensbergers, der im Selbst-
mordattentäter nur den »radikalen Verlierer« erkennt, übersehen
nämlich, dass es hier nicht nur um »loser« geht. Nein, es geht in
der Errichtung des fundamentalistischen künstlichen Selbst tatsächlich darum, »neu« zu werden. Wer seine Tiefe nicht kennt
und keinen Selbsthalt besitzt, der erfährt sich ja nicht als gerun-
dete Ganzheit, sondern eher als Mangelwesen. Und hat ein ernst
zu nehmendes Bedürfnis, zu mehr vorzudringen als zu dem, was
er bisher erfuhr. Das Problem ist, dass der Fundamentalist dieses
»mehr« eben nicht in sich selbst zu finden vermag. Und so seine
Neugeburt im Aufgehen in einer Struktur freudig begrüßt.[7]

Dem neu Geborenen ist vor allem eines gewiss: die positive
Aufmerksamkeit seiner Gesinnungsgefährten. Doch auch seine

Selbstaufmerksamkeit durchläuft eine Veränderung. Denn anstelle des Selbstgefühls wird er nun von einem Bild geleitet – einem idealisierten Bild seiner selbst, das sich angehängt hat an die Bilder der Heroen des jeweiligen fundamentalistischen Gebiets. In Übergängen dieser Art springt ein Mensch, wie der Psychopathologe und Philosoph Karl Jaspers formulierte, vom »Selbstbewusstsein« zum »Sendungsbewusstsein«.[8] Und was dabei entsteht, ist ein künstliches Selbst als Pseudoidentität. Pseudoidentitäten werden, weil sie keine spürbare innere Struktur besitzen, von einer Notwendigkeit der ständigen Selbstvergewisserung begleitet. Diese Selbstvergewisserung kann im Einhalten starrer Rituale bestehen, aber ebenso gut auch im Aktivismus.

Eine dritte Möglichkeit der Selbstvergewisserung, die jeder kennt, der schon einmal mit Fundamentalisten gesprochen hat, ist das Reden. Fundamentalisten fällt es ungemein schwer, mit sich selbst still zu sein und zu schweigen. Das ist nachvollziehbar, denn im Schweigen wird die Leere offenbar, die unter dem Gerüst des Fundamentalismus wohnt.

Aber: »Noah schweigt, Jesus auch«, heißt es bei Martin Thull.[1] Damit ist nicht gemeint, dass Noah und Jesus immerfort still gewesen wären. Nein, gemeint ist, dass Menschen, die spirituell etwas zu sagen haben, auch in der Lage sind, zu schweigen. Und dass sie mitunter schweigen, um die Bedeutsamkeit einer Situation zu unterstreichen. Wer aber bedeutsam schweigen kann, der muss eine Ruhe, der muss einen Halt in sich selbst spüren. Es ist genau dieser Selbstbezug, zu dem das künstliche Selbst im Fundamentalismus nicht gelangen kann.

# 9. Kapitel

# Schwarmverhalten:
# Das künstliche Selbst in der Masse

Später Vormittag an einem Strand. Eine Gruppe Mütter steht um eine Anzahl Kinder herum, die im Sand spielen. Mehr Mütter gesellen sich hinzu, die Kindergruppe erweitert sich. Die Kinder buddeln und backen Sandkuchen, manche werfen mit Matsch, andere schaufeln ihre Füße zu und zappeln sich kichernd wieder frei.

Bei den Müttern dagegen spielt sich etwas ab, was manchem Vorüberkommenden ein Kopfschütteln entlockt. Wie auf ein geheimes Signal hin ziehen alle ihre Smartphones aus der Tasche und versinken in ihren Bildschirmen. Hin und wieder fällt ein Wort, sonst aber geschieht nichts. Die Kinder schauen auf, wollen Sandkuchen zeigen, Anerkennung für den Wasserkanal kriegen oder ein Mitlachen hören, wenn sie etwas Witziges vorgeführt haben.

Nichts von alledem. Die Mütter bleiben bei ihrem Grundverhalten. Bis von einer Seite her lautes Schimpfen ertönt. Eine ältere Dame, sportlich und streng, fragt laut, ob man denn hier die Kinder verwahrlosen lassen wolle. Erregtes Murmeln, als sich die Köpfe heben. Ärger. Eine Mutter ruft, sie solle sich da mal raushalten. Eine andere sagt etwas Böses.

Als die Kritikerin fort ist, kommt Bewegung in die Gruppe. Man müsse mal los, ruft eine der Mütter, worauf die Kinder lautstark protestieren. Manche der Mütter beginnen zu schimpfen, andere stimmen überzeugende Töne an. Nach einer Viertelstunde sind die Mütter mit ihren Kindern verschwunden.

## Gemeinsam weggetreten: Sandy und die anderen

Was ist das? Eine Karikatur? Mitnichten. Denn was ich hier schildere, findet sich in ähnlicher Form auf Spielplätzen und am Rand von Fußballturnieren, in Freibädern und, wie mir ein Pfarrer erzählte, selbst vor und nach Gottesdiensten. Alle, mit denen ich über das Phänomen gesprochen habe, sind sich einig: Die Smartphones sind das Problem. Das könnte sein. Aber es bleibt ein durch die Technik nicht erklärbarer Rest. Die merkwürdige Choreografie der Handlungen beispielsweise. Beim Zusehen hat es etwas von absurdem Theater, von Performance möglicherweise. Aber wo kam dieser theaterähnliche Ablauf her? Es gab kein Kommando, keinen Ruf »Alle an die Smartphones!«, was lächerlich genug gewesen wäre. Hätte jemand ein solches Kommando gegeben, vielleicht wäre sogar allen aufgefallen, dass das jetzt nicht in die richtige Richtung lief.

Nein, was hier geschieht, hat nicht nur mit der digitalen Welt zu tun. Zu synchron ist das Verhalten der Frauen, es wirkt wie abgesprochen. Doch die Frauen kennen einander meist gar nicht.

Sandy ist eine der Mütter, die mit ihrem Smartphone bei den Kindern stand. Sie schäme sich, sagt sie. Sie wisse, dass das nicht alle täten; was hier geschehen sei, sei wirklich peinlich. Sandy ist kritischer, als sie sein müsste – in der Bewertung der anderen Mütter spiegelt sich, wie streng sie nun auf sich selbst schaut.

Was ist der Grund für Sandys Scham? Es sind die Wörter, die noch in ihr nachhallen. Die Ausdrücke, die die ältere Dame benutzt hat. Sie hat von »Verwahrlosung« und von »Dummheit« gesprochen.

So hat sich Sandy nie gesehen. Ihren Jungen und ihr Mädchen, zwei und vier Jahre alt, hält sie keineswegs für vernachlässigt. Sie ist doch immer da. Und was da am Strand eigentlich los war – meine Güte, sie habe nur kurz geschaut, ob jemand geschrieben hat, Fotos gepostet oder irgendwas. So, wie man es an jeder Haltestelle täte.

Sandy ist ursprünglich zu mir gekommen, weil sie infolge der Trennung von ihrem Lebensgefährten eine Depression entwickelt hatte. Ihre positive Entwicklung hatte sich auch darin gezeigt, dass sie wieder vermehrt sozialen Kontakt suchte, nachdem sie zuvor in der dunklen Wohnung gesessen hatte und nur noch zum Nötigsten für ihre Kinder in der Lage war. Nun droht diese Entwicklung eine ungute Wendung zu nehmen.

Meine Frage, ob sie glaube, dass ihre Kinder manchmal Aufmerksamkeit vermissen würden, findet Sandy irritierend. Sie weiß es nicht genau, hofft aber, dass das nicht so ist. Am Strand? Vielleicht, ja. Kinder zeigen ja gern, was sie können, und beziehen die Eltern mit ein. Nun sei sie also eine »Rabenmutter«. Sandy guckt ironisch, als sie den Begriff benutzt. Sie weiß, dass man ihn oft eher kokett verwendet, wenn nämlich Mütter betonen, dass sie auch noch ein eigenes Leben haben. Eines ohne Kinder.

Aber so fühlt sich Sandy eigentlich gar nicht. Und es passt auch nicht zu ihrem Selbstbild, als eine Mutter dazustehen, der irgendwelche Chats wichtiger sind als ihre Kinder. Daher ist ihr die giftige Frage der älteren Dame als Stachel in der Seele stecken geblieben. Sandy ist nicht nur beschämt. Sie ist vor allem vollkommen ratlos.

## Der Schwarmhype

Was Sandy geschah, lässt sich als »Schwarmmuster« beschreiben. Ein Verhaltensmuster, in dem Gesetze wirksam sind, die für Schwärme gelten. In diesem Muster ist die komplexe Persönlichkeit mit ihren Werten und inneren Richtschnüren, ihrem Wollen und ihrem Sehnen vorübergehend außer Kraft gesetzt. Als wären alle jene komplexen Steuerungsmechanismen, die sonst ein menschliches Leben reich machen, schlagartig deaktiviert, handeln wir aus der Masse heraus, die uns gerade umgibt.

Die Begriffe »Schwarmverhalten« und »Schwarmintelligenz« haben in den letzten anderthalb Jahrzehnten einen Hype erlebt. Waren Schwärme ursprünglich einmal etwas, was wir nicht gerade mit Menschen in Verbindung brachten, so legte der Begriff nun nahe, es gebe für uns auf früheren Stufen der Evolution etwas zu lernen. Was aber sollte das sein?

Schwärme gibt es auf diesem Planeten in großer Zahl, und ihre Vielfalt ist beeindruckend. Es scheint sich also um eine bewährte Struktur zu handeln, die auf verschiedenen Ebenen Vorteile gewährt. Welche Vorteile aber könnten dies sein?

Da ist zum einen die Menge. Schwärme sind keine kleinen Populationen, sondern große, die eine verbindende Ordnung brauchen. Sodann die Notwendigkeit, größere Areale zu besetzen, die nur durch Formen der Arbeitsteilung möglich ist, wie man sie von Bienen und Ameisen kennt. Endlich die kleine Anzahl der Kommunikationseinheiten: Strukturen, wie sie in Schwärmen sichtbar werden, müssen sich auf bewährte Sets von Regeln berufen können. Und dafür braucht es nur wenige. Was die Fortbewegung angeht, so kommt ein Sardinenschwarm zum Beispiel mit zwei Grundregeln aus: Halt die Richtung und stoße niemanden an.

Was dies für Menschen bedeutet, ist ein interessantes Gedankenspiel. Luftaufnahmen zeigen, dass große Menschenmengen, wenn sie sich in dieselbe Richtung bewegen, sich tatsächlich schwarmähnlich verhalten. Das lässt sich, wenn man es einmal weiß, auch im kleineren Rahmen beobachten. So etwa, wenn man von einem höher gelegenen Stockwerk aus das Treiben um einen Wühltisch im Kaufhaus betrachtet.

Wer je in einen Schwarm hineingeraten ist – ich selbst bin im Schwarzen Meer einmal durch einen Quallenschwarm geschwommen –, der weiß, dass sich der Schwarm um den Einzelnen überhaupt nicht schert. Warum ausweichen? Die schiere Menge macht, dass eher dem Einzelnen unwohl wird.

Die merkwürdige Smartphone-Choreografie am Strand kann wie ein Schwarmphänomen gelesen werden. Schwärme haben, anders als Herden oder Rudel, keine Führer, sie verhalten sich als Gesamtheit. Das ist auch hier der Fall, keine Einzelperson kommandiert oder sticht aus dem Geschehen heraus, niemand leistet einen individuellen Beitrag oder mahnt vielleicht auch nur zur Vorsicht. Alle sind miteinander, kommunizieren aber erstaunlich wenig. Und doch bilden sie so etwas wie einen Verband, etwas, das zusammengehört.

Es ist dieser Umstand, der das Schwarmverhalten für Menschen, die nur ein unreifes Selbst besitzen, so attraktiv macht. Denn in Gruppen, die schwarmähnlich agieren, braucht man kein tieferes Selbstgefühl und vermag gleichzeitig eine wesentliche Bedürfnisebene zu befriedigen, nämlich die nach Zugehörigkeit und Gemeinschaft.

## Die Auflösung der Individualität im Schwarm

In unserer Zeit ist Schwarmverhalten vielfältig zu beobachten. Ob Flashmobs auf der Straße oder Shitstorms im Internet, Wartende vorm Apple-Store oder Hineinströmende beim Festival. Überall werden Schwärme erzeugt und gelenkt.

Und das Internet hat neue Möglichkeiten geschaffen, schwarmähnliche Strukturen zu ermöglichen. Soziale Foren bieten immer wieder Kollektivaktionen an, dabei reicht die Bandbreite vom öffentlichen Gruppenschminken über politische Demonstrationen bis hin zum kulturellen Event.

Was ist der Grund, sich in solchen Foren zu sammeln? Vordergründig sind es gemeinsame Interessenlagen, aber untergründig ist es etwas anderes. Das Bedürfnis, seine Isolation zu überwinden und an einem Gemeinschaftsgefühl teilzuhaben, bei dem seelisch wie geistig nichts gefordert wird. Denn im Schwarm wird die

Selbstaufmerksamkeit des Einzelnen vom großen Ganzen abgelöst. Eine individuelle Haltung kommt im Schwarm nicht vor. Was für ein individuelles Wesen, das seine Eigenheiten schätzt, abstoßend klingen muss, hat für diejenigen, denen neben einem Gefühl für die innere Tiefe auch Ruhe und Halt in sich selbst fehlen, etwas Verführendes. Indem der Einzelne seine Reflexionsfähigkeit den Bewegungen des Schwarms unterordnet, macht er sich gewissermaßen künstlich weniger intelligent – was, den Apologeten der Schwarmintelligenz zufolge, kein Fehler ist. Denn die vielen, so manche Wissenschaftler und Autoren, sind ohnehin intelligenter als der Einzelne.[1]

Es ist jedoch nicht nur die Reflexion, die beim modernen Schwarmverhalten unterbleibt. Auch die Vielfalt der Emotionen wird im Schwarm an die Masse delegiert. Was bewirkt, dass Emotionen zu Affekten vergröbern und zarte Gefühle wie Sehnsucht kaum vorkommen.

Der deutsch-koreanische Philosoph Byung-Chul Han meint, dass das Schwarmhandeln im Internet insbesondere die Freisetzung und sofortige Abfuhr von Affekten möglich mache.[3] Da ist etwas dran, auch wenn es nicht die ganze Wahrheit ist. Aber Shitstorms sorgen tatsächlich für die gemeinschaftliche Abfuhr von Affekten. Und dies in einer Weise, bei der der Beitrag des Einzelnen kaum Erwähnung findet.

Der österreichische Systemwissenschaftler Thomas Brudermann weist darauf hin, dass die Verbindung von emotionaler Erregung und Unsicherheit einen wesentlichen Faktor darstellt, der Menschen bewegt, sich zu Massenbewegungen zusammenzuschließen. Im schlimmen Fall sind dies Mobs, die über andere herfallen. Im harmloseren Fall sind es Käufergruppen, die denselben Store aufsuchen, Suchbewegungen von Gruppen bei größeren Festivals oder das massenhafte Liken und Disliken von Events im Internet.[4]

## Die Gleichsetzung von Schwärmen mit Massen

Nicht überall, wo von Schwärmen gesprochen wird, ist auch die biologische Kategorie gemeint. Ersatzweise ist von den »vielen« die Rede oder von »Crowds«. Das verweist darauf, dass der Begriff »Schwarm« gegenwärtig synonym für das benutzt wird, was sonst »Masse« heißt. Das ist wissenschaftlich zwar nicht ganz sauber, aber auf der Beschreibungsebene trotzdem sinnvoll. Und zwar weil Schwarm und Masse anders als geleitete Gruppen ohne Führung funktionieren. Sie bewegen sich aus sich selbst heraus.

Aber will man das – Masse sein? Der Begriff »Massengeschmack« hat ja durchaus einen abwertenden Unterton. »Fresst Scheiße«, lautete ein Spontispruch der 1970er Jahre, »Millionen Fliegen können sich nicht irren.« Freundlich gemeint war das nicht. Vielmehr nahm der Spruch die Entindividualisierung des Denkens aufs Korn, die mit dem Massenverhalten einhergeht. Gerade hierin aber liegt für die, denen kein vielfältiges, reiches Inneres zu entwickeln möglich ist, die Verlockung.

Der Schriftsteller Elias Canetti hat mit seinem Buch *Masse und Macht* einen der wichtigsten Beiträge zum Verständnis der Massen geliefert. Canetti, der Massen nicht verächtlich anschaute, sie aber immer in Beziehung zu möglicher Gewalt setzte, unterschied zwischen verschiedenen Massentypen. So nannte er neben der »offenen Masse« etwa die »Hetzmasse« (die wir etwa von gewalttätigen Übergriffen auf der Straße oder gegenüber Asylbewerberwohnheimen kennen) oder auch die »Verbotsmasse« (bei Streiks oder auch bei Sitzblockaden).[5]

Haben manche Massen eine exklusive Struktur (wie etwa da, wo es um die gleiche Hautfarbe, Nationalität oder Religionszugehörigkeit geht), so sind die »offenen Massen« nicht nur allen, die sich anschließen wollen, zugänglich. Nein, die offene Masse *will* geradezu wachsen, sie hat eine ihrer Art innewohnende Grundneigung, größer zu werden.

In unserer Zeit entsprechen soziale Foren den offenen Massen. Sie erweitern ständig ihr Netzwerk, und ihr hauptsächliches Bestreben scheint darin zu bestehen, immer größer zu werden. Indem die offene Masse der Internetforen wächst, erlebt sich der Einzelne als Teil eines übergeordneten Ganzen. Bei Canetti war dieses Auflösungsphänomen noch im Wesentlichen körperlich zu verstehen. Im sozialen Forum tritt an die Stelle der Körper-zu-Körper-Erfahrung das Gefühl, in ein Gewebe eingegliedert zu sein, dessen Teil man wird, indem man liest, liket und postet.

## Im Schwarm geborgen?

Was war eigentlich der Grund dafür, dass Schwärme und Massenbewegungen zu Anfang des Jahrtausends plötzlich so attraktiv, intelligent und sinnreich erschienen? Einerseits war hieran die Diskussion um die künstliche Intelligenz beteiligt. Andererseits kamen auch wirtschaftliche Interessen hinzu. So gab es Debatten darüber, inwieweit Waren, die von vielen Käufern bevorzugt werden, schon hierdurch ihre Qualität bewiesen.

Was Schwärme jedoch so interessant machte, war noch etwas anderes. Nämlich etwas, was man als »Faszination der großen Zahl« bezeichnen könnte und was in engem Zusammenhang mit den wachsenden Erkenntnissen über das Zusammenspiel der gewaltigen Menge an Neuronen im menschlichen Gehirn stand. Musste hinter dem, was große Mengen kleiner Einheiten koordinierte, nicht so etwas wie ein geheimes Ordnungsprinzip stehen? Und hieß dies nicht, dass das biologisch höher stehende Wesen Mensch von seinen Vorgängern, den Schwarmtieren, noch etwas lernen konnte? Allmählich ist hinsichtlich solcher Denkfiguren eine Trendveränderung zu bemerken. Wurden Anfang des Jahrtausends Schwarmintelligenz und Massenverhalten noch in einem Maß gehypt, als hätte es jene Gräuel, die auf Massenpsychologie zurückgehen, nie gegeben, so steht gegenwärtig eine neue Skepsis im Raum.

Für eine solche kritische Haltung steht heute der Schriftsteller Hans Magnus Enzensberger. Er hält wenig von der Schwarmintelligenz und noch weniger vom Schwarmverhalten. Verkehrsstaus und Nachahmungsbereitschaft auch bei niedrigen, ja erbärmlichen Verhaltensweisen sowie die Massenhetze von Agitatoren und Denunzianten im Internet zeigen doch, so der Schriftsteller, wie wenig Schwarmintelligenz uns hilfreich sei.[6]

Das alles stimmt. Und doch ist es eine eher oberflächliche, ja überhebliche Einschätzung des Schwarmphänomens. Denn wenn Menschen bei so deutlichen Nachteilen des Schwarmverhaltens trotzdem den Anschluss an Massenbewegungen suchen, dann müssen ihnen diese Massen etwas anbieten können. Die Aufhebung ihrer Isolation zum Beispiel, das Zugehören zu einem Massen-Selbst und damit das Partizipieren an etwas, das nicht einfach enden kann – wie zum Beispiel eine Liebesbeziehung oder eine Freundschaft.

Es liegt meines Erachtens hierin begründet, dass Menschen bereit sind, Abende bei Facebook zu verbringen, auch wenn sie sich hinterher schlecht fühlen. Nahezu jeder Therapeut kennt dieses Phänomen von einigen seiner Patientinnen oder Patienten. Zur Erklärung wird gern der Suchtbegriff bemüht. Aber wirklich internetsüchtig sind diese Menschen nicht. Vielmehr finden sie online etwas, was ihnen guttut. Und was im Moment, in dem es vorbei ist, die alte Leerstelle wieder fühlbar macht, die das künstliche Selbst so lange nicht spürt, wie es mitschwärmt.

## Das angepasste Selbst

Der Preis für das Gefühl, Anteil zu haben und dabei zu sein, ist freilich hoch. Wer im Schwarm zu Hause sein will, muss den anderen ähnlich werden. Schwarmwesen prägen einander nicht individuell, sondern sie wirken auf Angleichung hin.

Der Medienforscher Ramón Reichert spricht von der »Macht der Vielen«. Diese Macht beginnt, so Reichert, insbesondere im Internet das Individuum durch eine neue Form der Anpassungskultur zu ersetzen.[7] Schon ein paar Jahre früher hatte Jean Baudrillard der »Masse« eine mediale Funktion zugeschrieben: Sie ist gewissermaßen das Übermedium, stärker als alle anderen Medien zusammen.[8] Und allein durch ihr Dasein übt sie Druck aus.

Was Reichert und Baudrillard hier erkannt haben, ist genau das, was bei der künstlichen Selbstbildung durch Befolgen der Schwarmvorgaben geschieht. Nur dass die beiden Wissenschaftler den inneren Notstand derer, die sich den Schwärmen anschließen, nicht sehen. Einen Notstand, der etwas anscheinend Absurdes bewirkt: Indem die Person sich an die Vielen anpasst und sich so formt, dass sie mehr und mehr Likes erhält, fühlt sie sich als Individuum bestärkt. Und verliert dabei genau das, was sie zuvor ausgezeichnet hat.

Denn Schwärme können das nicht brauchen: ein Selbst. Im Grunde ist jede Form des Schwarmverhaltens, wie Enzensberger meint, eine Art Absage an die höheren Funktionen des menschlichen Gehirns. Und nur der verzweifelte Wunsch nach einem Miteinander rechtfertigt den hohen Preis, den der Schwarmzugehörige bezahlt. Neben den spezifisch menschlichen Ausbildungen von Bewusstsein und schöpferischer Intelligenz, von logischem Denken und ordnendem Intellekt hat das menschliche Gehirn ja auch ein Potenzial von Individualität herausgebildet, das über alles hinausgeht, was die Naturgeschichte uns beibringt. Gewiss zeigen auch Tiere individuelle Muster und können ab einem höheren Entwicklungsstand als Persönlichkeiten erlebt werden. Doch sie haben nicht wie wir die Wahl, sich entweder zum Massenwesen zu formen oder aber die eigene Individualität bewusst zu entwickeln.

Sandy hat sich im Lauf der Therapie noch häufiger mit der Frage beschäftigt, was sie dazu bringt, in Gruppen »aufgehen« zu wollen. Der Vorfall mit den Smartphones war ein Anlass für sie, ihr

Gruppenverhalten insgesamt zu überprüfen. War sie womöglich eine sozial überangepasste Frau, die jede Choreografie befolgte, die man ihr vorschlug?

Nein, ursprünglich nicht. Aber die schwierige Trennung von ihrem Lebensgefährten hatte sie dahin gebracht, viele Gefühle in sich zu negieren und einem »toughen« Lebensentwurf zu folgen. Dieser bewirkte, dass Sandy kaum mehr in sich hineinblickte – und so das schlummernde Bedürfnis nach Zugehörigkeit nicht erkannte. Indem sie begann, sich selbst ernsthafter wahrzunehmen und eine Beziehung zu sich selbst aufzubauen, schwand die Neigung zum Schwarm und machte der Neugier auf sich selbst Platz.

Die Erkenntnis, wie wenig individuell uns das Schwarmverhalten macht, bietet mitunter Anlass zur Verhöhnung. »So blöd sind wir nur gemeinsam«, schreibt der Mathematiker, Publizist und Industrieberater Gunter Dueck.[9] Zur Verhöhnung besteht aber kein Anlass. Wie im Fall des Narzissmus und des Fundamentalismus liegt da, wo sich durch Schwarmangleichung ein künstliches Selbst heranbildet, ja eine eher tragische Entwicklung vor.

Denn Schwarmverhalten als Ersatz für echtes Wahrgenommenwerden und ein tieferes Selbstgefühl bietet letzten Endes keine Befriedigungsmöglichkeiten, die übers Dazugehören hinausgehen. Wer Meinungen teilt, die über soziale Foren verbreitet werden, der nimmt an Konsenseinschätzungen teil, die aber mit der Freude des wirklichen Durchdringens einer Problematik nichts zu tun haben. Und mit einer Freude an der eigenen Person schon gar nicht.

# 10. Kapitel

## Ich leiste, also bin ich: Funktionalismus und Burn-out

Martin, 58 Jahre, ist ein erfolgreicher Mann. Führend in einem Versicherungskonzern tätig, ein scharfer Analytiker und guter Entscheider. Sein Monatsgehalt deckt sich in etwa mit dem, was eine Verkäuferin in einem ganzen Jahr verdient. Und die geleaste Limousine, die er fährt, würde jeder seiner Nachbarn auch gern fahren.

Ein Mann im Glück, oder? Auch die attraktive Mittvierzigerin, die an seiner Seite lebt, scheint dies nur zu bestätigen. Zwei erwachsene Kinder leben weit weg, aber in zufriedenstellenden Verhältnissen. Doch alles, was Martin vorweisen kann, macht ihn nicht glücklich. Eher noch macht es die Sache schlimmer. Denn er denkt, dass er glücklich sein müsste. Aber er ist es nicht.

Martin ist, ehe er zu mir kam, in einer Klinik gewesen, die sich auf Burn-out-Patienten spezialisiert hat. Das Modell hat ihm zugesagt, er empfand sich als ausgebrannt. Die dort mit ihm in der Gruppentherapie saßen, beschrieben sich alle weitgehend ähnlich. Als Leistungsträger, die gegeben hatten, was zu geben war. Im Grunde unverzichtbar. Und irgendwann leer und ausgebrannt, bis etwas – ja, was eigentlich? – sich verändert hatte.

Diesen Punkt, an dem etwas anders geworden war, wirklich zu begreifen bereitete allen Schwierigkeiten. Für den Therapieansatz der Klinik ist das kein Problem. Für die behandelnden Psychologen liegt das Primärproblem der Burn-out-Patienten an einer

Überforderung, die sie sich lange nicht eingestehen wollten. Und die sie eine Zeit lang kompensieren konnten, oftmals mit erhöhten Mengen an Kaffee, Alkohol und Zigaretten. Das machte, dass sie schlechter schliefen, bis sie die grundsätzliche Überforderung eines Morgens mit jenem Gefühl erwachen ließ, das sie hierhergebracht hatte. Dem Gefühl, dass alles sinnlos sei.

Martin lernte, die Signale zu erkennen und dass Kleinigkeiten eine Rolle spielen. Wenn man plötzlich herumbrüllt, nur weil die Zahnpasta alle ist. Dass Hindernisse eine Rolle spielen. Wenn man selbst hochmotiviert ist, die anderen aber nicht. Und dass Menschen eine Rolle spielen. Wenn nämlich alle einander anspornen und voneinander verlangen, dass man »brennen« müsse. Immerfort »brennen«.

Alles das kannte Martin. Aber war das auch schon alles?

## Die drei Komponenten des Burn-out-Syndroms

Um zu zeigen, dass Martin nicht ausgebrannt, sondern vor allem selbstverloren ist, müssen wir zunächst das Burn-out-Syndrom klären. Die Psychologin Christina Maslach hat viel dazu beigetragen, dem Burn-out-Syndrom auf die Spur zu kommen. Ihren Studien zufolge sind an einer Burn-out-Situation drei Komponenten maßgeblich beteiligt.[1] Zum einen muss die Person eine ungewöhnliche, ja dramatische Erschöpfung erleben. Ihre Ressourcen scheinen aufgebraucht, Müdigkeit und Konzentrationsmangel sind häufig, der Schlaf bietet kaum ausreichende Erholung und ist oft zudem gestört. Es ist diese Komponente, bei der die Metapher des Ausgebranntseins am häufigsten andockt.

Die zweite Komponente betrifft die Arbeit. Sie wird eigentümlich distanziert wahrgenommen, oft kommen kalte Ironie und Zynismus dazu. Das freudlose Lachen vieler vom Burn-out-Syndrom Betroffener vergisst man nicht leicht, wenn man es einmal gehört hat.

Was am meisten erschreckt, ist der Umstand, dass die zynische Haltung nicht nur die Arbeit selbst betrifft, sondern auch Personen, die mit dieser Arbeit zu tun haben. Wer die Arbeit mit Burn-out-Betroffenen kennt, der weiß, dass vor der Entwicklung der zynischen Haltung oftmals ein ungewöhnlicher Idealismus, eine besonders ausgeprägte Motivation zu beobachten war. Endlich erleben Burn-out-Betroffene sich selbst nicht als effektiv Handelnde. Dies ist der dritte von Maslach bestimmte Faktor. Oftmals haben die Betroffenen den Eindruck, alles versucht zu haben, und sind dennoch gescheitert. Psychologen sprechen von einer fehlenden Erfahrung von Selbstwirksamkeit.

## Überforderung: Ja oder nein?

Das Burn-out-Syndrom hat nicht den Status einer psychischen Erkrankung. Viele bezweifeln sogar seine Existenz. Noch 2011 war im *Deutschen Ärzteblatt* in einem Übersichtsartikel von einer »Modediagnose« die Rede.[2] Es wird diskutiert, inwieweit Burn-out-Phänomene nicht im Grunde Depressionen seien, nur dass Burn-out eben besser klingt.

Nun, für eine Modediagnose gibt es das Phänomen vielleicht doch schon zu lange. Der New Yorker Psychoanalytiker Herbert Freudenberger beschrieb schon in den 1970er Jahren erstmals die Symptome. Dabei stellte er, der sich als chronisch überlastet empfand, einen Bezug zu seinem eigenen Leben her.[3]

Freudenberger war eigentlich der Inbegriff eines gelingenden Lebens. Den Nazis entkommen, hatte er als Psychologe und Psychoanalytiker exzellente Lehrer (so den Psychologen Abraham Maslow, auf den der Begriff der Selbstverwirklichung zurückgeht, sowie den Analytiker Theodor Reik, der noch von Freud in Wien unterstützt worden war). Er ließ sich nieder, arbeitete äußerst erfolgreich und verdiente exzellent. Zugleich engagierte er sich für die, die sich keine kostspieligen Analysen leisten konnten, für Vietnam-Veteranen, Obdachlose und insbesondere für Drogenabhängige.

Wie konnte so ein Mann Burn-out-Züge entwickeln? Die Antwort lieferte Freudenberger selbst. Er konnte nicht mehr. Er tat einfach zu viel. Bis zu 18 Stunden am Tag investierte er in die Arbeit mit seinen Analysanden und in seine ehrenamtlichen Fürsorgetätigkeiten.

Aber erklärt Überlastung wirklich alles? Manche Therapeuten und Forscher bejahen das. Der Psychiater Michael E. Harrer zum Beispiel vertritt die Ansicht, dass Burn-out primär aus Überforderung resultiert und ein Bedürfnis nach Stressreduzierung und Entschleunigung verrät. Folgerichtig empfiehlt er Achtsamkeitsübungen, die Stresssymptome wie auch allzu große Hektik zu korrigieren vermögen.[4]

Herbert Freudenberger hätte dem zugestimmt. Und doch scheint es, dass hier etwas zu kurz gedacht wird. Dass wir Überforderungen als heikel erleben, dass wir uns bei einem Missverhältnis von Aufwand und Ertrag schlecht fühlen, das stimmt natürlich alles. Aber erklärt es wirklich das Burn-out-Syndrom?

Der Kinder- und Jugendpsychiater Michael Winterhoff meint, dass die gegenwärtig vielfach beschworene Überforderung eher ein Mythos sei.[5] Haben wir es, so Winterhoff, nicht eher mit einer abnormen Empfindlichkeit gegenüber dem Leistenmüssen zu tun?

In der Tat kann man nicht einfach so behaupten, dass Menschen in der westlichen Welt unter der Last ihrer Arbeit zusammenbrechen müssten. Jedenfalls nicht, wenn man die hier bestehenden Bedingungen mit denen vergleicht, die in ungleich ärmeren Ländern herrschen. Systemkritiker und Globalisierungsgegner führen überdies immer wieder ins Feld, dass westliche Konsumenten die Last schwerer und zeitintensiver, harter Arbeit in die Entwicklungsländer verlagert hätten. Kann man vor dem Hintergrund solcher Vorwürfe im Fall des Burn-out-Syndroms wirklich von Überforderung sprechen?

Im Fall Herbert Freudenbergers ganz sicher. Aber das gilt nicht für jeden vom Burn-out-Syndrom Betroffenen. Martins Überlegungen gehen hier bereits in die richtige Richtung. Er ahnt schon, dass Überforderung nicht das einzige Thema beim Burn-out ist. Zu viel bleibt dabei unerklärt. Zum Beispiel, warum jemand, der körperlich schon erschöpft ist, nicht mehr schlafen kann. Die natürliche Folge der Erschöpfung wäre ja Schlaf, viel Schlaf sogar. Wir kennen die körperlichen Folgen von Überforderung sehr genau. Es sind jene, die wir auch »Stresserkrankungen« nennen: Muskelverspannungen, Bluthochdruck, Herzprobleme, um nur einige zu nennen. Aber warum sind Burn-out-Betroffene *seelisch* so verödet?

## Angeödet oder ausgebrannt?

Der Schriftsteller Graham Greene war ein Fachmann für gebrochene Figuren. Selbst hin und her gerissen zwischen Kommunismus und Katholizismus, zwischen Sündenbewusstsein und Sinnlichkeit, politischer Gesinnung und künstlerischem Wollen, Agententätigkeit und Labilität, entwarf er Szenarien, in denen Menschen an ihrem falsch gelebten Leben verzweifelten.

So wie jener Stararchitekt aus Greenes 1960 erschienener Erzählung »A Burnt-Out Case«.[6] Zynisch und angeekelt von den Leuten, für die er baut, steigt er aus seinem Leben aus und beginnt noch einmal ganz von vorn, in einem Lepra-Hospital in Afrika.

Viele Forscher und Autoren meinen, dass das Erscheinen dieses Buches die Geburtsstunde des Burn-out-Syndroms war. So findet sich der Verweis auf Greene etwa bei Andreas Hillert und Michael Marwitz in dem Buch *Die Burn-out-Epidemie oder Brennt die Leistungsgesellschaft aus?*[7] Das ist einerseits überzeugend, andererseits nicht ganz richtig. Denn bei näherem Hinsehen ist Greenes Stararchitekt nicht wirklich ausgebrannt. Ihm reicht es bloß. Er hat genug. Greenes Figur ist eher ein Aussteiger als einer, der im heutigen Sinn an einem Burn-out-Syndrom leidet.

Gewiss, da gibt es Überschneidungen. Überschneidungen, die insbesondere die seelischen Voraussetzungen betreffen. Aber anders als der Aussteiger, der ja Schluss macht mit etwas, bleibt der Burn-out-Betroffene in seinem Leiden gefangen.

Greenes Protagonist hat seinen Feind nicht in sich selbst. Sein Feind ist die oberflächliche Gesellschaft, aus der er wegmöchte. Von dieser Gesellschaft kann er sich abgrenzen, sich seelisch von ihren Vertretern unterscheiden. Auch das ist beim Burn-out-Betroffenen anders. Er identifiziert sich mit dem, was ihm die seelische Nahrung wegfrisst.

Vergleicht man Greenes Figur mit Herbert Freudenbergers Ansatz, erkennt man rasch die Unterschiede. Greenes Protagonist hat etwas erkannt. Das System, dem er zuarbeitet, ist leer und ohne tieferen Gehalt. Es lohnt nicht den Aufwand. Überfordert im eigentlichen Sinn ist er nicht. Er hat einfach die Nase voll. Man könnte sagen, dass der von Graham Greene beobachtete Faktor die Erkenntnis ist, dass Karriere und Erfolg auch öde sein können. Und dass es zweckdienliche, aber sinnlose Arbeit ist, die in solche Ödnis hineinführt.

Freudenberger dagegen *ist* ohne Frage am Limit. Er arbeitet in einem Ausmaß, das nicht gut gehen kann. Die Schlagzahl ist zu hoch, der Pausen sind zu wenige. Aber ist dies tatsächlich alles? Oder fehlt bei dem, was der engagierte Psychoanalytiker beschreibt, womöglich noch etwas? Wo liegt der Bezug zwischen dem, was Graham Greene schon 1960 erkannte, und dem, was Herbert Freudenberger später erlebte?

Ich würde aus der Erfahrung der Arbeit mit ähnlich gelagerten Fällen vermuten, dass Freudenberger nicht allein die Fülle seiner Aufgaben zu schaffen machte. Und auch nicht seine soziale Ader. Wir wissen zum Beispiel zuverlässig, dass soziales Engagement nicht nur anderen Menschen nützt, sondern die Engagierten selbst glücklicher macht. Umso mehr verwundert, wie lange das soziale Engagement selbst aus der Psychotherapie ausgeblendet wurde, während das Kümmern um sich selbst immer wichtiger erschien.[8] Allerdings kann es zu einer wachsenden Entfernung von individuellem Anspruch und den zu leistenden Möglichkeiten kommen. Wer sich selbst als übergesunden, dauerpräsenten Leistungsträger wahrnimmt, dem kann es passieren, dass das eigene Leistenwollen und das darunterliegende Bedürfnis nach anderen, vielleicht ganz elementaren, sinnlichen Erfahrungen keinen Bezug mehr zueinander haben. Wo dies geschieht, da wird aus der Freude am Engagement ein automatisches Leistensollen, das im Kern keinen Bezug mehr zu dem hat, was es eigentlich tut. Und wo vorher leidenschaftliche Arbeit war, entsteht das künstliche Selbst des Funktionalismus.

## Der funktionale Mensch

Olympische Turner bewegen sich mit einer perfekt arbeitenden Mechanik. Ein Läufer saust davon wie ein geölter Blitz. Ein Junge kann so gut kopfrechnen wie ein Computer. Ein Sachbearbeiter spricht davon, seine innere Festplatte erweitern zu wollen.

Es gibt ziemlich viele solcher Vergleiche. Sie alle haben eine Gemeinsamkeit: Die Funktionalität des menschlichen Körpers oder des menschlichen Gehirns wird der Funktionsweise einer Maschine an die Seite gestellt. Und je besser der jeweilige Körper oder das betreffende Gehirn arbeiten, desto näher kommt es in diesen Vergleichen einer Maschine.

Maschinen sind ein Synonym für perfektes Funktionieren. Und so wird in der Regel alles, was den Funktionalismus auszeichnet, positiv besetzt: Arbeiten können. Etwas leisten. Vieles schaffen. Klingt doch gut, oder? Erst einmal ja, denn Leistungsfähigkeit ist ohne Frage erstrebenswert. Natürlich ist es schön, etwas zu können. Und selbstverständlich ist die Bestätigung durch Leistung etwas Tolles. Aber genügt das auch?

Die Frage legt die Antwort nahe: Aufs Ganze gesehen genügt das sicher nicht. Es sei denn, wir widmen uns Dingen, die uns als bloßes Tun erfüllen. Und nicht bloß durch den Effekt oder den Applaus, den wir uns dafür erhoffen.

Man weiß, dass es Berufe gibt, die vom Burn-out kaum oder gar nicht befallen sind. Freie Künstler oder Mathematikprofessorinnen, Biobauern oder Observatoren in einer Vogelwarte, Landschaftsgärtnerinnen oder Surflehrer, Game-Designer oder Barkeeper: Sie alle eint, dass sie unter den Burn-out-Patienten praktisch nicht vorkommen.

Dagegen sind Angehörige der Wirtschaft, Bankleute, Juristen und Ärzte sowie Lehrer verhältnismäßig häufig betroffen. Woran liegt das? Gibt es Berufe, die eine Affinität zum Burn-out haben? Aufgrund ihrer Arbeitsbelastung, des fehlenden Sozialprestiges, sozialer Isolation, fehlender Resonanz? Daran, dass die Betroffenen rücksichtslos ihre Gesundheit opfern, weil ihnen für ihre Arbeitsleistung nichts zu schade ist?

Ganz offenbar stimmen diese Erklärungsansätze alle nicht. Barkeeper und Game-Designer haben nicht unbedingt ein hohes Sozialprestige. Biobauern haben ganz sicher nicht wenig Arbeit. Observatoren in einer Vogelwarte müssen lernen, mit Einsamkeit zurechtzukommen, und Mathematik-Professoren finden selten jemanden, mit dem sie über das reden können, was sie wirklich beschäftigt. Es gibt freie Künstler, die sich mit dem, was sie tun, die Gesundheit ruinieren: Ob nun durch provozierende Performances oder infolge der Lösungsmittel, die sie einatmen.

Der Grund, dass sie alle dennoch kaum zu Burn-out-Patienten werden, liegt in der Befriedigung, die das Tun selbst ihnen gewährt. Wir alle haben den Wunsch, dass unsere Arbeit auch eine Quelle der Befriedigung darstellt. Im Fall des Funktionalismus wird dies jedoch verschoben. Der funktionalistisch gepolte Mensch blickt nicht auf das, was die Arbeit selbst ist, sondern darauf, ob er sie beherrscht. Und darauf, ob er Anerkennung und Bestärkung für sie bekommt.

Am deutlichsten wird der Bezug zur Arbeit beim funktionalistisch geprägten Menschen, wenn man sein Arbeitsverständnis mit dem des Narzissten vergleicht. Würde der Narzisst seine Arbeit nach dem Glanz bemessen, den sie ausstrahlt, womöglich etwas suchen, das nur er allein kann, das ganz und gar »seines« ist, so ist dies beides dem funktionalistisch ausgerichteten Menschen vollkommen gleichgültig. Es strebt nicht nach Ruhm und Glamour, sondern nach Perfektion.

Daher wird der funktionalistisch ausgerichtete Mensch auch nicht nach einem inneren Bezug schauen oder inneren Bildern von Größe und Applaus nachhängen. Beides wäre eher unfunktional und überdies alles andere als perfekt. Um seinen Drang nach Perfektion zu befriedigen, prüft der Funktionalist vielmehr haargenau, wofür er eine Eignung mitbringt. Diese steht für ihn über jeder Neigung.

Die deutsche Sprache unterscheidet zwischen Beruf und Berufung. Natürlich haben beide Begriffe denselben Wortstamm. Aber in ihrer Ausformung geben sie einen wesentlichen Unterschied wieder. Der Beruf ist etwas, was man aus äußeren, primär lebenserhaltenden Erwägungen heraus macht. Die Berufung ist das, wohin wir uns gezogen fühlen. Das, worin wir uns im Tun wiederfinden.

Der rein aufs Funktionale ausgerichtete Mensch kennt diese Unterscheidung für sich nicht. Seine Funktionalität kann daher auch auf alles Mögliche gerichtet sein. Ob Rechnungswesen oder Datenverwaltung, ob Management einer Süßwarenfabrik oder Leitung einer Kurklinik: Der Funktionalität ist es gleichgültig, worauf sie gerichtet ist.

Denn Funktionalität ist nicht seelisch begründet, sondern folgt ganz den Impulsen des Außen. Ein ganz dem Funktionalen verschriebener Mensch, dem die tiefere Selbstwahrnehmung fehlt, folgt daher in seinem Tun keinem Selbstverwirklichungsimpuls, sondern ist in aller Regel begierig auf positive Rückmeldung, auf Lob und Anerkennung sowie auf eine Instanz, die ihn umgibt und schützt. Hieraus ergibt sich ein sehr spezielles Verhältnis zur Leistung.

## Sven: Ein Körper schlägt Alarm

Man kann ihn am besten anhand seiner Sprechweise charakterisieren. Leistung bringen, sagt Sven, das sei es, was ihn motiviere. Zu merken, dass etwas in Gang kommt. Dass die Dinge sich bewegen. Er sei heiß auf Veränderung; dass die Dinge nicht bleiben, wie sie sind. Alles lassen, wie es ist, könne jeder.

Der Therapeut betrachtet den Mann, der da vor ihm sitzt, aufmerksam. Sven ist ein kräftiger Mann Anfang 50. Gebräunt und von straffer Erscheinung, macht er einen gesunden Eindruck. Der Anzug, den er trägt, ist unauffällig elegant und steht Sven ausgezeichnet. Man merkt, dass dieser Mann auf sich achtet. Aber worauf genau achtet er, wenn er auf sich achtet?

Warum ist Sven hier? Sein Kardiologe hat ihm den Hinweis gegeben, es sei bei Herzrhythmusstörungen manchmal auch die Psyche beteiligt. Sven konnte das nachvollziehen. Er ist niemand, der Dinge auf die lange Bank schiebt. Daher hat er sich den schnellstmöglichen Termin bei einem Psychotherapeuten geben lassen, der zu bekommen war. Und sechs Wochen später sitzt er nun hier.

Herzrhythmusstörungen sind unangenehm. Man kriegt sie nicht selbst unter Kontrolle. Bei Sven kommen sie meist kurz vor dem Einschlafen. Wenn er sich eigentlich nur entspannen wollte. Was mag in solchen Augenblicken in ihm los sein, was meldet sich da, wenn er eigentlich nur entspannen möchte? Auf Fragen wie diese reagiert Sven mit Ratlosigkeit.

Sätze wie die eingangs zitierten hat der Therapeut oft gehört. Sie entsprechen dem Selbstverständnis einer Berufsgruppe, die sich durch Begriffe wie Leistung, Bewegung, Gewinn definiert. Einer Berufsgruppe aber auch, die nach dem tieferen Sinn ihres Handelns kaum fragt. Erzieherinnen reden nicht so. Gärtner auch nicht. Um die Situation ein wenig zuzuspitzen, entscheidet der Therapeut sich, die Sitzung mit einer Provokation anzureichern. Dazu wählt er Svens Phrase vom »Heiß-auf -Veränderung-Sein«.

»Veränderung, großartig. So einen richtig schönen Krieg beginnen, ein paar Landstriche verwüsten?«

»Hören Sie auf«, unterbricht Sven, »an so etwas hat doch niemand gedacht!«

Sven ärgert sich. Er ist wirklich sauer. Hat der Therapeut ihn absichtlich missverstanden? Ihn reingelegt? Zugegeben, der Begriff Veränderung ist vielleicht etwas vage. Und vielleicht müsste Sven auch dazu sagen, dass diese Phrase – »Ich bin heiß auf Veränderung« – gar nicht von ihm selbst stammt. Sondern von einem Unternehmensberater, den die Firma, der Sven vorsteht, einmal konsultiert hatte.

»Sie versuchen doch nur, mir Fallen zu stellen. Mich zu wörtlich zu nehmen, damit ich ins Stolpern komme. Ist es das?«

»Vielleicht.«

»Dann sagen Sie es einfach. Bringen Sie es auf den Punkt!«

Es sei ihm lieber, sagt der Therapeut, wenn Sven das Wesentliche selbst herausfinde.

An dieser Stelle reißt Sven der Geduldsfaden. Er springt auf, läuft im Zimmer hin und her und bleibt vor dem Fenster stehen. Als er spricht, ist seine Tonlage scharf, und seine Augen sprühen helle Blitze. Er glaube nicht, dass das weiterführe. Sprachspiele, Fallen stellen, Schweigen. Sich zurückziehen und keine Lösung anbieten. Er habe sich das ganz anders vorgestellt. Und, indem er jede Silbe einzeln betont, zischt er: *Lö-sungs-o-ri-en-tiert!*

Ein Moment unangenehmen Schweigens. Dann setzt Sven sich

wieder. Sein auflodernder Ärger ist einem stillen Groll gewichen. Diese Überlegenheitsgesten. Diese Resonanzlosigkeit. Er ist tiefer mit sich allein als zu Beginn der Stunde. Er wird nicht wiederkommen. Das hier nützt ihm nichts. Sein Blick wandert zu dem Mann, der ihm gegenübersitzt. In etwa seine Generation, aber nicht sein Typ. Eher der, der früher mal in Birkenstocks rumrannte. Und jetzt Sneakers trägt. Mag sein, dass er für Leute mit Ehekrisen der Richtige ist. Oder für Frauen, die im Alter depressiv sind. Bestimmt hat er viel Geduld. Zu viel Geduld. Und so langsam, wie er jetzt den Kopf hebt, den Mund öffnet, wird es gewiss wieder nur ein bedächtig vorgetragener Satz sein. Wahrscheinlich wieder eine Provokation.

Sven schaut immer noch dorthin, wohin er eben geblickt hat. Jetzt aber ist sein Gesicht weniger gerötet, wohl aber gespannt. Er hat eine Frage gehört, die er nicht erwartet hat. Gar nicht schlecht. Vielleicht ist die Sache doch noch einen Versuch wert.

»Aber wie«, hörte er den Therapeuten nämlich eben fragen, »wollen Sie denn eine Lösung finden, wenn Sie das Problem gar nicht kennen?«

## Leistung als Lustfaktor

Es ist diese Frage gewesen, die Sven noch einmal in die Praxis gebracht hat. Mit einem leisen Widerstand zwar, aber eben doch. Sven ist neugierig geworden. Er erinnert sich an den Film *Per Anhalter durch die Galaxis*, in dem ein Computer namens *Deep Thought* eine ähnliche Antwort gegeben hatte. Der Computer hatte gemeint, erst einmal müsse die Frage richtig gestellt werden. Denn solange die Frage falsch gestellt sei, gebe es auch keine vernünftige Antwort.

Die zweite Sitzung beginnt damit, dass der Therapeut Sven bittet, ihm zu erzählen, wie er aufgewachsen sei. Und zwar insbesondere, wie er glaube, zu dem geworden zu sein, was er heute ist.

Sven erzählt. Von einer Kindheit und Jugend, die er als grau und langweilig erlebt hat. Die Eltern waren engagierte Protestanten, beseelt von dem Gedanken, ein gottgefälliges Leben zu führen. Sie rackerten sich ab, ohne sich auch mal etwas zu gönnen. Er hätte sich gefreut, wenn sie es einmal richtig hätten krachen lassen. Wochenende im Wellness-Hotel, ein Essen mit allen Schikanen, einfach mal ein bisschen Luxus. Aber das konnten seine Eltern nie – wollten es wahrscheinlich auch nicht.

»Und die Kinder um Sie herum? Die Jugendlichen? Was für Gruppen gab es da?«

Er habe die immer abstoßend gefunden. Erst die Hippies und dann die Punks. Faul alle beide. Die 1980er hätten ihn dann geprägt. Als alles etwas kühler wurde, businessmäßiger. Keine schummrigen Kneipen mehr, sondern helle Bars, Schwarzlicht in den Klubs und er immer mit Lederkrawatte. *Stylish.* Sven lacht, als er von seinem Aufwachsen und der Suche nach seiner beruflichen Orientierung erzählt. Macht eine Geste, als er andeutet, wie seine hochgestellte Gelfrisur damals aussah, die er zum schwarzen Anzug trug. Und rechts und links jeweils ein Stachelarmband: New Wave. Salonfähig gewordener Punk.

Wer so ein Elternhaus als Modell erlebt, der wird von der Perspektive nicht begeistert sein, es könne ihm einmal ähnlich ergehen. Und so hat Sven früh ein Antimodell entwickelt. Gegen die kirchliche Haltung einen radikalen Hedonismus. Und gegen das Grau ohne Glamour einen Entwurf, in dem man mit der Kreditkarte die Welt zum Funkeln und Strahlen bringen kann.

Sven ist überrascht, als er den Therapeuten sagen hört, da habe er ja tatsächlich ziemlich viel hingekriegt. Im Grunde genau das erreicht, was er wollte. Das ist nicht unbedingt das, was viele Menschen von sich sagen können.

Sven ist verblüfft, und er wird im Verlauf einiger Sitzungen bereit sein, sich tiefer zu hinterfragen. Denn er ist keiner, der sich mit beruhigenden Plattheiten zufrieden gibt. Und so besteht er darauf, dass seine Herzrhythmusstörungen doch darauf verweisen, dass nicht alles so toll sei, was er erreicht habe. Am Anfang vielleicht, ja. Aber bewegt er sich nicht inzwischen viel zu schnell und ohne nach links oder rechts zu schauen immer auf derselben Spur?

## Im Schatten der Leistungsgesellschaft

Sven hat in vielerlei Hinsicht Glück gehabt. Sein Lebensmodell hat funktioniert, aber eben ein kleines bisschen zu sehr. Aufmerksamer Selbstbeobachtung eher abgeneigt, seinem tieferen Lebensgefühl entfremdet, innere Ruhe immer öfter nur durch Schlafmittel findend, wäre er auf einen Burn-out zugesteuert, wenn nicht sein Körper frühzeitig Warnzeichen gegeben hätte.

Man kann das oft von Burn-out-Betroffenen hören: dass sie sich nicht mehr wahrgenommen hätten; dass sie nur immer mal wieder Symptome gespürt hätten, gegen die dann irgendetwas half. Im künstlichen Selbst des Funktionalismus gibt es für alles, was nicht funktioniert, ein Mittel. Das einzige Ziel ist es, leistungsfähig zu sein.

Gesellschaften definieren sich über Inhalte, die sie für bedeutsam halten. Eine Gesellschaft, die sich »Leistungsgesellschaft« nennt, sagt damit etwas über sich aus. Sie sagt zum Beispiel, dass man etwas leisten muss, um dazuzugehören. Sie suggeriert, dass sich Leistung lohnt.

Seit der Begriff »Leistungsgesellschaft« als Etikett auf den westlichen Gesellschaften klebte, hat sich eine Gegnerschaft formiert. Eine Gegnerschaft, die immer mal wieder das Gesicht wechselte. Es gab Leistungsverweigerer (die Hippies und die Punks), Kritiker des Leistungsgedankens (ihre akademischen Begleiter) und die, die wirklich ausstiegen. Keine faulen Menschen, wohl aber welche, denen das »Arbeit-pro-Zeit-Prinzip« zu weit ging. Und die über ihre Zeit lieber selbst verfügen wollten.

Sven war leistungsstark. Er konnte jede Menge »Arbeit pro Zeit« (die Definition von Leistung) verrichten. Die Muskelverspannungen im Nacken und die halb durchwachten Nächte nahm er in Kauf: Sie gehörten dazu.

Aber was ist das, was uns an Leistung eigentlich so erstrebenswert erscheint? Die bloße Freude am Können? Wenn ich die hundert Meter in weniger als elf Sekunden laufen kann, dann ist das eine bemerkenswerte Leistung. Ich kann an ihr Freude empfinden, wenn ich mich mit ihr identifiziere, weil ich mich zum Beispiel als Athleten begreife. Aber wenn ich eine bestimmte Menge von Akten in einem engen Zeitfenster abarbeite? Wie fühlt sich das an?

Vielleicht eher wir eine Befreiung. Allerdings eine Befreiung, die nur von kurzer Dauer sein wird. Denn ohne dass wir es mitkriegen wird schon das nächste Datenpaket gepackt, das wir bearbeiten sollen. Noch wird es nur geschnürt. Aber schon bald landet es auf unserem Bildschirm. Und es geht immer so weiter.

Leistung solcher Art ist nicht mehr befriedigend. Sie ist entfremdet. Entfremdet, weil uns der innere Bezug zu ihr fehlt. Wir verrichten sie seelenlos, lieblos, freudlos. Allein mit der Hoffnung, dass sie aufhören möge. Aber auch das ist kein wirklicher Wunsch mehr. Denn im Hintergrund lauert immer die Maschine, von der jeder weiß, dass sie noch mehr leistet.

## Kann Erfolg pathologisch sein?

C. G. Jung sprach einmal davon, dass Erfolg für einen Menschen bedrohlich werden könne. Dann nämlich, wenn der Erfolg dazu verführt, immer weiter einer Masche zu folgen, sich also zu reproduzieren, ohne zu neuen Ufern vorzustoßen und dabei seelisch zu wachsen.

Jung hatte recht. Allerdings ist Erfolg nicht nur deswegen mitunter gefährlich, weil er seelisches Wachstum verhindert. Weit öfter trennt er einen Menschen von sich selbst. Nimmt ihm das Selbstgefühl und gibt ihm stattdessen eine Befriedigung, die nur noch in Vorzeigbarem besteht.

Das künstliche Selbst des Funktionalismus hat für Menschen, die sich selbst nicht tiefer wahrnehmen, eine starke Verlockung. Es scheint ja alles anzubieten, wonach wir streben. Erfolg, Geld, Position. Aber wie, wenn in uns etwas säße, dass dies alles überhaupt nicht will?

Svens Funktionalismus verschaffte ihm alles, was er vordergründig haben wollte. Dass es andere, womöglich passivere Wünsche geben könnte (mal einfach nur da sein und in die Sonne blinzeln), vermochte er schon deshalb nicht wahrzunehmen, weil es seinem Leitsystem widersprach. Jedoch merkte er durchaus, dass etwas schieflief. Nur eben auf einer Ebene, der er keine Beachtung schenkte. Viele Menschen spüren Entwicklungen eher körperlich, als dass sie sie benennen könnten. Der Selbstverlust besteht darin, dass das, was auf einer Ebene wahrgenommen werden könnte, auf einer anderen ignoriert wird.

Sven selbst ist nur allzu klar, dass er den Weg eines baldigen Burn-out-Patienten ging. Langsam intensiver in sich hineinblickend gewahrt er, wie zynisch er in seinem Privatleben schon geworden war. »On the highway to hell«, bemerkt er trocken. Was ihn rettete, war paradoxerweise eine Facette seines Funktionalismus: Er hatte schlicht Angst um sich. Angst, nicht mehr zu können und als Herzpatient in eine Klinik zu müssen.

Die Konsequenz dieser Überlegungen ist: Burn-out ist im Kern keine Überforderungssymptomatik. Sondern eine Sinnkrise des sich selbst entfremdeten Funktionalisten. Wer in sie hineingerät, hat sich für gewöhnlich als hochfunktionalen Menschen angelegt, als Leistungsträger ohne hinterfragende Selbstaufmerksamkeit.

Verantwortlich für eine solche Entwicklung sind zwei Faktoren: erstens eine multiverteilte Aufmerksamkeit, wie sie für viele Bereiche der Businesswelt typisch geworden ist, und zweitens die

Abkoppelung von Tiefenwahrnehmung. Multiverteilte Aufmerksamkeit, wie sie jeder so genannte »Leistungsträger« kennt, bewirkt, dass wir nicht registrieren, wie das Verhältnis von Leistung und belohnender Freude, von Arbeitsaufwand und Befriedigung sich allmählich verschiebt. Die Abkoppelung von seelischer Tiefenwahrnehmung macht, dass wir kein Gefühl dafür haben, ob unser Tun uns auch sinnvoll erscheint.

Sven beginnt, erst das eine und dann das andere allmählich wiederzufinden. Dabei entdeckt er, dass seine erlebte Funktionsuntüchtigkeit im Grunde schon den Kern der Diagnose enthielt. Denn um Funktion allein kann es im Leben ja nicht gehen. Darum, etwas zu können, das ja. Aber zu funktionieren ist eben doch etwas anderes.

Nämlich etwas, das wir eher mit Maschinen verbinden. Maschinen funktionieren, und wenn sie es nicht mehr tun, repariert man sie. Oder man wirft sie weg. Klar, dass dies sich in einer Zeit, in der die rasche Entsorgung normal geworden ist, unterschwellig auf Menschen überträgt. Müsste man uns, wenn wir funktionsuntüchtig sind, nicht ebenfalls wegwerfen?

# 3. TEIL

## Zu uns selbst zurück – Irrwege und Wege

# 11. Kapitel

# Warum Achtsamkeit allein nicht genügt

Im dritten Teil dieses Buches wird es um das gehen, was uns zu uns selbst zurückführen kann. Da das Gefühl, nicht mehr in uns selbst zu ruhen, nicht neu ist, gibt es schon eine Menge Angebote. Mir ist es wichtig, tatsächlich gangbare Wege von weniger hilfreichen Wegen zu unterscheiden. Ich werde mich daher zunächst kritisch mit zwei eher vertrauten Ansätzen zur Selbstmodulation auseinandersetzen, um in den abschließenden Kapiteln Wege vorzustellen, die ich für hilfreich halte, um dem Dilemma des Selbstverlusts etwas entgegenzusetzen.

Die gegenwärtig wohl prominentesten Angebote heißen »Achtsamkeit« und »Selbststeuerung«. Ich halte beide nicht für hinreichend, um der Herausforderung zu begegnen, die der Verlust von Selbstaufmerksamkeit und Selbstbildung mit sich bringt. Gleichwohl haben beide positive Aspekte, und es ist nachvollziehbar, dass sie in einer Zeit der Aufmerksamkeitsdiffusion in den Fokus des Interesses geraten sind.

Um zu zeigen, was an Achtsamkeit und Selbststeuerung nützlich ist und wo andererseits die Grenzen liegen, lohnt es sich, in die Bedürfnislage von Menschen hineinzuschauen, die von diesen Methoden angezogen werden. Daher beginnt auch dieses Kapitel wieder mit einem Beispiel.

Mareike hat ihr Abitur mit Leichtigkeit geschafft. Schon während ihrer Schulzeit hatte das hochintelligente Mädchen geplant, nach dem Abi für eine Weile zu jobben und von dem ersparten Geld für eine Weile in die Karibik zu gehen. Sie half im Sekretariat ihres Vaters aus, eines Anwalts für Arbeitsrecht, dann trat sie die Reise an.

Warum sie in die Karibik wollte? Ein Gefühl von Freiheit finden, so nannte sie es. Doch das fand sie nur begrenzt, dafür machte sie Erfahrungen, auf die sie nicht gefasst gewesen war. Stieß auf eine Verteilung von Geschlechterrollen, die ihr, der selbstbewussten und intellektuell geprägten jungen Frau, gar nicht gefiel. Fand, dass das ihr vertraute gelegentliche Marihuanarauchen hier mitunter exzessive Formen annahm. Bei jungen Männern fand Mareike Ansichten zur Homosexualität, die ihr vorsintflutlich erschienen. Und dann das Nebeneinander von Armut und leichtem Leben – anscheinend leichtem Leben zumindest. Die leichte Verfügbarkeit von Ganja, dem dortigen Marihuana, und von Rum sowie die allgegenwärtige Erotik, die sich freilich auch in wenig charmantem Anmachen äußerte.

Erst allmählich wurde Mareike klar, dass sie noch aus einem anderen Grund reiste. Sie hatte die Idee, dass die Reise eine Art Initiationserlebnis für sie sein würde: Das Abenteuer würde sie verändern, sie reifen und erfahrener werden lassen.

Doch als Mareike heimkehrt, kann sie keine Veränderungen spüren – nur der Druck hat zugenommen. Und sie sieht auch etwas anders aus als zuvor. Zwar hat die karibische Sonne sie tief gebräunt, aber es ist da auch ein strenger Zug, den man an ihr zuvor nicht gekannt hat.

Mareike nimmt den Job in der Kanzlei ihres Vaters wieder auf. Sie ist zu einem ungünstigen Zeitpunkt zurückgekehrt, hat mögliche Einschreibetermine für die Uni versäumt. Mareikes Mutter fragt sich, warum Mareike so in sich gekehrt ist und keinen Kontakt zu ihren früheren Freundinnen sucht. Die studieren alle oder haben eine Ausbildung begonnen. Mareike aber hat das Gefühl, auf der Stelle zu treten. Sie sieht nur, was ihr nicht gelingt. Was sie verpasst hat und nun nachholen, nacharbeiten muss.

An einem Nachmittag, als Mareike ein Tablett Kuchen aus

der nahen Bäckerei für die Kanzlei holt, bekommt die junge Frau plötzlich Todesangst. Ihr Herz rast wie wild, und sie denkt nur noch:»Ich sterbe, ich sterbe ich sterbe …« Während ihr das Tablett aus den Händen fällt, versucht sie immer noch, sich selbst unter Kontrolle zu bekommen. Ihre Hände suchen krampfhaft nach einem Halt, und sie lehnt sich an eine grob verputzte Mauer.

Sie wird ihrer Ärztin später schildern, dass dies das Erste war, was sie wieder mit der Welt um sie herum in Kontakt gebracht hat. Der spitze, raue Putz, wie er sich in ihren Arm drückte. Dass da eine Stimme war, die fragte, ob sie einen Arzt rufen solle, bemerkte sie erst allmählich. Nein, sie schaffe das schon, presste Mareike hervor. Zurück in der Kanzlei lief sie zum Telefon und rief sich ein Taxi. Dann fuhr sie in die Ambulanz, wo man sie untersuchte und ein EKG machte. Als die freundliche Ärztin sie dann zu einem Gespräch bat, hatte Mareike Angst. Angst davor, kurz vor einem Infarkt zu stehen. Oder womöglich schon einen gehabt zu haben. Da war es erst einmal beruhigend, dass die Ärztin meinte, nein, da bestehe keine Gefahr. Doch die Diagnose, die sie dann stellte, machte Mareike ratlos: Panikattacken.

## Von Wünschen getrieben

In ihrer Therapie wird es viel um Mareikes Wünsche gehen. Um das, was sie sich von der Karibikreise erhofft hat. Und um das, was davon eingelöst wurde. Von der Suche nach Freiheit ist nicht viel übrig geblieben. An ihre Stelle ist eine Bitternis getreten, eine Enttäuschung vager Hoffnungen, die weder dem fremden Land noch den Leuten dort angelastet werden kann. Mareike hatte, das stellt sie nun fest, kaum wirklich auf das geachtet, was in ihr vorging. Sie war davon ausgegangen, dass die paradiesische Schönheit der Welt so etwas wie einen Schleier von ihrem Gesicht reißen und sie zu ihren eigenen Wünschen führen würde. Das war nicht nur nicht passiert, sondern nach ihrer Rückkehr war Mareike mehr denn je davon überzeugt, dass es für sie nichts wirklich Befriedigendes geben könne.

Die Hoffnung, durch eine Reise mehr zu sich selbst zu kommen und so die eigene Zukunft klären zu können, ist nicht erst in unserer Zeit entstanden. Es gab zunächst die sogenannte »Grand Tour«: jene Reise, auf die vermögende junge Adlige und Vertreter des Großbürgertums im 19. Jahrhundert geschickt wurden, um sich vor Ort europäische Bildung anzueignen. Danach wurde man Teilhaber im Geschäft des Vaters oder schlug eine adäquate Laufbahn ein.

So weit der eine Hintergrund des Gedankens, durch Reisen in der Entscheidung für den weiteren Lebensweg voranzukommen. Der andere Grund ist beinahe archaisch. Und er ist bedeutend wichtiger, denn er steht mit unserem Unbewussten in Verbindung. Ja, er muss nicht einmal bewusst bekannt sein, um seine Wirksamkeit zu entfalten. Denn was aus unserem Unbewussten heraus in uns arbeitet, ist ja nun einmal, wie der Name nahelegt, nicht Teil des Bewusstseins. Dieser unbewusste Faktor, so die Hoffnung vieler Reisender, soll durch das Reisen selbst ans Licht kommen. Anstatt sich tief forschend und intensiv zu befragen, Träume und Fantasien durchzuspielen, Entwürfe und Pläne zu machen, könnte ja dieser Vorgang des Reisens den Schleier wegziehen und alles mit einem Mal sichtbar machen.

Der archaische Hintergrund für so eine Erwartung sind die »rites de passage«, die Übergangsrituale. Rituale von lebensverändernder Bedeutung funktionieren jedoch für gewöhnlich nur dann, wenn ihnen eine lange Zeit der Vorbereitung und der Auseinandersetzung vorausgeht. Fehlt diese, bleibt das Ritual leer. Damit ist nicht gemeint, dass die Reisen junger Erwachsener sinnlos wären. Ganz im Gegenteil. Sie leisten ja viel, erweitern den Horizont und das Weltwissen und fördern die Fähigkeit, alleine klarzukommen. Man kann nach so einer Reise vielleicht besser für sich selbst sorgen, aber ob man sein Leben deshalb besser plant, sei dahingestellt. Mareike wäre allein niemals darauf gekommen, dass sie nicht zu wenig getan hat, sondern eher zu viel. Und sie hat einiges in sich überhört: den Zorn, der sich aufbaute. Dass sie es leid war, in einem fort angesprochen zu werden. Ja, sie mochte die lachenden jungen Männer mit ihrer ewig guten Laune. Aber was sie vor sich selbst verbarg, war der Umstand, dass alles dies für sie leer wirkte. Wie eine nicht enden wollende Party, auf der sie sich zu langweilen begann. Nun hätte sie das schlicht spüren und anerkennen können, um dann neue Pläne zu machen. Aber genau das ging nicht.

Als sie heimkehrte, verbiss sie sich ihre Enttäuschung. Sie hatte das Gefühl, von einer unschönen Welt in die nächste zu wechseln. Sie sah zu, dass sie sich nicht hängen ließ, ignorierte ihre negativen Gefühle so gut als möglich und ließ die gelegentlichen Träumereien, die sie sich früher gegönnt hatte, fortan weg, da sie ihr als Selbsttäuschung erschienen. Ihre brachliegende Fantasie wurde damit freilich nicht befriedet. Sie arbeitete weiter und ließ bedrückende Bilder einer öden Zukunft in sich entstehen. Einer Zukunft, in der es nur eines gab: die Leere oder den öden Alltag.

Was sie nicht wusste: Nur weil wir etwas nicht bewusst wahrnehmen, ist es noch lange nicht verschwunden. Die Medizin kennt viele Beispiele dafür, wie Menschen jene Zeichen, die sie auf einen drohenden Infarkt aufmerksam machen könnten, einfach nicht wahrnehmen – was aber eben den Infarkt nicht verhindert, nur seine Prävention.

Mit unserer Psyche ist es ähnlich. Die Zeichen waren da gewesen. Unmut, plötzliche Tränen, der Anflug einer depressiven Verstimmung, bei der Ganja zu rauchen alles vordergründig wieder »gut« machte. Und später, in Deutschland, die wachsende innere Spannung und etwas, was Mareike von sich überhaupt nicht kannte: Zynismus. Jedes dieser Signale wäre ein Grund, aufmerksam für sich selbst zu sein, zu erkunden, was los ist, und womöglich Korrekturen vorzunehmen. Aber wie kann man korrigieren, was man gar nicht bemerkt?

## Das Bedürfnis nach Achtsamkeit

Ein wesentlicher Bestandteil von Mareikes Therapie waren so genannte »Achtsamkeitsübungen«. Achtsamkeit, eine aus dem Buddhismus stammende Praxis, meint das aufmerksame Gewahrsein desseen, was jetzt eben ist – mit mir oder um mich herum. Wer achtsam wahrnimmt, der handelt nicht. Das heißt, er versucht nicht, zu verändern oder überhaupt zu beeinflussen. Er nimmt einfach wahr.
Der Siegeszug der Achtsamkeitspraxis begann ungefähr mit der Jahrtausendwende. Zu dieser Zeit wurde der Begriff zunehmend häufiger verwendet und ersetzte andere, ebenfalls auf einen spezifischen Bewusstheitslevel bezogene Begriffe wie »Gewahrsein« oder »bewusste Wahrnchmung«.
Achtsamkeit begann zusehends für das wertfreie Wahrnehmen im Hier und Jetzt zu stehen; eine Praxis reinen Spürens, Sehens und Hörens, ohne Positionen zu beziehen oder auf das Wahrgenommene Einfluss zu nehmen. Insbesondere der Molekularbiologe Jon Kabat-Zinn propagierte das Erlernen von Achtsamkeit zur Behandlung oder zur Prävention von Stressfolgen, Angst- oder Schmerzerkrankungen.[1] Weitere Entwicklungen des Achtsamkeitsansatzes erwogen zum Beispiel, nicht nur Hirnfunktionen auf das Erlernen achtsamer Praxis hin zu trainieren, sondern sich auch dem Gehirn selbst in achtsamer Beziehung zuzuwenden, um so auf eine höhere Ebene professionellen Denkens zu gelangen.[2]
Mareike begriff. Sie hatte nicht zu wenig, sondern zu viel gewünscht. Hatte nicht zu wenig, sondern viel zu viel gehandelt. Überdies hatte sie in einem fort gewertet. Dies super gefunden und jenes daneben, die karibischen Jungen süß und die Homophobie mies, das Reisen cool, aber das Reiseergebnis schwach.

Warum nicht einfach nur wahrnehmen, einfach nur gewahr sein, anstatt immer mit Werturteilen zu kommen? Nun beginnt eine neue Ruhe in ihr zu entstehen. Sogar die Angst vor Panikattacken weicht, denn auch diese kann man gelassen betrachten, wenn man genug übt. Mareike spürt, dass ihr in der Karibik Ganja das gab, was sie jetzt einfacher bekommt. Leichtigkeit, Ruhe, Entrücktheit.

Achtsamkeit als mentale Praxis wird heute auch in der Medizin und in der Psychotherapie eingesetzt. Zum Beispiel hat sich gezeigt, dass schmerzkranke Patienten weniger unter ihren Beschwerden leiden, wenn man ihnen die Praxis achtsamen Wahrnehmens vermittelt. Sie lernen, den Schmerz »da sein« zu lassen, ohne sich mit ihm zu identifizieren oder ihn verändern zu wollen. Dabei wird es stiller in ihrem Geist, was viele als angenehm erleben.

So auch Mareike. Sie hat selbst eine Ausbildung zur Achtsamkeitslehrerin begonnen, weil sie zutiefst davon überzeugt ist, dass es die Achtsamkeit ist, die Menschen heute fehlt. Für sich selbst hat sie erkannt, dass schon vor ihrer Reise das gelegentliche Kiffen ein Bedürfnis nach dem war, was Achtsamkeitspraxis nun ohne Drogen gewährt. Präsent sein, da sein, akzeptieren, was ist.

## Achtsamkeit als Kompensation

Dass uns der Begriff »Achtsamkeit« inzwischen immer häufiger begegnet, lässt sich auch unter diagnostischen Gesichtspunkten lesen. Eine ruhende, aufmerksam dem Tag und den wichtigsten Menschen begegnende Lebensform würde keine Achtsamkeit benötigen, sie hätte alles Wesentliche in sich selbst schon herangebildet.

Nehmen wir stattdessen das, was wir unter der Überschrift »Der Terror der Information« untersucht haben: eine Kultur, der das Informiertsein über alles geht und die infolge dieses Drangs nach Information immer stärkeren Stress entwickelt. Nehmen wir

Menschen, die beständig überreizt sind und denen oft das Wesentliche entgeht. Nehmen wir eine Lebenswelt, in der Hektik der typische Begleiter allzu vieler Verrichtungen ist. Und in der viele, allzu viele Menschen das Gefühl haben, niemals richtig dort zu sein, wo sie eben gerade sind.

Muss in solch einer Lebensform eine mentale Praxis wie die Achtsamkeitspraxis nicht als ein kompensierendes Therapeutikum erscheinen? Der Siegeszug der Achtsamkeit verweist offenbar auf ein Bedürfnis, das sich in einer megainformierten, chronisch überreizten Lebensform zwangsläufig immer nachdrücklicher artikulieren muss: das Bedürfnis, einfach nur wahrzunehmen. Aber genügt das, um alle jene Phänomene, die wir in den zurückliegenden Kapiteln untersucht haben, auszugleichen oder zu heilen? Ist Achtsamkeit der Weg, unser Selbst wiederzufinden? Eine Praxis der Selbstaufmerksamkeit, die uns wieder ruhender und mit uns selbst eins machen kann?

Vielleicht. Achtsamkeit ist ursprünglich eine spirituelle Praxis, gehört also im weitesten Sinn dem religiösen Bereich an. Dem Wiedererwachen spiritueller Bedürfnisse liegt aber, wie Studien zeigen, nicht nur ein religiöser Wunsch zugrunde. Auch das Sehnen nach seelischer Beheimatung und Zugehörigkeit ist es nicht allein. Vielmehr ist gerade dort, wo Spiritualität nicht allein religiös verstanden wird, sondern allgemein nach etwas geistig Übergeordnetem strebt, darin vor allem ein Bedürfnis nach sinnvollem Leben zu sehen. Wie weitere Untersuchungen zeigen, kann dieses Bedürfnis nach Sinn sehr individuell ausfallen.[3]

Auch in die Psychotherapie sind spirituelle Fragestellungen zunehmend eingedrungen. Das Bedürfnis nach Sinn scheint es nicht zu erlauben, eine Lebensgeschichte ganz nach dem Ursache-Wirkungs-Schema zu erzählen.[4] Möglicherweise hat das Aufgreifen spiritueller Fragestellungen in der Psychotherapie aber auch noch einen anderen Grund. Je mehr Menschen nämlich spüren, dass ihnen das Gefühl für ihr Leben aus den Händen gleitet, desto intensiver werden ihre Suchbewegungen in Richtung auf etwas, das ihnen Tiefe verleiht. Psychotherapie vermag dies unter Umständen aufzunehmen, ja, zu befriedigen.

Allerdings ist die Psychotherapie im Zeitalter der Hirnforschung auch selbst eine andere geworden. Dem, was einmal charakteristisch für sie zu sein schien – der Arbeit mit Träumen, der Erkundung des Unbewussten, überhaupt den Dimensionen seelischer Tiefe –, hat sie sich in weiten Teilen entfremdet. Gleichzeitig ist sie technischer geworden und sucht ihren klinischen Werkzeugkasten beständig zu erweitern. Vor diesem Hintergrund ist eine aus der spirituellen Welt kommende Bewusstseinstechnologie eine willkommene Erweiterung der therapeutischen Möglichkeiten.

Doch was vermag Achtsamkeit seelisch einzulösen? Was den Geist ruhig macht, kann ja die Seele durchaus unbefriedigt lassen. Auch besteht die Gefahr überzogener Hoffnungen. Es ist nicht das erste Mal, dass in asiatischen Praktiken und Weisheitslehren etwas gesucht wird, was der Westen an sich selbst vermisst. Schon die 1960er Jahre waren von dem Versprechen infiziert, dass die asiatischen Traditionen und insbesondere Indien etwas zu bieten vermochten, was in unserer Kultur nicht zu finden war. Was also leistet Achtsamkeit für unser Selbstgefühl? Und was eben vielleicht auch nicht?

## Auch unsere Symptome sind wir selbst

In der Welt der Psychotherapie diskutieren gegenwärtig Forscher, wie und warum Achtsamkeitsübungen die Therapie verändern. Dabei liegt ein Schwerpunkt auf der Frage, was es ist, das hier eigentlich wirkt.

Der Psychologe Halko Weiss und der Psychiater Michael E. Harrer vermochten sieben Wirkfaktoren zu bestimmen, wobei nicht zwangsläufig jeder Wirkfaktor auch jedem Achtsamkeits-praktiker nützen muss.[5] Zwei Faktoren stechen in meinen Augen als besonders wesentliche heraus: zum einen die Steuerung der Aufmerksamkeit, die wir schon als Thema unserer Zeit erkannt haben, zum anderen die Fähigkeit, zu erlebtem Leid selbst einen inneren Abstand einzunehmen – diese Fähigkeit wird Disidentifi-kation genannt.

Man könnte sagen, die Achtsamkeitspraxis kann so als Gegen-gewicht zu narzisstischen Störungsbildern wirken. Denn wo der Narzisst überidentifiziert ist – mit dem, was er ist, was er kann oder was man ihm angetan hat –, da ist der Praktiker der Disiden-tifikation genau das Gegenteil davon: Was ihm zustößt, ist nicht er; was er kann, ist nicht sein Wesen; was er darstellt, ist nicht sein tieferes Sein.

Untersuchungen wie diese sind wichtig, denn sie arbeiten Fak-toren heraus, die Menschen auch unabhängig von spezifischen Diagnosen hilfreich sein können. Darüber hinaus arbeiten einige Therapeuten daran, spezielle Achtsamkeitsübungen bestimmten Störungsbildern zuzuordnen, was gleichfalls Anerkennung verdient.[6] Gleichwohl fürchte ich, dass wir es hier eher mit Reparaturmaßnah-men zu tun haben als mit Ansätzen, die sich dem Kern des Problems stellen. Denn die Disidentifikation mit Leiden kann mich ja nicht nur partiell entlasten, sie kann mich auch von mir entfremden.

Als Therapeut kennt man das: Ein Patient will sich nicht damit beschäftigen, warum und wieso er ein Symptom bekommen hat. Er möchte es einfach nur nicht mehr haben. In solchen Fällen ist Acht-samkeit erst einmal eine sinnvolle Praxis – denn wenn ein Mensch unter quälenden Symptomen leidet (Atembeschwerden, juckende Haut oder quälende Zwangsgedanken), so kann die Disidentifika-tion mit dem Symptom helfen, wieder zu sich zu kommen.

Im Beispiel Mareikes geschah genau das. Selbst die Panikatta-cken ließen sich ruhig und gelassen betrachten, wenn die entrück-te Wahrnehmung intensiv genug, die Disidentifikation geglückt war. Nun aber müsste etwas beginnen, was keine Disidentifikation mehr zulässt. Die Erkundung des Zusammenhangs nämlich, in den die Symptomatik eingebettet ist. Bliebe es hier dabei, nur Abstand zum Leiden und zur Symptomatik zu haben, so käme es wohl niemals zu einem wesentlichen Erkenntnisfortschritt. Erst die Anerkennung, dass das, was mich symptomatisch quält, auch ich bin, verhilft dazu, das eigene seelisch-körperliche Geschehen auch als sinnvoll zu begreifen. Du sollst dein Symptom lieben wie dich selbst, hat Slavoj Žižek einmal gesagt.[7] Das aber kann man nicht, wenn man in achtsamer Disidentifikation verharrt.

## Kalte Achtsamkeit

Für gewöhnlich stellen wir uns achtsame Menschen respektvoll, mitfühlend und voller Zuneigung gegenüber den Phänomenen des Lebens vor. Bei genauerer Betrachtung trifft diese Erwartung aber nicht unbedingt zu. Man kann durchaus auch auf Menschen treffen, die Achtsamkeitsübungen praktizieren und zugleich von ungewöhnlicher Kälte sind. Meditation macht einen nicht unbedingt zum besseren Menschen.

Insbesondere in der Welt der Wirtschaft hat sich ein Trend entwickelt, nach dem auch Chefs und Angehörige des Topmanagements vermehrt Achtsamkeitsübungen praktizieren. Das Ziel ist dabei in erster Linie die Stärkung der geistigen Leistungsfähigkeit. Ein Ziel, das vermittels Achtsamkeitsübungen – die ja auch Konzentrationsübungen sind – durchaus erreichbar ist.

Warum aber heißt es in der *Welt am Sonntag* dann über den Trend von Managern zur Meditation: »Für die Mitarbeiter ist das keine gute Nachricht«? Ist da in der Achtsamkeitspraxis noch eine dunkle Seite verborgen?[8] Genau so scheint es sich zu verhalten. Denn Achtsamkeit ist eine geistige Haltung, die frei von Emotion im reinen Gewahrsein besteht. Reines Gewahrsein ohne emotionale Beteiligung kann uns aber auch befähigen, in tiefer Ruhe zuzuschauen, wie eben Hunderte von Mitarbeitern ihre Sachen packen, nachdem wir sie entlassen haben.

Entscheidend ist daher die Frage, wie Achtsamkeit eingebunden ist. In ihrer buddhistischen Form ist sie ohne Empathie nicht zu denken. Denn die buddhistische Philosophie lehrt das Mitgefühl mit allem, was da ist. Löst man die Achtsamkeitspraxis von diesem Hintergrund, dann ist sie eine mentale Praxis, weiter nichts. Jede mentale Praxis aber hat grundsätzlich das Potenzial, auch Schaden anzurichten. Wenn sie sich nämlich dem tieferen Fühlen und Mitfühlen entfremdet.

## Warum Achtsamkeit zur Selbstfindung nicht genügt

Achtsamkeit, so lässt sich am Ende dieses Kapitels zusammenfassen, hilft uns bei der Rettung des Selbst nur bedingt weiter. Insbesondere ist sie nicht in der Lage, vertiefte Selbstaufmerksamkeit zu ersetzen. Denn zum einen ist Selbstaufmerksamkeit weniger als Achtsamkeit. Sie hat keinen spirituellen Hintergrund und ist in ihren Grundfesten etwas vollkommen Selbstverständliches. Überdies setzt sie wenig oder gar keine mentale Übungspraxis voraus.

Zum anderen ist Selbstaufmerksamkeit aber auch mehr als Achtsamkeit, und zwar auf emotionaler Ebene. Weil nämlich eine Interessenhaltung dazukommt, die emotional etwas anderes erzeugt als bloßes Gewahrsein. Selbstaufmerksamkeit kann freundlich sein, aber auch leidenschaftlich, ist hier mitfühlend, dort neugierig, mitunter analytisch, Daten sammelnd und vermerkend, aber auch amüsiert, beiläufig und hochkonzentriert. Von einem gehaltenen Bewusstseinslevel, von distanziertem Gewahrsein ist dabei unter Umständen wenig zu bemerken. Wertungen sind möglich, starke Gefühle erlaubt.

Denn um verlässliche Entscheidungen für ein Leben zu treffen, muss man mit dem eigenen inneren Wertekanon vertraut sein. Muss Emotionen ermessen, in Leidenschaften eintauchen. Leidenschaftliche Menschen verirren sich gern einmal. Sind über-identifiziert, scheitern und geraten in Krisen. Achtsame Menschen tun das nicht so sehr. Und vielleicht ist genau dies das wesentlichste Argument gegen die Achtsamkeitspraxis. Dass achtsame Menschen sich so selten verirren.

Führt Achtsamkeit uns, aufs Ganze gesehen, also zu unserem Selbst zurück? Ja und nein. Ja, wo es gelingt, in uns hineinzuschauen und zu gewahren, was sich in uns abspielt. Und nein, wo Achtsamkeit vor allem etwas Betrachtendes, Leidenschaftsloses, von seelischer Energie eher Entfremdetes bleibt. Eine Haltung des Geistes, das ja. Zur Selbstfindung aber gehört mehr.

Drei wesentliche Gründe sind es, die verhindern, dass Achtsamkeit uns zu uns selbst zurückführt. Zum einen ist dies der Umstand, dass es sich um eine auf den Geist gerichtete Praxis handelt. Geist meint eine Ebene, die dem Seelischen nicht entspricht; ihm übergeordnet ist und eben deshalb mit dem tiefen Selbst weniger in Verbindung steht. Der Geist ist gewissermaßen das oberste Stockwerk eines Gebäudes, in dem die Psyche Erdgeschoss und Kellergewölbe umfasst. Was dort oben geschieht, kommt hier unten nicht immer an.

Der zweite Grund besteht in der Gefahr der Entrücktheit. Wer sich von sich und den anderen in reiner Betrachtung ablöst, wer sich disidentifiziert von dem, was ihm und anderen geschieht, der gewinnt kein Selbst, sondern vor allem Distanz.

Zum Dritten schließlich kann Achtsamkeit von einer Grundhaltung des Funktionalismus allzu leicht in Dienst genommen werden. Wie wir gesehen haben, gibt es so etwas wie empathielose Achtsamkeit. Die ruhige, gelassene, kristallklare Betrachtung von etwas, das eigentlich empören, ja aufregen müsste, ist aber so ziemlich das Letzte, was wir für ein Wiederfinden des Seelischen brauchen können.

## 12. Kapitel

## Warum Selbststeuerung
## allein nicht genügt

Er ist 27 Jahre alt, ein hübscher Typ mit hochgebürstetem Haar
und einem aufgeweckten, ja frechen Blick, der allerdings binnen
Sekunden in etwas ganz anderes umschlagen kann. Dann wirkt er
plötzlich angeödet und traurig.

Warum kommt Paul zu einem Therapeuten? Er lebt ziemlich
studentisch, irgendwo zwischen Lernen und Feiern. Bald wird er
seinen Bachelor machen – in Soziologie und Amerikanistik, eine
Mischung, die von Pauls Faszination für amerikanischen Journalismus herrührt. Dass so einer wie Hunter S. Thompson bei den
»Hells Angels« mitfuhr, um über sie zu schreiben, dass er viel riskierte und noch mehr gewann, so etwas fasziniert Paul.

Aber warum sitzt Paul nun beim Therapeuten? Weil er glaubt,
dass er ein bisschen zu viel Party macht. Weil ihm schwant, dass
sein Leben irgendwie den Bach runtergeht. Weil er nicht weiß, wie
er das ändern soll.

Wie viele junge Erwachsene möchte Paul nicht bei seinem
Nachnamen genannt werden. »Herr B.«, das ist er nicht. Also
»Paul«, und »Sie«. Ein bisschen wie bei den amerikanischen Analytikern, die selbst »Doktor« genannt werden und ihre Patienten
beim Vornamen nennen?

Nein, nicht ganz. Denn hier schwingt etwas ganz anderes mit.
Paul erlebt sich nicht als jemanden, den man formal als »Herr«
anredet: Diese Anrede ist für Leute, die weiter sind als er. Die

schon etwas auf die Beine gestellt haben. Die etwas vorweisen können.

Hat er das nicht? Er studiere doch und komme womöglich gut voran, meint sein Therapeut.

Aber genau das sieht Paul anders. Vollständig anders.

Warum hängen Menschen in ihren Studien fest, ohne sie abzuschließen? Ich habe häufig mit solchen Fällen zu tun, und mittlerweile unterscheide ich drei Gründe für die Misere.

Einigen Studenten fehlt schlicht die Perspektive. Sie haben etwas studiert, das ihnen Freude gemacht hat. Aber sie haben keine Idee, was nach dem Studium kommt. An die Stelle einer Perspektive tritt diffuses Unbehagen. Dass da gar nichts zu sehen ist, kann ja bedeuten, dass da nichts kommen wird. Besser also, man bleibt Student.

Die zweite Gruppe bilden die, die vom Elternhaus gedrängt werden, ein Studium aufzunehmen. Hier gibt es oft eine hintergründige Angstmotivation. Dass der Sohn oder die Tochter durch die Netze fällt, wenn sie keine anständige Ausbildung haben. Ein Studienabschluss hilft immer weiter, wenn man etwas werden will. Und ohne Uni-Abschluss sind die guten Jobs unerreichbar.

Passiv aggressive Jugendliche und junge Erwachsene, denen die Fähigkeit zu kämpfen fehlt, beginnen vor solch einem Hintergrund oft mit geheimer Sabotage. Sie fühlen, dass an dem Druck, der auf sie ausgeübt wird, etwas nicht stimmt. Fahren nicht ziemlich viele Uni-Absolventen Taxi? Die Argumentation der besorgten Eltern scheint falsch zu sein, ein Studienabschluss hilft keineswegs immer weiter. Nun müsste man mit den Eltern diskutieren, was sich aber nicht jeder traut. Manche Studierende ziehen sich zurück, geben das Studium zwar formal nicht auf, denn dies hätte Auseinandersetzungen zur Folge. Aber sie setzen es auch nicht fort, sondern blockieren, indem sie die Seminare schwänzen, von den Vorlesungen ganz zu schweigen. Endlich verpassen sie dann die Prüfungen. Und hängen vollkommen fest.

Und dann die Dritten: Sie sehen klarer als die anderen, oder zumindest glauben sie das. Was sie aber sehen, gefällt ihnen nicht. Sie haben eine Fehlentscheidung getroffen, sie haben den falschen Zug genommen. Jetzt, kurz vor der Endstation, haben sie dies endlich erkannt. Aber was hilft einem die Erkenntnis, wenn man glaubt, am Point of no Return zu stehen?

Paul zählt zur letzten Gruppe. Ihm schwant, dass sein Studium ihm nicht bringen wird, was er sich für sein Leben erhofft. Vielleicht wird er in einem Büro landen, übersetzen, seine Kenntnisse der amerikanischen Literatur einfließen lassen, wo es um Übersetzerprobleme geht. Ob ihn das befriedigen wird? Kaum. Allenfalls ernährt es ihn wohl. Aber sonst?

## Wie Brüche im System sichtbar werden

Paul leidet, aber er weiß nicht, woran. Er hat den Eindruck, dass sein Leben vorbei ist, noch bevor es richtig begonnen hat. Die vielen Partys verdecken eine Frustration, die ihm nur latent bewusst ist. Und die sich in Zynismen äußert, die den gelegentlichen Partytalk anreichern.

Paul ist einer von vielen jungen Patienten, die zu uns Therapeuten und Analytikern kommen, in deren Problematik mehr steckt als eine familiäre Verstrickung oder eine neurotische Struktur. Es sind junge Menschen, die ein sehr feines Sensorium für gesellschaftliche Fehlentwicklungen haben. Sie sind einerseits kritikfähig und andererseits bereit, ihre Energie in etwas zu investieren, das ihnen liegt. Doch sie sind auch auf der Suche nach Lebensmodellen, nach Verheißungen eines gelingenden Lebens.

Hier kommt nun die eigentümliche Schere ins Spiel, die wir im ersten Teil dieses Buches anhand des jährlichen Glücksreports gesehen haben. Vordergründig beschreiben sich viele von uns als glücklich. Doch unterschwellig leiden viele viel mehr, als es die

Oberfläche zeigt. Und erst wenn die Krise ausbricht, wird deutlich, dass das mit dem Glück nicht so einfach ist.

Heranwachsende spüren so etwas. Es liegt in ihrem Wesen, die Brüche im System zu erkennen und zu begreifen, dass hier etwas nicht stimmt. Was angesichts solcher Entwicklungen tun? Pauls Therapeut ist nach mehreren Sitzungen zu dem Eindruck gelangt, es fehle Paul an der Fähigkeit zur Selbststeuerung. Anstatt sich Ziele zu setzen und diese anzugehen, springe er zwischen Amüsement einerseits und düsteren Selbsteinschätzungen hin und her. Auf die Dauer sei dies nicht nur ungeheuer anstrengend, sondern auch zerstörerisch. Vor allem aber komme Paul so, wie er gegenwärtig lebe, keinen Schritt weiter. Er verharre, wo er sei, obgleich es ihm gerade dort nicht gefalle.

## Finden, worum es im Leben geht

Paul lernt in seiner Therapie, sich Ziele zu setzen. Realistische Ziele. Eine prüfungsrelevante Studie aufmerksam durchzulesen, sich die darin enthaltenen Zahlen einzuprägen. Sich zu belohnen für das, was er geschafft hat. Auf Ablenkungen zu achten, die ihn von den gesetzten Zielen entfernen. Und wieder zurückzukehren zu dem, was er sich vorgenommen hatte.

Was Paul hier durchlebt, ist ein Training zur Verbesserung der Selbststeuerung. Dabei schneidet er erst einmal recht erfolgreich ab, auch weil er seinen Therapeuten mag, der ihm hierfür Anerkennung zollt. Und doch merkt der junge Mann, dass etwas nicht stimmt. Nur was?

Der Neurobiologe und Psychiater Joachim Bauer hat in seinem Buch *Selbststeuerung* zu zeigen versucht, wie wichtig eine durchgehaltene Aufmerksamkeit, das Zurückstellen kurzfristiger Befriedigungen und letzten Endes auch das, was Freud den »Triebverzicht« genannt hat, für eine befriedigende Lebensführung sind.[1] Diese

Einschätzung ist richtig – mitunter. Es hängt nämlich alles davon ab, was man unter einer befriedigenden Lebensführung versteht. Bauer ist seinen eigenen Ausführungen nach einem »eudaimonischen« Leben verpflichtet. Der Begriff der »eudaimonia« spielt in der antiken Philosophie und auch bei Kant eine große Rolle. Er umschreibt einerseits so etwas wie Glückseligkeit und andererseits auch das menschliche Streben nach dieser. Überdies steht er für eine Haltung, die das Streben nach Glückseligkeit an das Verinnerlichen von Tugenden knüpft. Wer also einem eudaimonischen Lebensmodell anhängt, der steht für eine Lebensführung, die auf die ruhige Verwirklichung dessen abzielt, was an langfristigen Zielen gesetzt wird.

Das Dumme ist nur: Paul hat ja gerade keine langfristigen Ziele. Die Perspektive, auf die er mit dem Erreichen kleinerer Ziele zusteuert, entspricht nicht wirklich dem, was er sich ersehnt. Wenn sein Therapeut ihn mit der Frage konfrontiert, was das denn sei, wird er still. Nur auf eines kommt er immer wieder zu sprechen, und das ist eine Fantasie. Die schreckliche Fantasie von einem Leben, das diszipliniert den falschen Zielen gefolgt ist. Und in dem sich am Ende erst erweist, dass es falsch gelebt worden ist.

## Wie viel Selbststeuerung brauchen wir wirklich?

Bauers Darstellung zufolge ist die Selbststeuerung vor allem eine Angelegenheit des freien Willens. Aber was, wenn mein freier Wille auf etwas ganz anderes zusteuert? Wenn er eben nicht eudaimonisch leben will, sondern eher einem wilden, womöglich exzessiven Lebensstil verpflichtet ist?

Ich denke, dass die Frage, welcher Lebensstil einen Menschen befriedigt, nicht so allgemein verhandelt werden kann. Und zwar, weil sie in ganz hohem Maß an das Temperament eines Menschen gekoppelt ist. Für einen eher melancholischen Grundtypus, einen

Denker und Betrachter, ist das Erreichen einer eudaimonischen Lebensführung ganz sicher hoch erstrebenswert. Einem hitzigeren Typus mag hier aber auch die gähnende Langeweile drohen, während ein kreativ eher springender, sich flink von Einfall zu Einfall bewegender Sanguiniker eher dem faszinierenden Augenblick hingegeben sein wird – und im nächsten Augenblick wieder einem anderen.

Ist etwas davon besser als das andere? Wohl nur, wenn man den alten Philosophen folgt und es hält wie Aristoteles oder Kant, in deren Tradition Joachim Bauers Modell der Selbststeuerung letzten Endes steht. Grundmerkmal dieser Modelle ist die große Perspektive, das weit gesteckte Ziel, das ruhig und besonnen verfolgt wird. Hierfür ist eine an der Vernunft und am Maß orientierte Lebenshaltung wesentlich.

Und noch etwas anderes ist dafür wesentlich: nämlich die feste Überzeugung, dass das planmäßige Verfolgen bewusst gesteckter Ziele immer auch richtig ist. Dass die Selbststeuerung, wie Bauer meint, dazu dient, uns zu unserer Identität finden zu lassen. Und so das echte, das uns entsprechende Leben zu führen.

Wohl dem, der so lebt oder leben kann. Aber heißt das auch: Weh dem, der es nicht kann? Lässt sich in jedem Fall denn so sicher bestimmen, was durch Selbststeuerung erreicht werden soll? Was ist mit all denen, denen es schwerfällt, sich festzulegen? Die vielleicht in höheren Lebensjahren zu einem eudaimonischen Ideal finden, davor aber eher einem anderen, einem experimentellen, wilden Lebensstil verpflichtet waren?

Nach wenigen Wochen der Versuche, sich Ziele zu setzen, die er dann ansteuert, ist Paul zu genau diesem Schluss gelangt. Aber nicht durch das Training, sondern durch eine aufmerksame Auseinandersetzung mit sich selbst. Zwar hat er, rein äußerlich betrachtet, wenig erreicht. Aber dafür hat er begonnen, tiefer in sich hineinzuhorchen.

Was er da gefunden hat, ist ein Leben, das er nicht will. Zu wenig Zauber, zu wenig Wildheit. Der Reisejournalismus, der ihn einmal gefesselt hatte, ist wieder in ihm aufgetaucht. Und er spielt Möglichkeiten durch, wie denn gelingende Lebensentwürfe wohl aussehen könnten.

Diese Lebensentwürfe durchzuspielen ist eine Aufgabe, die er in der Therapie bekommen hat. Denn als klar wurde, dass eine rein kognitive, an Zielsetzungen orientierte Selbststeuerung eher zum Abbruch der Behandlung führen würde als zu guten Ergebnissen, hat Pauls Therapeut seine Strategie geändert. Und überlegt, dass es hilfreicher sein könnte, zunächst einmal über mögliche Zukunftsszenarien nachzudenken. Und dann tiefer zu erfühlen, was sein Bauch Paul über solche Entwürfe sagt.

Das nämlich, sich tiefer mit seinen Wünschen auseinanderzusetzen, hat Paul in den vergangenen Monaten nicht fertiggebracht. Sowohl die Partys als auch die düsteren Grübeleien blieben letzten Endes oberflächlich. Pauls jetziges Durchspielen möglicher Leben ist hingegen auf die Resonanz tieferer emotionaler Ebenen hin angelegt. Und nimmt mit dem Kontakt auf, was Paul verloren hatte: seinem Selbst.

Zusammenfassend lässt sich festhalten: Kognitive Selbststeuerung genügt zur Entfaltung unserer Lebensblüte und zum Finden unserer Identität ganz sicher nicht. Sie kann, übertrieben ausgeübt, der Selbstfindung sogar im Weg stehen. Überdies ist gerade die Jugend und junge Erwachsenenzeit nicht nur eine Zeit zielgerichteter Beschäftigungen und wohl abgemessener Dosen von Welterfahrung, sondern auch eine Zeit der Unruhe. Die Jugend, von Goethe nicht ohne Grund einmal als »Trunkenheit ohne Wein« bezeichnet, pflegt das eudaimonische Ideal in aller Regel wohl eher nicht und ist der stringenten Lebensplanung gegenüber in einer Zeit der Umbrüche ohnehin skeptisch eingestellt.

Von dem romantischen Dichter William Blake stammt die Erkenntnis, dass die Straße der Exzesse zum Palast der Weisheit führe – »The road of excess leads to the palace of wisdom«. Ich habe diesen Satz als junger Mann gern zitiert, natürlich der Begründung des eigenen Über-die-Stränge-Schlagens wegen. Es ist zweifellos auch ein heikler Satz, weil ja die Straße der Exzesse ebenso gut in einen Abgrund führen kann. Doch der Dichter, Kupferstecher und Maler Blake nannte etwas beim Namen, das zeitlos gültig ist: dass nämlich das Aufgehen in den Wildwassern der Leidenschaft Weltgefühl und Lebensgefühl vermittelt. Und dass die Erfahrung, sich auch in wilden Wassern bewegt zu haben, einer tieferen Lebenseinsicht Platz machen kann. Während womöglich jene, bei denen die bewusste Selbststeuerung allzu früh das Ruder übernommen hat, zeitlebens von der Frage begleitet werden, wie es denn wohl gewesen wäre, einmal aus der Rolle zu fallen.

Gegenwärtig sind diejenigen, die einem schnurgeraden Lebensplan glauben folgen zu müssen, in der Überzahl. Das mag zunächst beruhigend erscheinen, denn es sieht so aus, als wäre der Großteil von uns an einem aus Übersicht geborenen, auf lange Sicht hin geplanten und wohlgesteuerten Leben orientiert. Das Problem daran ist: So haben die, die heute wegen Burn-out behandelt werden, auch einmal angefangen. Und sich dabei gewiss nicht träumen lassen, dass der so übersichtlich scheinende Lebensentwurf sich einmal im Leeren wiederfinden würde.

## Wer soll eigentlich steuern?

Die Gegenüberstellung des eudaimonischen Lebens einerseits und der exzessiv-experimentellen Lebensführung andererseits zeigt, dass es keineswegs eindeutig ist, wie Menschen zu einem gelingenden Leben finden. Der Begriff »Steuerung« impliziert jedoch eine Hierarchie und führt das Bild einer Institution vor Augen, in der eine übergeordnete Instanz verlässlich zeigt, wo es lang geht. Dass der Fahrer das Auto steuert, ist ganz klar, und dass auch der Pilot das Flugzeug steuern sollte und nicht umgekehrt, leuchtet ein. Auch, dass ein Hund geführt werden muss, wenn er zum Beispiel in eine fremde Familie kommt, ist nachvollziehbar. Aber sind wir Maschinen, denen eine übergeordnete, mit Weitblick ausgestattete Instanz sagen muss, wohin es geht? Oder gleichen wir den Tieren, denen es an Vernunft mangelt? Manchmal sprechen wir so, wenn es um den »inneren Schweinehund« geht. Aber das ist eigentlich ein schiefes Bild, denn Tiere werden ja in der Regel von ihren Instinkten ganz gut geführt.

Wer aber soll uns denn eigentlich steuern? Gibt es da eine ganz und gar verlässliche Instanz? Einer tiefenpsychologischen Betrachtungsweise folgend, würden wir annehmen, dass wir keineswegs nur durch den freien Willen gesteuert werden, sondern ebenso durch das, was wir das »Unbewusste« nennen.

Seit dem Aufkommen der Psychoanalyse ist es für uns selbstverständlich geworden, davon auszugehen, dass unser Handeln von zwei verschiedenen Motivkreisen bestimmt wird. Einem bewussten, der Planung erlaubt, reflektiert und diskutiert werden kann, und einem unbewussten, der sich der Planbarkeit und der Diskussion erst einmal entzieht, da er eben nicht klar wahrnehmbar ist.

Zeitgenössische Autoren hadern freilich mitunter mit dem Unbewussten. So zum Beispiel der Philosoph Phillipp Hübl, wie Bauer ein Verteidiger des freien Willens. Hübl meint, dass es hinsichtlich unseres Menschenbildes zwei Denktraditionen gibt: Die »klassische« nimmt an, dass wir vernunftbegabte Wesen sind, die denken und planmäßig handeln können. Ihr Gegenbild besagt: Wir steuern nicht selbst, sondern werden gesteuert. Unser freier Wille ist illusorisch, denn unter ihm führt eine andere, dunklere Instanz: eben das Unbewusste. [2]

Hübl bezieht hier Position: Die Klarheit des Verstandes scheint ihm die bessere Leitschnur zu sein. Ohne mich hier ganz auf die Gegenseite zu schlagen, würde ich dennoch sagen: Das erscheint mir zu platt. Wie das eudaimonische Lebensmodell von Aristoteles bis zu Kant weder besser noch schlechter ist als der wilde Weg zur Selbstfindung bei Goethe und Blake, so ist auch das rational bestimmte Modell der Selbststeuerung nicht besser als jene, die eine unbewusste Steuerung annehmen. Sondern lediglich anders. Meiner Ansicht nach ist es an der Zeit, mehrere Ebenen der Selbststeuerung anzuerkennen und es der individuellen Selbstfindung zu überlassen, wie der oder die Einzelne diese Ebenen gewichtet. Nicht jede gute Handlung entspringt ja einer freien Willensentscheidung. Und ich würde gern einmal sehen, wie jemand einen Song schreibt, der von purer Vernunft geleitet wird. Sollte das gelingen, so käme wohl etwas dabei heraus, was in etwa so berauschend wäre wie eine Steuererklärung.

## Das Unbewusste zur Selbstfindung nutzen

Es gibt viele Modelle vom Unbewussten. Manche widersprechen einander so fundamental, dass es wenig Sinn hat, sie hier alle aufzuführen. Daher möchte ich vom Unbewussten in einer Minimaldefinition reden: Das Unbewusste ist alles das, was uns jetzt, hier nicht bewusst ist, also auf der Benutzeroberfläche unseres Bewusstseins nicht erscheint.

Manches ist der Bewusstseinsoberfläche sehr nah. »Vorbewusst« nannte Freud das. Anderes ist versunkener, liegt weiter weg. Das muss nicht unbedingt mit Verdrängung zu tun haben, manches liegt einfach nur weiter entfernt.

Alles Unbewusste kann jedoch bewusst werden. Entweder, indem es bewusst gemacht wird (die klassische Konfrontation des Analysanden mit seinen unbewussten Motiven durch den Analytiker), oder aber, indem es gleichsam aufsteigt und aus dem, was wir das »Unbewusste« nennen, in die Sphäre des Bewusstseins überwechselt.

Viele Ansätze der Psychologie und insbesondere der Psychotherapie haben gezeigt, dass die Auseinandersetzung mit den unbewussten, tiefer liegenden Motiven unseres Handelns ermöglicht, dass wir besser im Einklang mit uns selbst leben. Wenn wir nun an einem jungen Mann wie Paul sehen, dass seine bewusste Motivlage ersichtlich in eine Sackgasse geraten ist, so ließe sich fragen, ob er nicht wesentliche Motive für seine ursprüngliche Studienwahl »vergessen« hat – was lediglich bedeuten würde, dass sie sich wie Sediment in einem Teich von der Oberfläche entfernt haben und nun auf dem Grund des Teichs ein Muster bilden.

Die Methode, die der Therapeut mit Paul anwandte, zielt genau hierauf ab: durch das Ersinnen befriedigender Zukunftsbilder unbewusste Motive wieder zugänglich zu machen. Interessanterweise produzierte Paul zunächst sehr brave, fast spießige Zukunftsbilder. Er sitze in seinem Büro und sehe die Übersetzung eines amerikanischen Sachbuchs auf Fehler hin durch. Er habe geheiratet und gehe morgens ins Büro, während seine Frau die Tür hinter ihm schließe. Befragt, was diese Bilder an Gefühlen in ihm auslösten, zuckte Paul bloß die Achseln: Eigentlich keine.

Etwas, was keine Emotion auszulösen vermag, ist ersichtlich auch nichts, was motivieren kann. Wo aber saßen die verborgenen Emotionen, die Paul zu Beginn dieses therapeutischen Abschnitts nicht in Fantasien zu bringen vermochte? Der Therapeut entschloss sich zu einem interessanten Versuch. Er bat Paul, ein bisschen zu »spinnen«. Sein Sinn für gesellschaftlichen Realismus sei gut ausgeprägt, versicherte er dem jungen Mann. Doch sei es der Vollständigkeit halber wesentlich, auch scheinbar unrealistische Fantasien zu entwickeln.

Ein schwieriges Unterfangen. Die kommende Sitzung ließ Paul ausfallen, er habe Kopfschmerzen. Als er wieder zur Therapiestunde kam, hatte er nichts mitgebracht. Es sei ihm zu schwergefallen, er habe sich lächerlich gefühlt. Woher diese Abwertung, die den Quell der Fantasie völlig versiegen ließ?

Paul kann sich an keine entwertenden Äußerungen hinsichtlich seiner frühen Pläne erinnern. Seine Eltern seien ihm gegenüber immer wohlwollend gewesen, da gebe es keine Hindernisse. Aber woanders womöglich, stellt der Therapeut in den Raum, möglicherweise in der gesellschaftlichen Stimmungslage, die ihm, dem angehenden Soziologen doch bestimmt nicht entgehe? Er sei kein angehender Soziologe. Pauls Stimme hat an Energie merklich zugelegt. Er habe immer vor allem das Journalistische toll gefunden. Das Sichauseinandersetzen mit etwas und dann darüber Schreiben. Oder Filme machen.

Die Stimmung im Raum ist eine andere geworden. Als habe die kurze Erwähnung eines seiner Studienfächer eine Tür aufgemacht, die bislang sorgsam verschlossen war. Als sei die Möglichkeit, dass er irgendwann nicht Soziologiestudent, sondern Soziologe sei, eine Art Trigger gewesen. Ein Trigger für die Produktion von Wünschen auf dem Umweg über die Ablehnung anderer Möglichkeiten.

Also kein Soziologe, sondern Journalist. Zumindest aber einer, der sich aussetzt, Erfahrungen macht, etwas zu erzählen hat. Der Therapeut ermuntert Paul, seine ursprüngliche Zielrichtung neu zu erkunden – ohne abwertende Kommentare und Lächerlichkeit. Was ist noch daran, das Paul wirklich wollen könnte? Ziemlich viel. Nur, Paul braucht nun Bestärkung. Die ursprüngliche Zielrichtung verlierend, hatte er einen düsteren, von falschen Kompromissen geprägten Lebensweg vor sich geschen. Etwas, was seinem Temperament, seinem eigentlichen Wollen so wenig entsprach, dass Zynismus die Folge war. Jetzt allmählich aus Versenkung und Verdrängung wieder auftauchend, nimmt er sich neu wahr, findet seine alten Wünsche wieder. Aber Paul ist unsicher geworden. Er glaubt nicht mehr wirklich an sich. Die Sprüche im Klub sind das eine, aber der gewachsene destruktive Zweifel – ein häufiger Begleiter des oberflächlichen Zynismus – ist eben das andere. Hier wird die Therapie noch einige Stunden dauern; der Therapeut nimmt das ursprüngliche Idol Pauls, den Gonzo-Journalisten Hunter S. Thompson als Modell mit hinein. Was täte der heute, wo finge er an? Womöglich als Blogger …?

## Wenn der Selbstkontakt stimmt, wird die Steuerung leichter

Man erkennt am Beispiel Pauls eindrucksvoll, wie die Annahme, Selbststeuerung lasse sich immer mit bewusster Planung und dem Einteilen eines Erfolgswegs in kleine Abschnitte mit jeweils kleinen Teilzielen bewerkstelligen, auch in die Irre führen kann. Dann nämlich, wenn die Tiefenwahrnehmung einer Person nicht mehr besteht und sie in der Folge in jedem zielgerichteten Handeln bloß noch hohle Verrichtungen zu erkennen vermag. Paul, der sich selbst in seinen eigentlichen Motiven nicht mehr wahrnehmen konnte, bekam in der Folge keinen Zustrom an Energie und an Motivation mehr, was sein Handeln stagnieren ließ und einer Lebenspraxis Platz machte, die er einerseits durch exzessives Feiern verdrängte und andererseits durch Zynismus zu rechtfertigen versuchte.

Ganz typisch für unsere Zeit, vermochte Paul, Bilder zu produzieren. Aber zu ergründen, was er dabei fühlte, fiel ihm schwer. Die Therapie musste die Möglichkeiten erst schaffen, das in ihm Verborgene wieder zugänglich zu machen: sein eigenes Wollen, seine wesentliche Motivation.

Ebenfalls typisch für unsere Zeit ist, dass Paul gar nicht auf den Gedanken kam, dass da noch Motivationen in ihm verborgen waren, für die man tiefer fühlen musste. Von dem Gedanken geprägt, dass man Menschen stets zu etwas »motivieren« müsse, war ihm nicht klar, dass die eigentliche Motivation aus uns selbst kommt.

Paul weiß heute, dass er sich steuern können wird, wenn er seine Motive geklärt hat. Ihm ist aber auch deutlich geworden, dass die bloße rationale Steuerung ohne den Hintergrund seiner Wünsche für ihn verheerend geworden wäre. Wo Selbststeuerung helfen soll, ein Leben zu verbessern, da sind Selbstkontakt und Selbstbeziehung die Voraussetzungen.

# 13. Kapitel

# Warum AD(H)S nicht nur krank ist

Wenn Wissenschaftler des 22. Jahrhunderts einmal Rückschau halten werden auf die typischen mentalen Störungsbilder des ausgehenden 20. und des beginnenden 21. Jahrhunderts, so werden sie als die Krankheit der Epoche mit einiger Sicherheit das AD(H)S benennen. Kaum ein anderes Störungsbild wird so sehr mit der Entwicklung der letzten Jahrzehnte assoziiert wie das der »Zappelphilippe« und der »Träumer«.

Ich bin, während ich die in diesem Buch vertretenen Positionen zur Selbstaufmerksamkeit entwickelte, immer wieder von Kollegen und auch von interessierten Laien auf das AD(H)S angesprochen worden. Das ist verständlich, denn das AD(H)S ist als aufmerksamkeitsbezogene mentale Problematik der Epoche nicht nur ein Störungsbild, sondern auch so etwas wie ein Symbol unserer Zeit. Überdies scheint es eine fortschreitende Dynamik zu besitzen. Dem Wissenschaftlichen Institut der AOK (WidO) zufolge haben die diagnostizierten AD(H)S-Fälle zugenommen. Wurde die Diagnose im Jahr 2006 bei 2,4 Prozent der Drei- bis 17-jährigen gestellt, so waren es 2014 schon 4,4 Prozent.

Statistiken wie diese haben immer das Problem, dass ihre Gültigkeit von korrekten Definitionen und angemessenen Untersuchungsmethoden abhängt. Aufmerksamkeitsstörungen sind dadurch definiert, dass ein Mensch sich außerstande zeigt, seine Aufmerksamkeit längere Zeit auf einen und denselben Gegenstand zu richten. Auf einen Text beispielsweise, auf ein Musikstück, ein Kreuzworträtsel oder eine Aufgabe, die zu bewältigen ist. Wo Störungen diagnostiziert werden, da wechselt die Aufmerksamkeit abrupt und richtet sich auf etwas anderes. Etwas anderes, das außen oder auch innen sein kann, ein vorüberfliegendes Flugzeug oder ein Tagtraum, der von innen her lockt. In welche Richtung die Aufmerksamkeitsstörung geht, ist Teil der Diagnose.

Immer wieder wurde jedoch zu Recht betont, dass der Begriff »Aufmerksamkeitsdefizit-Störung« eigentlich falsch ist.[1] Weil nämlich die Betroffenen durchaus zu gehaltener Aufmerksamkeit in der Lage sind. Freilich nur da, wo eine innere Beteiligung vorliegt. Es handelt sich daher um eine interessengeleitete Aufmerksamkeit, und die ist natürlich überall da, wo es auch um den Erwerb nicht so spannender Informationen geht, von Nachteil.

Vor allem aber muss das AD(H)S in einer Lebensform, die von dem Streben nach Funktionalität, Flexibilität und möglichst allseitiger Verwendbarkeit geprägt ist, als bedrohlich erscheinen. Ich habe vor etwa einem Jahrzehnt daher vorgeschlagen, im AD(H)S-Kind das »nicht verwendbare Kind« zu sehen, das mit seinem Symptombild eine implizite Kritik an unserer Lebensform äußert.[2]

Eine Problematik, die sich zugleich als Kulturkritik äußert, braucht nun gewiss nicht nur Therapien, die auf ein Überwinden oder Wegtherapieren hinauslaufen. Sondern auch eine Solidarität mit den Betroffenen, die im Störungsbild auch das tiefere Wünschen, ja die Sehnsucht erkennt. Ist es eine Sehnsucht nach Selbstkontrolle? Vordergründig ja. Aber hintergründig ist da noch mehr.

Denn die Träumer und Zappelphilippe sind der wohl augenscheinlichste Gegensatz zu dem, was wir uns unter Selbststeuerung vorstellen. Sind sie nicht jeder willkürlichen Reizquelle widerstandslos ausgesetzt? Zieht sie nicht die Sphäre der Vorstellungen und der inneren Bilder machtvoll nach innen und von allem zu Erledigenden weg? Ja, schon. Aber wie unsere Betrachtungen der Selbststeuerung zeigten, wohnt ja auch in dem, was wir bei AD(H)S-Betroffenen für so wichtig erachten – nämlich Selbststeuerung zu erlernen –, ein heikler Zug.

In diesem Kapitel möchte ich zeigen, dass das AD(H)S mehr ist als das mentale Störungsbild unserer Epoche. Vielmehr weist das AD(H)S in Zeiten des Selbstverlusts und der künstlichen Selbstkonstruktionen auch Wege. Einen Teil davon kann man als heikel ansehen, als Irrweg. Jedoch finden sich bei genauem Hinschauen im AD(H)S auch Anteile, die gangbare Wege zum Selbst weisen.

## Der Wunsch nach der richtigen Aufmerksamkeit

Die Diagnose »AD(H)S« ist immer umstritten gewesen. Überblickt man die Positionen, die sich seit Anfang des neuen Jahrtausends gegenüberstanden und immer noch stehen, so drängt sich die Frage auf, wie unter diesen Umständen überhaupt je therapeutische Programme erstellt werden konnten. Kritische Therapeuten und Wissenschaftler sprachen von einer »Modediagnose«[3] oder betrachteten das AD(H)S als ein Konstrukt, das vor allem die Folge einer falschen, nämlich einseitig auf das Funktionale hin ausgerichteten Gesundheitsdefinition sei.[4]

Andere, dem klinischen Mainstream eher verpflichtete Positionen fokussieren die Leidensdimension und betonen einen medikamentösen Behandlungsbedarf noch bei Erwachsenen.[5] Psychoanalytische Studien bemühten sich, die in der Symptomatik verborgenen, für Kinder nicht sprachlich transportierbaren Botschaften zu entziffern.[6] An familiären Zusammenhängen interessierte Forscher stellen Beziehungen zwischen elterlicher Psychopathologie und dem AD(H)S her.[7] Und eher biologisch orientierte Kliniker meinen, von Erbkomponenten ausgehen zu können.[8]

An allen diesen Positionen, so kontrovers sie untereinander sind, kann etwas dran sein. Auffällig ist aber die vollkommen pathologische Wahrnehmung des AD(H)S, die nur da verlassen wird, wo AD(H)S-Betroffene unter einem eher esoterischen Blickwinkel betrachtet werden als Menschen, denen eine besondere Gabe innewohnt, die freilich in extremem Maß auch empfindlich macht. Ich möchte mich hier keiner der benannten Positionen zum AD(H)S anschließen. Mein Interesse gilt dem, was das AD(H)S für das Selbst und die Selbstaufmerksamkeit bedeutet. Dabei habe ich die These, dass AD(H)S-Betroffene in ganz besonderer, nämlich hoch intensiver Weise spüren, wie leicht man sich in unserer Welt verlieren kann. Und dass sie daher an die Stelle des allseits verbreiteten Funktionalismus eine Orientierung an sich selbst setzen, die man auch als Eigensinn verstehen kann. Wo immer sie flexibel, verantwortlich, planerisch handeln sollen, weisen sie Leerstellen auf, mitunter große. Aber wo immer etwas sie wirklich interessiert, da haftet ihre Aufmerksamkeit so fest wie eine Schnecke auf dem Stein. Man könnte daher sagen, dass das AD(H)S nur vordergründig eine Aufmerksamkeitsstörung ist. Vielmehr ist es eine Problematik, die etwas mit der richtigen, der vom persönlichen Wollen geleiteten Aufmerksamkeit zu tun hat.

Um zu dieser Sichtweise vorzustoßen, ist freilich einiges an Geröll aus dem Weg zu räumen. Insbesondere die Etiketten, die den AD(H)S-Betroffenen anhaften, haben hier einigen Schaden angerichtet. Die Bilder vom »Zappelphilipp« und vom »Träumerle« haben in ihrer Eindimensionalität verhindert, dass wir die Komplexität des Geschehens erkennen.

## Zappelphilipp und Träumerle

»Ob der Philipp heute still/wohl bei Tische sitzen will?« Also spricht, wir kennen die Verse, in strengem Ton der Papa zu seinem Sohn. Der diese Verse schrieb, schuf mit dem »Zappelphilipp« die immer wieder zitierte Leitfigur der AD(H)S-Diagnose.

Heinrich Hoffmann war kein Kinderarzt, auch wenn man das oft hört.[9] Als Arzt hatte er mit Kindern nichts zu tun. Vielmehr war er Psychiater und wirkte als Leiter der »Frankfurter Irrenanstalt«, so nannte man psychiatrische Kliniken zu dieser Zeit.

Das Jahr 1847, in dem Heinrich Hoffmann seinen *Struwwelpeter* als Buch herausbrachte, liegt zwischen dem, was später die moderne Psychiatrie sein wird, und einer rabiaten, ja brutalen Praxis, mit Geisteskranken umzugehen. Tatsächlich wird Hoffmanns Kinderbuch vielfach als Beleg dafür genommen, dass die beiden Hauptphänomene des AD(H)S, die zapplige Hyperaktivität hier und das verträumte Entweichen aus der Realität dort, lange bekannt seien. Denn Hoffmann hatte dem »Zappelphilipp« einen anderen Jungen an die Seite gestellt, den »Hans Guck-in-die-Luft«. Der stürzt mitsamt seiner Schulmappe ins Wasser zu den Fischen, weil er, den Kopf in den Wolken, nicht sieht, was vor ihm liegt.

Dass der *Struwwelpeter* einen solchen Siegeszug antreten sollte, wird nur vor dem Hintergrund begreiflich, dass die Tugenden in Deutschland zu dieser Zeit soldatisch oder religiös geprägt waren, in jedem Fall aber ein hohes Maß an Selbstkontrolle und Anpassung vorsahen. Wenn auch einige Kinder in diesem Buch schrecklich anmuten, wie zum Beispiel der Tiere quälende Friedrich, so sind doch die meisten Verhaltensweisen der Kinder lediglich das, was man eben als »kindlich« kennt. Daumenlutschen, andere necken, mit Feuer spielen. Mehr Halt wäre hier gut, mehr fürsorgliche Aufmerksamkeit. Stattdessen spielen Strafen die entscheidende Rolle. Strafen, die von einiger Drastik sind: abgeschnittene Daumen, ein verbrennendes Mädchen, ein verhungerter Junge.

Obschon heute niemand mehr die Drastik der Konsequenzen gutheißen würde, die hier vorgeführt werden, ist doch die kritische Grundhaltung gegenüber dem abweichenden Kind im Fall des AD(H)S geblieben. Nach wie vor erleben wir den zappelnden Philipp nicht als jemanden, der sich zum Beispiel gegen starre Disziplin auflehnt oder seinen ungestillten Drang nach Bewegung auslebt. Und auch im Hans Guck-in-die-Luft erkennen wir nicht den künftigen Dichter oder den machtvollen Träumer, sondern bloß das alltagsuntaugliche Kind, das selbst von den Fischen noch verlacht wird.

## Die Kranken sind gesünder, als man meint

Was ich nun genauer betrachten möchte, ist die Inkompatibilität, die AD(H)S-Leidende mit dem System aufweisen, in dem sie leben. Im ersten Teil dieses Buches haben wir gesehen, dass seelische Störungsbilder mitunter auf soziale Phänomene verweisen. Und dass das, was diese Störungen hervorbringt, weniger individuell als vielmehr kulturell begründet ist. Könnte dies auch beim AD(H)S der Fall sein?

Wer AD(H)S-Betroffene kennt (ich arbeite hier mehrheitlich mit Erwachsenen), der weiß, dass sie oftmals ein negativ eingefärbtes Verhältnis zu ihrem klinischen Bild haben und so übersehen, dass dies Bild gar nicht ausschließlich pathologisch sein muss. Sondern auch etwas mit gelingendem Leben zu tun haben kann.

Allein dieser Satz aber würde von den meisten meiner AD(H)S-Patienten als verstörend erlebt werden. Sind sie nicht ständig mit dem konfrontiert, was ihnen misslingt? Und haben sie nicht das Kopfschütteln angesichts eines weiteren nicht eingehaltenen Termins, den Ärger bei einer verpassten Deadline, die Konfrontation mit dem Umstand, dass sie beständig innerlich abwesend wirken, als wiederkehrende Miseren eines fehlgehenden Lebens erfahren?

Ja, unbedingt. Und in einer Lebenswelt, die auf Pünktlichkeit, eingehaltene Termine und Präsenz setzt, ist die Verstörung der Mitmenschen ja auch verständlich. Andererseits sind die meisten meiner AD(H)S-Patienten ziemlich genau im Einhalten ihrer Termine bei mir – was mutmaßlich damit zusammenhängt, dass es hier ja um sie geht, um etwas also, das für sie Bedeutung hat. Und das konkret ist und nicht abstrakt.

Die kulturelle Inkompatibilität des AD(H)S mit einer Lebenswelt, die sich immer dichter taktet, Pläne für ein bis zwei Jahre im Voraus entwirft und bereits Kinder mit Terminkalendern versieht, ist leicht zu erkennen. Dass diese Inkompatibilität aber noch mehr sein könnte, nämlich so etwas wie ein Impuls, die Aufmerksamkeit neu zu verteilen, wird erst auf den zweiten Blick deutlich. Wenn wir nämlich sehen, dass starrere Strukturen und fordernde Systeme als Teile einer auf Funktionalität und Masse hin berechneten Gesellschaftsform für uns alle ungesund sind. Dass nicht unbedingt der der Gesunde sein muss, der große Mengen an Information zu schlucken bereit ist, sondern womöglich der, der diese Informationen gar nicht erst an sich heranlässt.

Mit fehlender Konzentrationsfähigkeit hat dies nichts zu tun. Gerade die AD(H)S-Betroffenen sind in einem ungewöhnlichen Maß dort konzentriert, wo es um sie selbst geht. Um ihre Angelegenheiten. Um das, was sie begeistert und interessiert. Die Diagnose betont vor allem ihre Nichtfunktionalität in Zusammenhängen, deren Angebote ihnen fremd bleiben. Wo es ganz um sie selbst geht, um das, was ihnen bedeutsam ist, da sind sie sogar zu außergewöhnlicher Konzentration fähig. Ist das wirklich krank?

## AD(H)S als Eingangstor zur Selbstentwicklung

Mitunter biete ich meinen Patienten an, das AD(H)S in unserer gemeinsamen Arbeit umzubenennen. Nämlich in ein »BSS«, ein »Balance-Sehnsucht-Syndrom«. Das löst im ersten Moment Gelächter aus, im zweiten aber nicht mehr. Wenn wir nämlich klären, dass die Sehnsucht nach einer anderen Art Leben vielleicht mehr produktive Aspekte birgt, als die negativen Gefühle vermuten lassen.

Denn Balance ist etwas anderes als verordneter Ablauf. Und wer versuchen würde, Begriffe wie »Ordnung«, »Klarheit«, »Struktur« oder »Zeitplan« einem AD(H)S-Leidenden nahezubringen, der würde rasch feststellen, dass hier entweder eine ungewöhnliche Abwehr zu vermerken wäre (beim Kind) oder aber (beim Erwachsenen) eine Art verzweifeltes Nicken, das deutlich macht, wie viel schon versucht wurde, um diese Begriffe in gelebtes Leben zu überführen.

Stattdessen könnte man Begriffe wie »assoziativ«, »sensibel«, »reich an Fantasie«, »Improvisationstalent« und noch manche mehr verwenden. Sie würden helfen zu erkennen, dass ihre diagnostischen Gegenstücke, die störungsorientierten Termini »wirr und sprunghaft«, »überempfindlich und realitätsfremd« jeweils nur die eine Seite der Medaille sind, während die oben genannten Begriffe die andere zeigen.

In der Idee vom »Balance-Sehnsucht-Syndrom« spielt der Umstand, dass das AD(H)S keine gänzliche Aufmerksamkeitsstörung ist, sondern nur eine partielle, eine entscheidende Rolle. Lässt sich nicht interessengeleitete Aufmerksamkeit als das Eingangstor zur Selbstentwicklung begreifen? Ja, schon – wenn ausbalancierende Faktoren hinzutreten. Wie dies möglich ist, zeigen die folgenden beiden Beispiele.

## Traumdesigner: Roman und Natascha

»Ich heiße Roman und habe AD(H)S.« So hat er sich tatsächlich früher vorgestellt, ungefähr wie bei einem Treffen der Anonymen Alkoholiker, nur eben überall. Wie ein Schild trug Roman seine Diagnose mit sich; ein Schild, das klar zeigen sollte: Alles, was euch merkwürdig an mir erscheinen mag, wird hiermit erklärlich.

Auch Natascha hat AD(H)S. Anders als Roman neigt sie eher dazu, dies zu verschweigen. Es ist ihr peinlich, früher Ritalin genommen zu haben, insbesondere auch angesichts der immer neuen Befunde, nach denen Menschen das Medikament auch zur Leistungssteigerung einsetzen.

Beide, Natascha wie Roman, arbeiten in der Medienbranche. Er als Werber, sie als Webdesignerin. Beide hatten schon früh gemerkt, dass die Arbeit am Bildschirm sie faszinierte. Das kam nicht immer gut an. Als »Bildschirm-Junkie« bezeichnet zu werden fühlt sich übel an, insbesondere wenn man vorgemacht bekommt, wie viel aussichtsreicher es ist, gute Schulnoten zu haben.

Roman, der mit seiner Problematik trotz seines offensiven Auftretens stärker haderte als Natascha, überlegt immer noch, was er alles hätte werden können, wenn ihm das Abitur gelungen wäre.

Natascha hat studiert. Allerdings nur, weil sie, wie sie sagt, »auf Droge« war. Gemeint ist Ritalin. Tatsächlich hat Natascha als junge Erwachsene aufgehört, das Medikament zu nehmen: Sie selbst spricht von »Entzug«. Ich möchte hier nicht die Diskussion über die medikamentöse Behandlung des AD(H)S befördern. Aber dass ein Problem, dem zugleich so viel Potenzial innewohnt, nicht einfach nur korrigiert werden sollte, ist vollkommen klar. Für den Politikwissenschaftler Francis Fukuyama gehört die Vergabe von Ritalin in dieselbe Ecke wie das Verordnen von »Prozac«, einem Antidepressivum, dem in Deutschland das »Fluctin« entspricht. Beide sind vor einem auf Funktionalität ausgerichteten Kulturhintergrund »Zähmungsdrogen«, die ganz wie das »Soma« in Aldous Huxleys Roman *Schöne neue Welt* gegeben werden, um soziale Konformität bei gleichzeitigem subjektivem Befriedigtsein zu erzeugen.[10]

Wenn Natascha mit etwas hadert, dann weniger mit ihrem »Krankheitsbild« als vielmehr damit, dass sie sich, wie sie sagt, »reduziert« habe. Ob das so stimmt, mag man bezweifeln – Kritiker würden einwenden, dass Natascha nur durch das Medikament überhaupt habe so zielgerichtet arbeiten können, dass sie es in die Medienbranche schaffte.

Beide, Roman wie Natascha, haben im Verlauf ihrer Therapie spezielle Rhythmen für sich entwickelt. Roman zum Beispiel arbeitet mit Clips, an denen er stundenlang sitzen, die er neu strukturieren, schneiden und designen kann. Aber nachdem er drei Stunden Daten abgeglichen und in bewegliche Grafiken umgewandelt hat, schaltet Roman alle Geräte ab. Ein Icon erscheint auf seinem Bildschirm, das er selbst einprogrammiert hat. Aus jetzt, für eine halbe Stunde. Roman reckt sich und steht auf. Im Nebenraum warten ein Becken mit kaltem Wasser und ein Handtuch, das er befeuchtet und womit er sich die Schläfen reibt. In der Ecke steht ein Schemel bereit, auf dem er sich niederlässt. Er schließt die Augen. Zeit für die Meditation.

Und Natascha? Ich habe ihr eine kleine Aufgabe mitgegeben. Wenn sie einige Stunden gearbeitet hat, erinnert ihr Smartphone sie daran, dass da noch eine andere Arbeit zu tun ist. Bei einer Tasse Kaffee aktiviert Natascha ein Programm, mit dessen Hilfe sie einen Tagtraum, irgendeinen, der ihr erinnerlich geblieben ist, in ein Szenario überführen kann, einer Game-Situation vergleichbar.

Träume in Computeranimationen überführen? Noch ist es eine Spielerei, zugänglich nur denen, die das Equipment dafür haben. Aber als Methode bringt es zweierlei zusammen: die Bildschirmfaszination einerseits und die Orientierung an sich selbst andererseits.

## Lob des Eigensinns

Betroffene haben zum Thema »Selbst und Selbstaufmerksamkeit« etwas beizutragen, was klinisch nicht zu ermessen ist. Und zwar den Eigensinn. Einen Eigensinn, der bedeutend schönere Identifikationsbilder verdient hätte als den albernen Zappelphilipp und den peinlichen Hans Guck-in-die-Luft. Identifikationsbilder wie Pippi Langstrumpf etwa, die unzweifelhaft etwas von einem

AD(H)S-Kind hat und in der Schule eine Totalversagerin abgäbe. Oder Huckleberry Finn, der ein ganz an seinem Selbstgefühl ausgerichteter Träumer ist. Und der gewiss nicht zum Angestellten taugt oder zum Praxisinhaber. Aber immerhin zum glücklichen Menschen.[11]

Auch Hermann Hesse, um einmal von den Kinderbuchfiguren wegzukommen, hätte an dieser Stelle etwas zum Thema zu sagen. Für ihn, der nie eine äußere Position erstrebte, hingegen ganz an der Stimmigkeit mit sich selbst orientiert war, bedeutete Eigensinn seine »Lieblingstugend«.

Eigensinnig zu sein, das bedeutet, an dem orientiert zu sein, was der eigene leibseelische Organismus, das neuronale Netzwerk, das man für sich selber ist, als angemessen, als stimmig, als sinnvoll erkannt hat. AD(H)S-Gehirne sind, aus der Perspektive des Eigensinns betrachtet, dabei, sich den totalitären Wünschen einer Kultur zu widersetzen. Das ist nicht gerade ein Fehler.

Denn Störungsbilder behindern nicht nur, sie weisen auch Wege. Das AD(H)S, das auf den ersten Blick das Leben nur schwieriger macht, ist auf den zweiten Blick mit seiner Orientiertheit am Eigensinn – dem, was dem Eigenen Sinn verleiht – ein Stimulus, unser Selbst neu zu entdecken. Die AD(H)S-Betroffenen kämpfen, so gesehen, einen Kampf, der unser aller Kampf sein sollte.

# 14. Kapitel

# Einladung, uns neu kennenzulernen

Vom Philosophen Diogenes von Sinope – bekannt als Diogenes in der Tonne – heißt es, er habe einst auf dem Marktplatz von Athen des Mittags eine Laterne emporgehalten und suchend um sich geblickt. Gefragt, warum er denn am hellen Tag eine Laterne benutze, antwortete Diogenes: Er suche einen Menschen.

In unseren Tagen läuft niemand umher und sucht mit einer Laterne nach einem Menschen. Wohl aber sind viele auf der Suche nach sich selbst. Ein bedeutender Teil von ihnen würde, wenn man ihn fragte, antworten, sich selbst noch nicht gefunden zu haben. Andere würden vielleicht meinen, schon einmal bei sich gewesen zu sein, sich dann aber wieder verloren zu haben.

Menschen, die so reden, sind ungewöhnlich selbstreflektiert. Sie haben begriffen, dass das scheinbar Selbstverständliche – nämlich mit sich und bei sich zu sein und sich mit sich selbst identisch zu fühlen – so selbstverständlich nicht mehr ist.

Alle Menschen, denen Sie in diesem Buch begegnet sind, haben sich auf eine Weise selbst verloren. Nicht alle auf dieselbe Weise, das nicht, aber der Verlust an Selbstgefühl, an Selbstaufmerksamkeit, ja an Selbstwissen ist das, was ihnen allen gemeinsam ist.

Alle diese Menschen eint aber noch ein weiteres Merkmal. Denn je weiter sie in der Auseinandersetzung mit sich selbst kamen, je nachhaltiger sie sich selbst begriffen, um sich schauten und dann wieder in sich selbst zurück, desto klarer wurde ihnen: Sie sind nicht allein. Da sind noch viele andere, die das gleiche Problem haben. Wer in einer Burn-out-Klinik war, fand schnell eine

Gemeinschaft. Aber auch die, die allein ihren Weg gegangen sind, schauten anders auf das, was sie umgab. Und fanden Selbstverlust und Entfremdung in einem Ausmaß, dass sie erstaunte. Es hilft, wenn man sich mit seinem Leiden nicht allein weiß. Aber es kann auch erschrecken, wenn man merkt: Die Leute um einen herum leiden nicht – noch nicht –, aber sie sind in ihrer Selbstentfremdung schon so weit fortgeschritten, dass es nur eine Frage der Zeit ist, bis der Spiegel zerbricht, der Schwarm sie allein lässt, sie an den fundamentalistischen Regelsystemen scheitern oder sie funktionslos mit sich allein sein werden.

Wer Krisen des Selbstverlusts gleich welcher Art erlebt hat, sieht die Hamsterräder, in denen Menschen laufen, die nirgendwo ankommen als eben im Rad. Sieht die Haltlosigkeit, der der Fundamentalismus verlockende Angebote unterbreitet. Sieht die Massensuggestion allgemeiner Individualität, die doch wieder im Schwarmverhalten endet. Sieht die Tragik des Narzissten, der insgeheim fürchtet, übersehen zu werden.

Der Medienforscher Marshall McLuhan hat einmal darauf hingewiesen, dass der Name Narzissos und das Wort Narkose denselben Ursprung haben.[1] Narkose ist hier freilich nicht nur als schmerzlindernde Betäubung bei Operationen zu verstehen, sondern im alten Sinn als Narkotisieren im Sinne von Anregen, Berauschen. In McLuhans Lesart ist Narziss daher ein von sich selbst Berauschter. Und zugleich, ließe sich ergänzen, ein Betäuber seiner eigenen Wahrnehmungen. Einer, der den Verlust spürt. Einer, der schon ahnt, was fehlen wird. Und der so gern hätte, dass es anders wäre.

## Gebrochene Glücksversprechen

Es ist viel, was uns gegenwärtig verloren geht. Das Gefühl, dass wir Tiefe besitzen, zum Beispiel. Das Verhältnis zum Unbewussten. Die Aufmerksamkeit für unsere Träume. Und, wie wir gesehen haben, in immer stärkerem Ausmaß das, was wir als die Urgestalt unserer Persönlichkeit ansehen: unser Selbst.

Man erreicht Menschen erstaunlicherweise leicht, wenn man ihnen dies bescheinigt: dass unsere Zeit oberflächlich ist, viel zu schnell, um Tiefe zu entwickeln; dass sie uns dazu tendieren lässt, Beziehungen zu vernachlässigen und einem Optimierungswahn zu unterliegen, als hätten wir ständig Upgrades zu erwarten.

Nun ist das etwas eigentümlich. Denn entfremdete, sich nicht mehr richtig fühlende Menschen wissen meist nicht, was mit ihnen los ist. Sie sind ganz im Gegenteil mit dem identifiziert, was sie kaputt macht. Aber bei den meisten Menschen, die ich kennenlerne, ist das anders: Sie nicken, wenn ich sie auf das aufmerksam mache, was gerade verloren geht. Sie wissen es, auch wenn sie nicht psychologisch geschult sind und ihre Sprache keine Fachsprache ist. Aber sie merken, was los ist.

Selbst die, die dem künstlichen Selbst des Narzissmus, der Schwarmbewegungen, des Fundamentalismus oder des Funktionalismus erlegen sind, haben ein Gefühl des Verlusts. Erklärt man ihnen, was da fehlt, so sind sie mitunter kaum überrascht. So als hätten sie in einem Winkel ihres Gehirns schon gewusst, was los ist.

Ich habe als Therapeut eine bunt gemischte Klientel, die höchstens zu einem Drittel aus Akademikern besteht. Gerade weil ich oft mit Menschen zu tun habe, die zumindest nicht berufshalber kritisch zu denken gewöhnt sind, kann ich sagen: Das Bewusstsein, dass etwas falsch läuft, ist allgemein. Und das Bedürfnis nach etwas anderem, das zwar noch nicht näher gefasst werden kann, auch. Nur das Wissen darüber, wie denn dieses andere erreicht werden könnte, fehlt.

Es verhält sich offenbar wie mit dem Wissen über die Schädlichkeit unseres Wirtschaftssystems. Der Autor und Programmkoordinator des Attac-Bankentribunals, Fabian Scheidler, betont in seinem Buch *Das Ende der Megamaschine*, dass Menschen sich durchaus im

Klaren darüber sind, wie ressourcenaufzehrend und letztes Endes zerstörerisch unser gegenwärtiges System ist. Und dass, Umfragen zufolge, 80 Prozent der Deutschen sich ein anderes Wirtschaftssystem wünschen. Nur, so Scheidler, hat das keine Folgen.[2] Warum eigentlich nicht? Die Antwort, die Fabian Scheidler findet, ist einleuchtend. Was jetzt ist, hat eine Geschichte. Diese Geschichte aber ist nicht eine Geschichte von Zerstörung und Raubgier – sonst hätte sich ihr Kurs längst leicht ändern lassen. Sondern sie ist eine Geschichte des zivilisatorischen Versprechens. Oder, wie Scheidler es ausdrückt, eines »Mythos«. Dieser Mythos, der vor etwa 500 Jahren begann –, zur Zeit der Renaissance, als die ersten neuen Welten »entdeckt« wurden – wird heute forterzählt. Und zwar nicht als eine Geschichte von Ausbeutung und Zerstörung, sondern als eine Geschichte von Zivilisierung.

Indem er sagt, dass diese Geschichte als Mythos erzählt wird, möchte Scheidler darauf hinweisen, dass sie nicht stimmt. Das Versprechen, das von den Anwälten ständigen Fortschritts gegeben wurde, ist nicht eingehalten worden. Was allen nutzen sollte, hat, so Scheidler, in Raubbau geendet.

Auch was unser Seelenleben angeht, haben wir es mit einem gebrochenen Versprechen zu tun. Einem Fortschrittsversprechen, das besagte, wir würden mit der Summe unserer Möglichkeiten auch das individuelle Glück steigern. Einem Versprechen, das lautete, ein extrem informierter Mensch wäre auch ein kompetenterer Mensch. Und endlich einem Versprechen, das dem Frohsinn und Freude verhieß, der bereit wäre, aus sich eine Maschine zu machen. Eine, die mehr und mehr leistet.

In der Summe kann man sagen: Wir haben an Oberfläche gewonnen und an Tiefe verloren. Wir wissen unheimlich viel und haben von uns selbst keine Ahnung. Nicht alle. Nicht jeder. Aber die meisten. Mit Intelligenz hat das nichts zu tun. Man kann blitzgescheite Gespräche führen und trotzdem oberflächlich bleiben. Wir alle, jeder von uns, leben heute öffentlicher. Und vermögen in der Folge weniger in das hineinzuhören, was uns eigentlich bestimmt.

## Auswege aus der Bedürftigkeit

Die primäre Ressource, die heute in mentaler Hinsicht verschwendet wird, ist, wie die vorherigen Kapitel gezeigt haben, unsere Aufmerksamkeit. Ohne gehaltene Aufmerksamkeit ist aber letztlich überhaupt kein befriedigendes Leben möglich. Ein Kind, das spielt, ist unglaublich aufmerksam für alles, was geschieht. Schon ein Baby folgt aufmerksam den Lichtspielen einer sich bewegenden Gardine und vermag in tiefer Ruhe vor sich hin zu schauen. Und bei vielem, was wir später tun – ob wir kochen oder Rosen schneiden, einen Waldlauf machen oder unserer Liebsten in die Augen schauen –, ist Präsenz, ist Aufmerksamkeit das, was diesem Erlebnis seine Tiefe und seine Intensität verleiht.

Wie aber in einer überstimulierten, vor Information berstenden Lebenswelt wieder den Fokus so setzen, dass er uns erlaubt, wirklich wir selbst zu sein? Wir können nichts daran ändern, dass wir den ganzen Tag über damit beschäftigt sind, Informationen zu sammeln und zu verarbeiten. Allerdings können wir wählen, was für Informationen das sind. Anders ausgedrückt: Wir können uns dessen bewusst werden, dass Aufmerksamkeit sich steuern lässt.

Das Erste, was hierfür erforderlich ist, ist Aufklärung. Aufklärung darüber, dass unser evolutionär bestimmtes Aufmerksamkeitsverhalten zunächst nicht anders kann, als auf Reize zu reagieren. Aufklärung aber auch darüber, dass dies ein veränderbarer Prozess ist.

Sodann wird es helfen, wenn wir erkennen, dass wir uns infolge der Technologie zu verändern beginnen, so wie wir uns infolge von Technologie immer verändert haben. Dies aber erfordert ein Eingeständnis, das leicht als Kapitulation missverstanden werden kann.

Die Herausforderung, vor der wir stehen, betrifft das Selbst an der Schwelle zu einer vollkommen neuen Art, zu sein. Die Formen des Selbstverlusts, die ich im ersten Teil dieses Buches beschrieben habe, deuten auf die Schwierigkeit hin, sich in einer durchstimulierten, vor Information berstenden Welt genügend wahrzunehmen. Die im zweiten Teil vorgestellten Strategien des künstlichen Selbst wurden als Kompensationsmechanismen begriffen, die dort zum Einsatz kommen, wo die Herausbildung eines reifen Selbst nicht gelingt.

Aus all diesem könnte man nun ableiten, dass unser Weg zurückführen müsse in ein möglichst technikfreies, ein gewissermaßen wieder rein gelebtes Leben. Doch so angenehm dies manchem erscheinen mag – es wird kollektiv nicht funktionieren.

Zunehmend äußern sich Stimmen, die hier um Ausgleich bemüht sind. Ein Modell wie das, das André Wilkens in *Analog ist das neue Bio* entwickelt[3], weist in eine Richtung, in der das digitale Leben durch analoges Hiersein mit Naturerfahrungen, analogen Spielen und anderem ausbalanciert wird. Dies ist sympathisch, wenn auch nicht hinreichend, weil allzu selbstverständlich. Wohl gibt André Wilkens unserer aktuellen Lebenspraxis hiermit Nachhilfe, bei der durch die Gleichsetzung von »analog« und »bio« überdies auf charmante Weise eine Hierarchie gebildet wird: Beide sind primär, als bedeutsamer. Freilich, als Weg zur Gestaltung einer Zukunft, die immer mehr technisch bestimmt wird, reicht dies nicht aus.

Auch Matthew B. Crawfords Versuch, unsere Aufmerksamkeit wieder dadurch zurückgewinnen, dass wir etwas Handwerkliches lernen und uns also im Sinnlich-Analogen verankern, weicht der Herausforderung aus. Als Philosoph und Mechaniker bringt Crawford hier zwei persönliche Selbstverwirklichungsaspekte zusammen. Aber Bausteine für ein neues Bild vom Selbst, wie wir es im digitalen Zeitalter brauchen, sind das nicht. Denn das Zusammendenken von Logos und Handwerk hat eine sehr alte

Tradition, sodass wir es hier eher mit einem Rückzugsgefecht als mit einem innovativen Vorschlag für eine neue Lebenswelt zu tun haben.[4]

Klüger schiene vor dem Hintergrund eines grundsätzlichen Wandels unserer Lebensverhältnisse eine Einladung, uns neu zu erfahren. Die Formen des künstlichen Selbst, die unsere dem eigentlichen Selbst immer ferner rückende Welt herausbildet, verweisen ja immer noch auf ein Bedürfnis. Das Bedürfnis, jemand zu sein, eine Identität zu besitzen. Und weil die narzisstischen, schwarmorientierten, regelbezogenen oder am Funktionieren orientierten künstlichen Selbstbildungen niemals ganz, niemals tief zu befriedigen vermögen, so bleibt ein Rest an Bedürftigkeit.

## »Ich kehre in mich selbst zurück und finde eine Welt.«

Ich möchte sowohl den akademischen Debatten als auch den Rückzugsangeboten ins Analoge eine Lebenspraxis gegenüberstellen. Eine Praxis des Selbsterlebens, die mit Sprache und mit Sprachbildern beginnt. Es ist viel zu viel Zeit darauf verwandt worden zu zeigen, dass wir angeblich gar keine Identität besitzen und eine primäre Persönlichkeit gar nicht wirklich existiere. Ja, wer die Diskussionen in den Humanwissenschaften der letzten 20 ahre verfolgt hat, der konnte eine eigentümliche Beobachtung machen. Parallel zur diffundierenden Aufmerksamkeit baute sich eine Debatte auf, in der Hirnforscher, Psychologen und Philosophen dem, was wir als unsere Person kennen, den Garaus zu machen versuchten.

Was das gelebte Leben angeht, hat uns das wenig genützt. In einem Gehirn ohne Selbst kann man sich nicht beheimatet fühlen, eine nicht lokalisierbare Persönlichkeit fühlt sich an wie ein leerer Raum. Je eher wir aber davon ausgehen, dass es die wesentlichen

Komponenten unserer Persönlichkeit gar nicht gibt, desto eher werden wir sie auch ignorieren.

Aber wie wäre es mit diesem Zitat:»Ich kehre in mich selbst zurück und finde eine Welt.« Es gibt kaum einen Satz, der das Potenzial des Selbst und der Selbstergründung besser fasst als dieser. Er stammt von keinem Psychologen, sondern aus den *Leiden des jungen Werther* von Johann Wolfgang Goethe.

Goethe schrieb dieses Buch als junger Mann. Doch dieser junge Mann hatte ganz offenbar schon viel begriffen. Zum Beispiel, dass der Beifall der Außenwelt gegenüber den Schätzen des eigenen Innern wenig besagt. Dass man alle äußeren Annehmlichkeiten verlieren kann und doch die eigene Person übrig bleibt. Und endlich: dass wir immer viel mehr sind als bloß unsere Oberfläche.

Man könnte nun argwöhnen, dass der Autor dieser Zeilen weder dem Ego noch dem Ich sonderlich verpflichtet war. Aber das stimmt nicht. Er war selbst alles andere als ein Eigenbrötler, der sich der Welt entzog. Er schätzte seine Position als höfischer Beamter und natürlich als berühmter Autor und gab damit seinem Ego ordentlich Platz. Er hielt zeitlebens die Balance zwischen dem sinnlichen Lebensgenuss mit reichlich Wein und gutem Essen auf der einen und einem gesunden Leben mit Bewegung und frischer Luft auf der anderen Seite. So eine Balance dauerhaft zu halten erfordert ein intaktes Ich.

Noch der alte Goethe hielt es mit einem Zitat des Terenz:»Ich bin ein Mensch, nichts Menschliches ist mir fremd.« Das ist eine tiefe und umfassende Aussage, die zugleich eine wohltuende Wärme hat. Wem in unseren Tagen nichts Menschliches fremd wäre, der hätte auch schon jene Erfahrung des Sich-selbst-Verlierens durchlaufen, um die es in diesem Buch geht. Freilich, er hätte sie durchlaufen, ohne in ihr stecken zu bleiben.

## Der Schatz in uns

Unsere uferlos gewordene Wendung hin zum Außen hat den Blick dafür stumpf werden lassen, dass es in jedem von uns Schatzkammern zu entdecken gibt. Schatzkammern, die sich nur öffnen, wenn sie ein echtes Interesse spüren. Eine wirkliche Hinwendung. Wie, wenn wir uns entschieden, uns diesen Schatzkammern wieder zuzuwenden? Denn die Reize der Warenwelt, des digitalen Kapitalismus und des Glamours werden verschwinden – schlimmer noch, ihrer inneren Blässe wegen wird man sich kaum an sie erinnern, außer vielleicht im Sinne der Verirrungen einer Epoche.

Die Schätze aber bleiben. Meiner und Ihrer und der Ihrer Liebsten. Die, die allein äußerer Natur sind, sind herrlich und wir können dankbar für sie sein. Die inneren Schätze aber sind noch ein kleines bisschen mehr – sie sind das, was unseren Kern ausmacht. Unsere Bedeutung. Unser Wesen.

Sollte unsere Zeit die erste sein, in der sich niemand mehr für das interessiert, was er eigentlich ist? Ich glaube das nicht, und jedes, wirklich jedes Gespräch, das ich führe, bestärkt mich darin, dass Menschen nicht aufhören, nach sich selbst auf der Suche zu sein.

Wenn das also immer noch so ist und wir die Schatzsucher geblieben sind, die wir immer waren, dann können Sie nichts Besseres tun, als in Ihr Inneres zu blicken. Dorthin, wo erst Goethe und dann die Romantiker meinten, eine ganze Welt zu finden.

## Nach den eigenen Vorstellungen leben

Auf der Medien-Entwicklerkonferenz »0/1« des Jahres 2013 gab der Google-Mitbegründer Larry Page bekannt, man habe gegenwärtig erst ein Prozent von dem erreicht, was mit Informationstechnologie möglich sei. Ein bemerkenswerter Satz, oder? Nur ein Prozent! Ich würde diesen Satz gern ergänzen und sagen, dass wir auch erst eine kleine Menge von dem erforscht haben, was mit uns selbst möglich ist. Hierbei meine ich besonders die Potenziale unserer Gehirne, die, wie wir gesehen haben, eben nicht wie Computer funktionieren.

Als Therapeut arbeite ich gern mit diesem Gedanken. Und ich stelle fest, dass er gerade bei Jugendlichen und jungen Erwachsenen gut ankommt. Wenn ich dann vorschlage, dass wir das innere Netzwerk, das man sich, wie manche Neuroforscher sagen, als »Intranet« vorstellen kann, für eine Weile anstelle des Internets verwenden, dann grinsen sie und lassen mich wissen, dass das ganz interessant klingt.

Aber wofür soll dieses innere Netzwerk gut sein? Wofür sollen Kinder und Jugendliche lernen, es anzuwenden? Ich würde sagen, die wichtigste menschliche Kraft neben der Selbstwahrnehmung ist die Fähigkeit zu Imagination und Introspektion. Imagination meint das, was wir auch als Einbildungskraft oder Vorstellungsvermögen bezeichnen. Die Fähigkeit also, in sich Vorstellungen und Szenen von dem zu erzeugen, was noch nicht ist, was aber sein könnte. Und was vielleicht einmal werden soll. Solche Vorstellungen können weit in die Zukunft führen. Eine Imagination, die ich besonders mit entscheidungsunfähigen jungen Erwachsenen gern mache, besteht darin, sich selbst als glücklichen alten Mann oder glückliche alte Frau zu sehen. Was diese Zukunftsprojektionen im Einzelnen gelebt haben, bleibt dabei ganz unbestimmt. Denn es kommt darauf an, losgelöst vom konkreten Alltagsgeschehen einen Sinn für gelingendes Leben zu entwickeln.

Vielleicht werden Sie sich an dieser Stelle fragen, ob die zeitgeistgeleiteten inneren Bilder, deren vom Selbstgefühl losgelöste verhängnisvolle Rolle wir schon diskutiert haben, nicht auch eine Form der Imagination waren. Die Antwort ist: Nein, denn es handelt sich dabei eher um die Reproduktion platter kultureller

Muster (Star sein, im Mittelpunkt stehen, der berühmteste You-tuber werden), als dass es zu eigenem schöpferischem Geschehen käme. Überdies fehlt diesen Bildern die sinnliche Fülle. Denn Imagination kann alle sinnlichen Kanäle umfassen, nicht nur die Bildwelten. Und durch die Verbindung mit Introspektion – dem In-sich-Hineinhören, der Selbsterkundung und Selbstauseinandersetzung – gewinnt sie eine Schwere, eine Bedeutsamkeit, die ein wirksames Gegengewicht darstellt zur Verführungswelt der bunten Bilder im künstlichen Selbst.

Angenommen, es wäre eine frühe Begleitmaßnahme für Kinder, in sich Vorstellungen von dem zu entwickeln, was in ihnen steckt und was aus ihnen heraus entwickelt werden möchte. So etwas hätte eine sehr spezielle Kraft, die durch Anreize von außen so nicht geschaffen werden könnte. Bei Menschen in schwereren Krisen habe ich die Kraft einer Zukunftsimagination des eigenen gelingenden Lebens (Wie werde ich sein, wenn ich dies hier hinter mir habe?) oft beobachten können. Und dabei auch gefunden, dass ein kraftvolles Zukunftsbild vom gelingenden Leben eine Motivationskraft besitzt, die nach und nach auch zu schwierigeren Leistungen befähigt.

Therapeutisch kann so etwas sehr bedeutsam werden. Manche Therapien sind vor allem dadurch erfolgreich, dass es gelingt, die Vorstellung einer besseren Zukunft zu ersinnen. Ein junger Hardcore-Gamer, der viele Stunden seiner Lebenszeit investiert und sich nach seinen Spielexzessen nicht etwa froh und entspannt fühlt, sondern leer und diffus ermüdet, hat im Allgemeinen von sich selbst nicht die Idee, dass er als reifer Mann auf eine Jugend zurückblickt, die nur aus Computerspielen bestand. Nein, er möchte ein junger Mann gewesen sein, der auf Partys ging, mit Freunden unterwegs war und Mädchen kennengelernt hat.

Indem ich ihn sich als einen Mann von, sagen wir, Mitte 70 imaginieren lasse, bitte ich ihn, auf sein Leben zurückzublicken. Interessanterweise blickt er dabei kaum je auf Werbespots, You-tube-Videos und Spielanimationen, sondern vor allem auf ein selbst gelebtes Leben zurück. Mit anderen Worten: Er erfährt, dass das rein rezeptive Dasein nicht das ist, wonach er sich sehnt. Vielmehr möchte er sich erproben, Erfahrungen machen, die Welten der Liebe erschließen.

Indem wir so fragen und eine Zukunft thematisieren, in der wir erkennen, was wir leben wollen, werden die wirklich wichtigen Inhalte von den sekundären wieder trennbarer. Der Effekt, der dabei eintritt, ist der einer inneren Hierarchiebildung. Natürlich sieht sich auch der chronisch überreizte, zu Tode informierte Mensch am Ende seines Lebens nicht als jemanden, der seine Zeit damit vertan hatte, sich zwischen politischen Nachrichten, Immobilienangeboten und Sexbildchen hin und her zu bewegen. Wie wir alle will er ein Leben, das erfüllt und selbstbestimmt ist, reich an guten Beziehungen und der Verwirklichung innerer Möglichkeiten.

## Neue Lehrer gesucht: Aufmerksamkeitstraining in der Schule

Wir haben uns in den vergangenen Jahrzehnten ein bisschen zu sehr mit Maschinen beschäftigt. Und ein bisschen zu wenig mit uns selbst. So stand die Sorge um das, was die digitalen Medien mit uns und unseren Kindern anrichten könnten, zu sehr im Vordergrund und verdeckte die viel wichtigere Frage nach unseren eigenen Möglichkeiten.

Es ist Zeit für eine neue Bewegung, die nach dem menschlichen Potenzial fragt. Und die dazu einlädt, dieses Potenzial erfahrbar zu machen, anstatt es durch Hirnscans belegen zu wollen. Was nützt mir eine diagnostizierte Begabung, die ich nicht spüren kann?

Kinder lernen in unserer Zeit zunehmend früher, wie ihr Ohr aufgebaut ist, was man unter Steuern versteht und woran man ein Bild von Picasso erkennt. Das entspricht dem, wohin unsere Kultur sich gegenwärtig entwickelt. Aber genügt das? Nein. Denn

Kinder müssen vor allem lernen, nicht unbedingt sich selbst, wohl aber ihre Aufmerksamkeit zu steuern, und das ist in dieser Zeit, wie man leicht sieht, gar nicht so einfach. Eine interessante Idee dazu hat der Neurophilosoph Thomas Metzinger. Ausgehend von der medialen Überschüttung von Kindern fordert Metzinger für die Schule Unterricht in Meditation und Tiefenentspannung. Wichtig dabei sei, dass die Meditation nicht weltanschaulich orientiert ist. Daher dürfe sie auf keinen Fall vom Religionslehrer gelehrt werden. Stattdessen, meint Metzinger, sei der Sportunterricht der geeignete Ort für diese Praxis.[5]

Diese Idee hat Charme, und sie wäre sogar prinzipiell gut umsetzbar. Und in der Tat ist der Lehrer, dem die Idee des Trainings am vertrautesten sein dürfte, der Sportlehrer. Allerdings könnte dieser mit der Arbeit, die hier zu leisten ist, am Ende doch überfordert sein. Denn es geht doch um mehr als um das bloße Training. Es geht zugleich darum, das eigene Bewusstsein kennen und steuern zu lernen.

Um die Steuerung des Bewusstseins wirklich adäquat lehren zu können, wird es nötig sein, Experten hierfür auch in die Schule zu bringen. Bis jetzt gibt es keinen Lehrberuf, der dieser Anforderung wirklich gewachsen wäre. Aber man könnte ja einen schaffen.[6]

Ich stelle mir vor, dass eine Schule der Zukunft neben einem Informatiklehrer auch so etwas wie einen Lehrer für den Umgang mit dem eigenen Gehirn nötig hätte. Denn einmal abgesehen davon, dass die meisten Menschen von ihrem Gehirn kaum etwas wissen, ist die Anzahl derer, die mit den Funktionsweisen ihres Gehirns auch nur notdürftig umgehen können, noch einmal kleiner. Das war kein Problem, solange Instinkte und verlässliche Kulturbildung noch dafür sorgten, dass wir alles Wesentliche schon mitbekamen. In einer Zeit, die mehr und mehr von Maschinen dominiert wird, stellen diese Kräfte aber keine genügenden Orientierungen mehr bereit.

Daher ist es wichtig, möglichst früh zu lernen, wie wir zwischen Massen von Informationsfeldern selektiv navigieren, wie wir dem Abbau der Instinkte durch Aufklärung entgegenwirken, wie wir unsere Aufmerksamkeit bewusst steuern können und uns auf das Menschliche zurückbesinnen. Dies aber wird nur zu leisten sein, wenn nicht nur Heranwachsende, sondern wir alle mehr über uns wissen.

## Eine neue Kultur des Fühlens

Wenn das Wesentliche an Aufklärung geleistet, die Imaginationsfähigkeit neben der Fähigkeit zur inneren Wahrnehmung als Quelle jeder wahren Selbstverwirklichung erkannt und eine neue Kompetenz der Bewusstheit möglich geworden ist, so fehlt doch immer noch etwas. Etwas, womit wir schon heute beginnen können.

Denn es ist an der Zeit für eine neue Kultur des Fühlens. Eine Kultur all dessen, was Maschinen nicht können. Maschinen funktionieren, doch Menschen erleben. Maschinen haben keine Wünsche, sie träumen nicht, sie lieben nicht und kennen keine Begeisterung. Die Daten, die sie erheben, und die Bilder, die sie produzieren, sind ihre Domäne. Sie speichern und rechnen. Verliebt sind sie nie. Und neugierig auf sich selbst sind sie auch nicht. Wir aber wüssten schon ganz gern, was alles in uns steckt. Wie wir sein könnten unter ganz anderen Bedingungen. Aber auch, wie wir uns wohl verhielten, wenn es hart auf hart käme.

Menschen sind die, die zu sich selbst kommen wollen. Wie Diogenes nach einem Menschen, so suchen sie nach sich selbst. Ob sie ihre Erlebnisse neurophysiologisch belegen können, ist den meisten von uns herzlich egal. Wir erfahren uns ja, wozu also brauchen wir einen Hirnscan? Wichtiger, als auf die Scans zu blicken, ist immer noch der Blick auf das, was wir »Herz« nennen oder auch »Bauch«.

Intensiv fühlend wird es leichter sein, zu erkennen, wie kostbar unsere Aufmerksamkeit ist. Wenn Sie das nächste Mal jemandem oder einer Angelegenheit Ihre Aufmerksamkeit schenken, dann sagen Sie sich, dass Sie gerade etwas Wertvolles geben. Es verschenken oder vielleicht investieren. Mit etwas Glück macht Ihnen dieser Gedanke Freude. Und verdoppelt das Vergnügen daran, zum Beispiel Ihrem Kind bei seinem siebten Versuch, einen Handstand hinzubekommen, zuzuschauen.

Wir werden ein neues Verhältnis zu dem entwickeln müssen, was für uns Wert besitzt. Das Selbstverständliche vom Exklusiven neu zu unterscheiden lernen. Dass Werbung und Nachrichten rund um die Uhr das Selbstverständliche geworden sind, innige Blicke hingegen das Exklusive, das werden wir uns und einander ständig aufs Neue vermitteln müssen.

Diese Vermittlung darf, wie die Beispiele in diesem Buch nahelegen, nicht erst im Erwachsenenalter beginnen. Vielmehr gehören Wertfragen in die kindliche Entwicklung hinein, ganz so wie die Erstellung moralischer Kategorien.

Gegenwärtig sind wir hiervon noch ziemlich weit entfernt. Die Ansätze der Frühförderung befassen sich in erster Linie mit Wissensvermittlung, aber nicht mit Bewusstseinsbildung. Die meisten der in diesem Buch vorgestellten Personen aber hatten kaum Wissensdefizite aufzuweisen. Ihre Allgemeinbildung und ihr spezifisches Fachwissen waren gut. Hingegen fehlte ihnen eine Kategorie der Bewusstheit von sich selbst, die es erlauben würde, Aufmerksamkeit angemessen zu verteilen.

Wenn also schon die, die heute maßgebliche Positionen besetzen, zwar genügend technisches und fachliches Wissen besitzen, aber nicht genug Bewusstheit hinsichtlich ihrer Aufmerksamkeitssteuerung: Ist das dann nicht ein Zeichen dafür, dass wir grundsätzliche Kursänderungen benötigen? Kursänderungen, durch die das Seelische wieder bedeutsamer wird als das rationale Bescheidwissertum? Kursänderungen, durch die neue Brücken möglich werden zwischen Seele und Technologie?

# 15. Kapitel

## Zehn Wege zu einem neuen Selbst

Unsere Vorstellungen vom Selbst sind historisch gewachsen. Und genau so werden sie sich auch historisch verändern. Ich werde in diesem letzten Kapitel in Auseinandersetzung mit einigen wesentlichen Strömungen der Zeit eine Perspektive erstellen, wie ein Selbst sich konstituieren könnte, das den Herausforderungen unserer Zeit entspricht.

Die Entwicklung des Selbst hängt, wie wir gesehen haben, vor allem von Aufmerksamkeitsverteilungen ab. Wer von sich selbst nichts wissen will, der wird mit sich selbst auch nicht weit kommen. Bloßes Bemäkeln aktueller Aufmerksamkeitsproblematiken oder wohlfeiles Kritisieren bereits vorhandener Technologien werden überdies nicht nur nicht weiterführen, sondern unseren seelischen Entwicklungsprozess sogar behindern.

Stattdessen wird es darauf ankommen, eine neue Vorstellung vom Selbst zu entwickeln. Eine, die uns in komplexer Weise umfasst und die die neuen Phänomene der Aufmerksamkeitsverteilung ebenso einzubinden vermag wie die Technologie, die unsere Körper früher oder später verändern wird. Es geht um die Vorstellung von einem Selbst, das weder narzisstisch blendet noch sich funktional begrenzt noch in Regeln erstickt oder sich in Schwärmen auflöst. Und das in der Lage ist, unsere archaischen Reste ebenso zu umfassen wie die Elemente einer Kultur, in der Mensch und Maschine immer mehr verschmolzen werden.

Um der Vorstellung von diesem Selbst zuzuarbeiten und gleichzeitig Möglichkeiten an die Hand zu geben, wie wir schon jetzt im

Wirbel der Stimulationen tätig werden und seelisch wieder Raum gewinnen können, weist dieses letzte Kapitel zehn mögliche Wege der Bewusstseinspraxis. Damit sind keine Anweisungen zur digitalen Abstinenz und keine Rückwege zu Mutter Natur gemeint – beides wäre zu simpel, als dass man darüber schreiben müsste. Stattdessen möchte ich mentale Balancen anbieten, entspannt zu gehende Wege der Selbsterkundung gekoppelt mit technischen Möglichkeiten mentaler Praxis. Welcher Weg, welche Methode Sie dabei persönlich anspricht, ist sowohl geschmacks- als auch bedürfnisabhängig. Jeder ist meiner Erfahrung nach gut und praktikabel und hat sich auch in meiner praktischen Arbeit schon bewährt. Auch lassen sich die vorgeschlagenen Methoden sowohl isoliert als auch kombiniert anwenden.

## Der erste Weg: Eigene Symbole für das Selbst finden

Das Selbst als umfassender Begriff für das, was wir sind, hat eine bedeutsame Symbolkultur hervorgebracht. Insbesondere die Analytische Psychologie C. G. Jungs hat viele Betrachtungen der Frage gewidmet, wie das Selbst in verschiedenen Kulturen dargestellt wird.

Die jungianischen Forscher fanden, dass das Selbst gewöhnlich als geschlossene Struktur imaginiert wird. Das überzeugt unmittelbar, denn das Selbst ist ja eine integrierende Einheit, es muss Gegensätze ausweigen und der inneren Vielfalt Platz geben. Daher sind Symbole, in denen Gegensätze versöhnt sind (etwa das Yin-Yang-Motiv), oder aber harmonisch geschlossene geometrische Figuren (das Quadrat und mehr noch der Kreis) naheliegende Abbilder des Selbst. [1]

Das vermutlich bekannteste Symbol des Selbst ist für uns das Mandala. Allerdings ist dem modernen Bewusstsein weitgehend entschwunden, dass das Malen von Mandalas nicht nur eine ästhetische Übung, sondern zugleich ein inneres Ordnen bedeutet: ein Konfigurieren unterschiedlicher Elemente im haltenden, strukturgebenden Kreis.

Aber nicht nur geometrische Figuren stellen das Selbst dar. Auch Dinge, die aus der Natur stammen oder mit Zivilisationsprozessen in Verbindung stehen, können als Symbole des Selbst gelten. So kann man sich das Selbst als Landschaft vorstellen, in der die Wasserzonen das Unbewusste, Äcker, Wiesen und Wald das geordnete Bewusstsein und die Berge die Ebenen des Geistes bilden.

Möglich wäre auch das zivilisierte Bild einer Burg oder Stadt, um insbesondere den Integrationsaufgaben des Selbst symbolisch Gestalt zu geben. Die Burg wird dabei meist rund mit einem zentralen Bergfried abgebildet, während die Stadt als mit vier Türmen bewehrt, durch Mauern eingefasst und auf quadratischem Grund stehend dargestellt wird: Beides geht auf mittelalterliche Symbolbildungen zurück und wurde im Zusammenhang mit den Vorstellungen von Theologen und Kirchenlehrern wie Teresa von Ávila (»Die innere Burg«) weiterentwickelt.[2]

Dass das Selbst oft symbolisch dargestellt wird, liegt vermutlich daran, dass es in seiner Komplexität begrifflich schwer zu fassen ist. Wer sich nun dem Selbst wieder annähern möchte, kann versuchen, mithilfe der Fantasie eine Vorstellung davon zu erzeugen, wie das persönliche Selbst als Landschaft, als Burg oder als Stadt wohl aussehen könnte.

Und wie wäre es nun, ein ganz eigenes Symbol des Selbst zu finden? Eines, das noch nirgendwo beschrieben wurde und in keinem Lexikon der Tiefenpsychologie vorkommt? Hypnotherapeuten und Psychoanalytiker schätzen symbolische Abbildungen als etwas, was hochkomplexe Phänomene auf ganz individuelle Weise zu erfassen vermag. Wie also könnte wohl das Symbol, das Ihr individuelles Selbst erfasst, aussehen?

## Der zweite Weg: Sich selbst im Moment erleben

Der zweite Weg, den ich Ihnen anbieten möchte, tat sich mir auf, als ich mit meiner Frau für einige Tage durch Ljubljana streifte, wo der Philosoph und Psychoanalytiker Slavoj Žižek lebt, der einige interessante Dinge zum Selbst gesagt hat. Für Žižek ist die Entdeckung des Selbst eines der drei großen Ereignisse der Philosophie. Das »ereignishafte Selbst«, wie er es nennt, steht in unmittelbarer Nachbarschaft etwa zur Bestimmung dessen, was wahr ist. Und damit in konträrer Position zu allem, was relativ ist oder abhängig von jeweils anderen Definitionen.[3]

Das Selbst als Ereignis zu erleben ist hierauf aufbauend, ganz und gar eine Sache des Augenblicks. Ein Bewusstsein davon, dass dieser Augenblick unwiederbringlich ist – und auch Sie selbst in diesem Augenblick ganz und gar unwiederbringlich sind. Das Selbst als Ereignis zu betrachten ist daher eine Übung, mit der wir das Erleben von Identität aus dem geschichtlichen Erleben herauslösen. Alles, was wir sind, ist jetzt.

Sie können diese Übung überall machen, da sie in reinem Bewusstwerden besteht. Beim Einkaufen, zum Beispiel im Supermarkt an der Gemüsetheke, für einen Moment innehalten. Sie sind JETZT hier. JETZT. Wenn Sie das Bild von sich, wie Sie hier stehen, nun groß und weit werden lassen wie ein Standbild aus einem Kunstfilm, beginnt der Moment, beginnt Ihre Wahrnehmung sich aufzuladen. Für einen Augenblick erfahren Sie, wie *besonders* Sie sind. Und damit reicht es schon: Jetzt gehen Sie weiter und kaufen Tomaten und Blumenkohl. Aber das Bild, die Erfahrung der Besonderheit nehmen Sie mit.

»Alles Bewusstsein«, hat Johann Gottlieb Fichte in seiner *Wissenschaftslehre* geschrieben, sei »bedingt durch das unmittelbare Bewusstsein unserer selbst«. Auf Aussagen wie diese gründete Fichte eine Praxis wie die, seine Studenten auf eine Wand blicken zu lassen mit der Aufforderung, sie mögen sich in dieser Wand finden.

Was klingen könnte wie eine Übung aus dem Zen, war von Fichtes Vorstellung bestimmt, dass unsere Person sich jederzeit unmittelbar durch Präsenz zu erfahren vermag: Und zwar auch und gerade da, wo sich unser Bewusstsein auf etwas anscheinend Banales, Leeres richtet. Warum also nicht in der Gesellschaft von Blumenkohl und Tomaten, beim Kaufen eines neuen Druckers oder auch an der Tanksäule im Angesicht der Dinge sich selbst erleben – JETZT?

## Der dritte Weg: Sich selbst im Spiel erleben

Noch bevor wir denken, spielen wir. Und wir hören das ganze Leben nicht damit auf. Noch der ernsthafteste Mensch erwischt sich mitunter dabei, einen Ball in die Luft zu werfen und wieder zu fangen, vor Wellen am Strand davonzulaufen oder ein Auto aus der Kinderzeit auf dem Bürotisch auf und ab rollen zu lassen.

Vor allem aber erspielen wir uns selbst. Erspielen uns als Kinder die unterschiedlichsten Rollen – Cowboy und Fee, Raumfahrer und Heilerin, Wissenschaftlerin und Bergsteiger – noch ohne jeden Bezug zu einer Form von Berufswahl. Und doch gibt jedes dieser Rollenspiele einer Facette unseres Selbst Raum.

In unserer Zeit nimmt Spiel in einer neuen Qualität Raum ein. »Gamification« heißt das Phänomen, das darin besteht, dass Elemente von Computerspielen auch in Bereiche einzudringen beginnen, die eigentlich gar nichts mit Spielen zu tun haben. Die Spieldesignerin und -forscherin Jane McGonigal hat hiervon ausgehend ein Trainingsprogramm entwickelt, das unter dem Namen »SuperBetter« vertrieben wird.[4] Darin verfolgt man selbst gesetzte Ziele, für die ein Programm Aufgaben stellt, sodass man wie in einem Computerspiel immer höhere Levels erreicht. Das Spielerische liegt vor allem darin, dass man sich als Spielfigur entwerfen und sich dabei an Filmfiguren oder an Fantasiegestalten orientieren kann. McGonigal beschreibt, wie sie sich selbst zur Unterstützung eines Heilungsprozesses einmal an Buffy, der Vampirjägerin (einer populären TV-Heldin), orientierte und sich als »Jane, die Gehirnerschütterungsjägerin« entwarf.

Ich setze das Spielmodell selbst nicht zur Selbststeuerung oder zur Selbstoptimierung ein. Wohl aber scheint mir das Spiel ein gangbarer Weg zurück zur Selbstaufmerksamkeit zu sein. Der Anfang ist dabei einfach. Sie klären für sich, was Ihre Lieblingsspiele sind. Das wird eventuell nicht ganz leicht, denn Erwachsene haben zum Spiel ein anderes Verhältnis, und nicht wenige würden sagen, dass sie überhaupt nicht mehr spielen. Wie aber, wenn der Weg zum Selbst etwas mit Spielen zu tun hätte? Auch Kinder spielen ja nicht nur zum Spaß, sie erspielen sich vielmehr ihr Leben. Sie erproben im Spiel, wie etwas wäre oder was möglich sein könnte. Übertreten im Spiel Grenzen, die sie sonst nicht übertreten dürften.

Ich schlage Ihnen eine andere Art von Spiel, ein Gedankenspiel, vor. Heutzutage sind viele Leute unschlüssig, welchen Beruf sie ergreifen, welche Tätigkeit sie dauerhaft ausüben sollen. Unser Gedankenspiel, das vom Arbeitsmarkt weg und zu Ihrem Selbst hinführt, fragt: Welche Tätigkeit hätten Sie wohl in einer archaischen Kultur ausgeübt, die unsere modernen Berufe nicht kennt? In jenem kleinen, gallischen Dorf, in dem Asterix und Obelix leben, was wäre dort Ihre Tätigkeit gewesen?

Ich habe schon viele Antworten auf diese Frage gehört. Manche sehen sich als Häuptling, andere als Krieger, und die Dritten wären Fischer gewesen. Ich selbst hätte wohl wählen müssen zwischen dem Druiden (dem Arzt oder Therapeuten) und dem Barden (der dem Autor entspricht).

Noch ein Gedankenspiel: Was für eine Grundgeschichte müsste ein Videospiel haben, um Sie fesseln zu können? Sie können nun abwinken und bemerken, das interessiere Sie nicht. Aber wenn es Ihnen einen zusätzlichen Einblick in sich selbst gewähren würde,

würde es vielleicht doch nützlich sein, die Frage zu beantworten. Überdies weist der Ästhetik- und Medienphilosoph Daniel Martin Feige mit einer an Hegel geschulten Argumentation darauf hin, dass sich ein Spieler in einem komplexen Computerspiel gewissermaßen selbst in seinen Facetten und seinen Reaktionsmöglichkeiten durchspielt, sich also spielend selbst erfährt.[5]

Vom Rollenspiel über Gedankenexperimente bis hin zum Erleben des eigenen Selbst im Computerspiel – es gibt eine große Vielfalt an Möglichkeiten, sich selbst im Spiel zu erfahren. Probieren Sie es aus, Sie werden nicht nur sich selbst begegnen, sondern auch Ihren Mitspielern neue Perspektiven auf sich selbst eröffnen.

## Der vierte Weg: Von sich erzählen

Erzähl mal, wie war denn dein Tag? Mit dieser Frage begrüßen Liebende einander am späten Nachmittag, begrüßen Eltern ihre Kinder, wenn sie aus der Schule heimkehren. Erzähl mal ...

Die Antworten fallen oft eher kurz aus: Ganz okay. Erzählen ist das nicht. Auch »Wir haben Mathe geschrieben, und Französisch ist wahrscheinlich verhauen« ist nicht wirklich Erzählen. Bei Kindern kann man das nachvollziehen, sie haben nicht unbedingt Freude daran, daheim noch die Schule zu thematisieren. Aber auch wenn ich meiner Liebsten mitteile, dass wir in der Praxis ein paar Bilder umgehängt haben, ist dies nur eine Information. Und noch keine Erzählung. Beim Erzählen nämlich würde etwas anderes entstehen, das über reine Informationsweitergabe hinausgeht.

Das Erzählen ist, neben den triebhaft gesteuerten Aktivitäten wie Nahrungszubereitung und -aufnahme, Sexualität, religiösen Kulthandlungen und – leider auch – kriegerischen Handlungen, vielleicht die einzige Konstante, die alle Weltkulturen gemeinsam haben. Es gibt Kulturen, in denen nicht getanzt, und solche, in denen keine Bilder gemalt werden. Bei manchen steht das Denken hoch im Kurs, bei anderen nicht so sehr. Aber erzählt wird immer und überall.

Vor diesem Hintergrund ist es schade, dass die Fähigkeit, zu erzählen, momentan abnimmt. Studien belegen, dass parallel zur Verbesserung der visuellen Ausdruckskraft die Kompetenz, farbig zu erzählen, insbesondere bei Jugendlichen und jungen Erwachsenen nachlässt.[6]

Doch nicht nur Jugendliche und junge Erwachsene sind betroffen. Das Nachlassen erzählerischer Kompetenzen, das ja eine Folge des Verlangens ist, vor allem Information zu vermitteln, betrifft Erwachsene nicht minder und schlägt bereits seit vielen Jahren negativ zu Buche. Dass zum Beispiel die auf formelhafte Aussagen reduzierende Methodik des PowerPoint-Programms mit großer Sicherheit am Unglück der Raumfähre »Columbia« beteiligt war, weiß so gut wie niemand. Der Fehler, der zum Unglück führte, bestand im Überhören kleiner Sachverhalte, die die Techniker wohl einander erzählten, die aber nicht durch den Filter für relevante Informationen hindurchgingen. Die detailreichere Erzählweise der am Projekt arbeitenden Menschen hatte etwas wahrgenommen, was dem Programm unerheblich schien. Die Folgen sind bekannt.[7]

Das Erzählen vermag also mehr zu erfassen als die bloße Übermittlung von Informationen. Nämlich Übergänge, Nuancen, Zwischentöne. Alles das, was auch im Leben vorkommt. Das Erzählen erlaubt überdies Ebenenwechsel, die in der reinen Informationsweitergabe nicht möglich sind. So können wir die Erzählperspektive wechseln, können eine Geschichte vom Anfang oder vom Ende her erzählen, Reflexionen einbauen, szenische Dialoge oder Einblicke in Gefühlswelten anbieten oder ausfantasieren, wie etwas auch anders sein könnte.

Erzählen erfordert Zeit und Aufmerksamkeit. Mit dem bloßen Abspeichern von Daten ist es auf der Rezipientenseite nicht getan. Wer sich darauf einlässt, das Abendessen mit Erzählen anzureichern, der wird erleben, dass der Essensritus länger dauert. Dabei ist es hilfreich, die Technologie nicht künstlich auszublenden, sondern auch die Erfahrungen mit der digitalen Welt zum Gegenstand des Erzählens zu machen. Dies vermeidet einerseits sinnlose Polarisierungen innerhalb der Familie und bezieht andererseits ein, dass Erfahrungen mit technischen Dingen bedeutsame Teile unserer individuellen Biografie darstellen.[8] Eltern, die ihr Kind nicht nur nach der Schule fragen, sondern zum Beispiel auch wissen wollen, was gerade bei »Minecraft« passiert, werden unter Umständen nicht nur Informationen bekommen. Sondern eine Mischung aus dem, was sich bei ihnen auf dem Bildschirm tut, was die mitspielenden Freunde machen und wie schließlich das Kind selbst das Spielen erlebt. Eine Erzählung, die durchaus auch ausufern kann. Hier zuzuhören ist ebenso gut investierte Zeit, wie es für den Heranwachsenden gut ist, von sich zu erzählen.

Denn wir alle sind unsere eigenen Geschichten. Wir sind gierig auf einen Zusammenhang, der uns selbst umfasst: Und dieser ist durch ein Bündel an Informationen nicht zu bekommen. Wo wir aber erzählen können und Zuhörende finden, da ist auf beiden Seiten eine Aufmerksamkeit im Raum, die selbstbildend und -stärkend wirkt.

## Der fünfte Weg: Könnerschaft statt Leistung

Wie Studien nachweisen, nimmt die Tendenz bei Studierenden zu, dem Leistungsdruck mit chemischen Mitteln zur Leistungssteigerung zu begegnen.[9] Eine ähnliche Tendenz gibt es auch in der Arbeitswelt. Im Jahr 2015 gelangte eine Studie der DAK zu dem Schluss, dass drei Millionen Deutsche regelmäßig zu Medikamenten greifen, um am Arbeitsplatz leistungsfähiger zu sein. Befunde wie diese können als Alarmzeichen gelten, zumal wir inzwischen wissen, dass der vermehrte Gebrauch leistungsfördernder Substanzen in vielen Fällen zu dauerhaften Verhaltensänderungen führt.

Ich möchte ein neues, ein besseres Prinzip vorschlagen, das an die Stelle des Leistungsprinzips treten könnte. Ein Prinzip, das mit unserem Selbst feiner abgestimmt ist – ein Prinzip des Könnens. Für gewöhnlich neigen wir dazu, Können mit Leisten synonym zu setzen. Aber während Leistung Arbeit pro Zeit bedeutet, ist Können Potenzial und Freude an sich selbst.

Können betrifft nämlich nicht nur das, was sich in Verwertbares umsetzen lässt. Wenn ich zum Beispiel gut reimen oder jonglieren kann, heißt das nicht, dass ich mich gleich ans Texten von Werbesprüchen mache oder mich bei einem Zirkus vorstelle. Vielleicht lebe ich mein Können überhaupt nur für mich allein aus. Oder für meine Liebsten, die im gleichen Moment stärker in meinen Aufmerksamkeitsfokus treten. Wenn ich ein gutes Buch geschrieben habe, werde ich zu meiner Leistung beglückwünscht. Der Begriff ist aber gar nicht der richtige, denn ich habe zwar durchaus gearbeitet, aber eben nicht in einer von außen vorgegebenen Zeit. Was mich also stolz machen sollte, ist das, was ich kann.

Wo Sie beginnen, ein Prinzip des Könnens an die Stelle des Leistungsprinzips zu setzen, da wird sich Ihre Wahrnehmung verschieben. Sie werden plötzlich eine Bewusstheit für Dinge entwickeln, die Ihnen sonst banal erschienen. Vielleicht können Sie ungewöhnlich schön Blumen binden, haben aber lange nicht daran gedacht. Oder Sie können Lieder pfeifen und hören sich für eine Weile zu.

Wo Sie dem Prinzip des Könnens folgen, beginnen Sie, sich nicht nur intensiver wahrzunehmen, sondern auch anders. Der Grund hierfür liegt darin, dass Leistung über Sie als Person nichts aussagt. Können hingegen ist etwas, was Sie auszeichnet, prägt und Teil Ihrer Selbstverwirklichung ist. Und zwar gerade da, wo Ihr Können etwas betrifft, was anscheinend zu nichts führt. Sondern sich nur hier und jetzt gerade ereignet.

Kulturen, die eine Idee des Könnens und der Meisterschaft pflegen, haben dem reinen Leistungsprinzip etwas entgegenzusetzen. Ein Haiku-Meister oder ein Tuschpinsel-Maler wird, da seine Verbindung zum Tun einen gesteigerten Aufmerksamkeitslevel voraussetzt, zur Zeit ein sehr eigenes, tiefes Verhältnis pflegen. Von einem Prinzip, das Arbeit pro Zeit belohnt, kann er dagegen nichts halten.

## Der sechste Weg: Selbstbegegnung im spontanen Kontakt

Einer der sichersten und schönsten Wege, mit sich selbst in Kontakt zu sein, besteht paradoxerweise darin, mit anderen in Kontakt zu stehen. Das Paradoxe daran ist, dass wir hier ja nicht primär uns selbst wahrnehmen, sondern eben jemand anderen.

Jedoch: Wirkliche Begegnung ist niemals der Feind der Selbstaufmerksamkeit. Diese würde nur da gefährdet, wo die Fremdaufmerksamkeit ausschließlich funktional gespendet würde. Wer als Arzt einem Burn-out-Syndrom erliegt, der hat ja nicht ständig bereichernde Begegnungen erlebt. Sondern eine unbefriedigende Durchschleusung von Patientenreihen, die ein echtes Miteinander nicht möglich macht.

Fehlende Selbst- und fehlende Fremdaufmerksamkeit sind daher zwei Seiten derselben Medaille. Das Spenden dichter Aufmerksamkeit erhöht zugleich die Selbstwahrnehmung, indem nämlich jede gelingende Begegnung ein Spannungsfeld erzeugt, in dem Selbst- und Fremdaufmerksamkeit wechselseitig hin- und hergespielt werden.

Nun scheint unsere Lebenswelt wie kaum eine zuvor zu verhindern, dass es zu echten Begegnungen kommt. »Wenn wir vor einem Schaufenster stehen«, schreibt etwa der spanische Soziologe César Rendueles, »gibt es keine Gemeinschaft, auch keine digitale.«[10] Das klingt auf den ersten Blick überzeugend und angenehm konsumkritisch, ist aber auf den zweiten Blick falsch. Denn Gemeinschaft ist prinzipiell überall möglich, wo sich mehr als ein Mensch aufhält. Auch beim Shoppen. Der sechste Weg zu einem neuen Selbstgefühl besteht daher im Herstellen wirklicher Begegnungen, und dies möglichst täglich. Oft betreffen diese Begegnungen jemanden, den man zuvor nicht kannte. Einen Kellner, einen DHL-Boten, jemanden, den man in eine Parklücke winkt. »Schaufenster-Momente«, die aber plötzlich zu Begegnungen werden. Sie sind so alltäglich, dass sie jedem von uns möglich sind. Alles, was man braucht, ist die Bereitschaft dafür. Diese aber steigert sich mit jeder Begegnung. Weil man diese nämlich bereichert und mit einem intensiveren Selbstgefühl wieder verlässt.[11]

Auch da, wo Computertechnologie mitspielt, sind Begegnungen möglich, die das Selbstgefühl stärken. Denn die Technik muss beim Gespräch und bei Begegnungen keineswegs als Feind angesehen werden. Im Gegenteil, man kann sie nutzen. Wer zum Beispiel »Pokémon Go« spielt oder spielte, hat vielleicht schon Erfahrungen wie diese gemacht: Ein junger Mann ruft: »Ein Magmar!«, und eine Gruppe fremder Gamer ruft: »Wo denn? Wo?« »Dahinten!«, schreit der junge Mann, stürmt los, und alle folgen ihm auf der Suche nach dem sehr seltenen Wasser-Pokémon.

Das letzte Beispiel ist keine Erfindung. Ich war einer von denen, die da an der Promenade spielten. Und ich habe eine schöne Erinnerung an einen Moment, in dem zwischen Leuten, die einander nie gesehen hatten, plötzlich Gemeinschaft entstand. Eine Gemeinschaft aufgeregter Gamer, in der sich nach einer kleinen Weile alle befriedigt zunickten. Wobei sie zugleich die anderen wahrnahmen und sich selbst in angenehmer Weise wahrgenommen fühlten.

## Der siebte Weg:
## Das Selbstgefühl mit dem Körper verbinden

Alles Ich, hat Freud betont, ist Körper-Ich. Unser Selbsterleben hängt an unserer Körpererfahrung, ebenso wie umgekehrt der Selbstverlust auch zugleich Körperverlust ist. Als siebten Weg der Neuerschließung des Selbst schlage ich Ihnen daher eine Körpererfahrung vor. Eine, die mit dem »Bauchgefühl« zu tun hat. Das ist ein modischer Begriff geworden. Aber Moden müssen ja nichts Schlechtes sein. Das Bauchgefühl jedenfalls ist mehr als eine Mode. Was aber ist es dann genau?

Vielleicht so etwas wie eine zweite, gewissermaßen aus dem Bauch heraus denkende innere Ebene? Dies zumindest wird durch den Begriff »Bauchgehirn« suggeriert, der sich in den 1990er Jahren verbreitete und jene Struktur meint, die man »enterisches Nervensystem« nennt. Dort sind jene Mikrobiota aktiv, die unter anderem auch zur Produktion von Serotonin in der Lage sind, einem Botenstoff, der in unserem Gehirn eine entscheidende Rolle spielt. Diese Entdeckung brachte eine Reihe von Forschern und Klinikern dazu, von so etwas wie einem »zweiten Gehirn« zu sprechen.[12] Dass dies ein bisschen gewagt war, ließ sich an den Reaktionen einiger Hirnforscher leicht erkennen. So sprach Wolf Singer von einer »Erfindung von Populärwissenschaftlern«.[13]

Lassen wir einmal offen, wer hier recht hat und wer nicht, und fragen uns lieber, was denn das spezielle Gefühl, das sich mit dem Bauch verbindet, für unser Selbst bedeutet. Hierbei zeigt sich: mehr, als möglicherweise erwartet.

Normalerweise ist unser Selbstgefühl vor allem durch Körper- und Beziehungserleben bestimmt. Das berühmte »Cogito, ergo sum« (»Ich denke, also bin ich«) von René Descartes hat hier ein bisschen zu hoch angesetzt, denn wir fühlen uns selbst erheblich mehr, wenn wir bewusst und entspannt atmen, als wenn wir algebraische Aufgaben lösen.

Wer sich auf die Körpermitte – eben den »Bauch« – zu fokussieren beginnt, merkt schnell, dass die Selbstwahrnehmung hierbei anders wird. Wir sind weniger rational, aber auch weniger gehetzt. Zwangsgedanken und irrationale Ängste treten weniger auf, wenn überhaupt. Ganz offenbar erleben wir ruhiger und elementarer, indem wir uns in der Körpermitte zentrieren. Die Orientierung an Außenreizen lässt nach, ohne vollkommen zu verschwinden, sodass wir auf Relevantes zu reagieren in der Lage sind, aber ein Übermaß an Stimulation auch partiell zu ignorieren vermögen.

Meinen wir also dies, wenn wir sagen, jemand handle »aus dem Bauch heraus«? Oft ist diese Wendung als Metapher für spontanes Handeln verstanden worden. Doch das trifft es nicht ganz. Denn spontan entsteht bei uns vor allem das, was wir am intensivsten gelernt haben, während alles Neue Zeit braucht. Wer lange beim Militär war, für den ist das Grüßen Ranghöherer eine spontane Handlung. Dies geschieht aber keineswegs aus dem »Bauch« heraus, sondern als konditionierter Reflex. Alles, was aus der Bauchgegend kommt, ist dagegen eher ruhig und keineswegs konditioniert.

Interessant ist hier eine Beobachtung. Wenn wir nämlich sagen: »Konzentrieren Sie sich einmal einen Augenblick auf Ihre Körpermitte«, so wissen wir ganz zuverlässig, wo diese Mitte liegt. Wir brauchen weder Erklärungen noch Messungen. Allein der Begriff »Körpermitte« lässt uns erfahren, wo diese zu finden ist.

Um den Fokus auf die Körpermitte zu richten, sind kleine Hilfen sinnvoll. Denn gerade da, wo wir unser Baucherleben eher selten spüren, neigt die Wahrnehmung dazu, alsbald wieder abzudriften. Eine gute Hilfsmöglichkeit ist es, die Fokussierung mit bewusstem Atmen zu verbinden. Sie legen sich etwa die Hand auf den Bauch und versuchen, die Hand durch tiefes Hineinatmen in den Bauchraum zu heben. Man spürt in der Hand dann sofort den sich wölbenden Bauch, und man sieht, wie die auf dem Bauch ruhende Hand nach oben getragen wird. Sollte sich nichts tun – was oft vorkommt –, reiben Sie mit der Hand kreisförmig ein wenig, um das Gefühl für den Bauchraum anzuregen.

Eine andere Möglichkeit wäre, Ihre Vorstellungskraft zu Hilfe zu nehmen. Sie könnten sich vorstellen, dass in Ihrer Körpermitte so etwas wie ein zentraler Ort liegt – gewissermaßen die Hauptstadt Ihres Organismus. Nun reichern Sie die Vorstellung sinnlich ein wenig an – Sie lassen diesen Ort leuchten, Strahlen aussenden, Sie versehen ihn mit einer Aura von Erlesenheit und Kraft. Eine Vorstellung wie diese, die in Ihrem Körper einen strahlenden, kraftvollen Ort imaginiert, überdauert leicht, denn sie ist einfach schön. Und zugleich stellt sie eine wirksame Brücke zu Ihrem Fühlen und Ihrer Zentrierung im Bauchraum dar.

Wer die kleine Übung – sich für ein paar Augenblicke auf die Körpermitte fokussieren – öfter macht, wird mehreres feststellen. Zunächst einmal bleibt man mehr bei sich und ist weniger ablenkbar. Man nimmt das Drumherum durchaus noch wahr, aber man nimmt es anders wahr. Ruhiger und klarer. Begierden werden weniger, echte Freude nimmt zu. Und irrationale Befürchtungen haben keine Chance mehr.

Die Konzentration auf die Körpermitte hat ganz offenbar ein eigenes Potenzial. Dieses Potenzial wird in vielen Kulturen ganz selbstverständlich wahrgenommen. Allerdings haben diese Kulturen unterschiedliche Namen dafür gefunden: Sonnengeflecht, Kath, Hara – und noch andere mehr. Vielleicht wählen Sie sich ja, wenn Sie diesen Weg zum Selbst beschreiten, einen Begriff, der Ihnen passend erscheint.

## Der achte Weg: Träume neu entdecken

Eine Zeit, die so von Bildern geprägt ist wie die unsrige, müsste die inneren Bildwelten ebenso zu schätzen wissen wie die äußeren. Daher ist es merkwürdig, dass Menschen stundenlang Youtube-

Videos ansehen können, sich oft für ihre Träume aber wenig interessieren. Denn Träume sind allemal spannender als Clips, und überdies haben sie etwas mit uns zu tun. Ob man sie als Botschaften des Unbewussten liest oder ob man, wie der Wissenschaftstheoretiker Paul Feyerabend einmal sagte, beim Träumen bloß die »Show« genießt, ist dabei zunächst einmal unwesentlich.[14]

Als Psychologe des Unbewussten arbeite ich häufig mit Träumen. Und mache immer wieder dieselbe Erfahrung: Menschen, die sich um ihre Träume jahrelang nicht gekümmert haben, ja, sich nicht einmal sicher waren, ob sie überhaupt träumen, werden plötzlich neugierig. Und zwar, weil die Welt der Träume so reichhaltig, so faszinierend und letzten Endes so abenteuerlich ist, dass ein paar Videos ihr schwerlich Konkurrenz machen können.

Wenn wir auf der Suche nach dem sind, was uns selbst ausmacht, sind Träume ein ausgezeichneter Weg. Träumen im Informationszeitalter – das wird für viele erst einmal seltsam klingen. Aber bei Licht betrachtet, ist dies eine ausgesprochen sinnvolle Ergänzung. Ich würde Träume als das natürliche Gegenstück zu den Youtube-Clips ansehen. Die Clips sind draußen, im Netz und stammen von anderen Leuten, denen ich meine Aufmerksamkeit schenke, indem ich ihre Filme betrachte. Die Träume aber sind innen und stammen von mir. Und ich bin es, der Aufmerksamkeit bekommt, indem ich sie wahrnehme.

Sich mit Träumen zu beschäftigen heißt zunächst einmal, Träume überhaupt wieder wahrzunehmen. Viele können dies nicht mehr oder vermuten, sie würden überhaupt nicht träumen. Das aber stimmt nicht, wie wir aus der Schlaf- und der Traumforschung wissen. Vielmehr ist das Wahrnehmen und Erinnern von Träumen einmal mehr eine Sache der Aufmerksamkeitsverteilung.

Wer Träume wieder wahrnehmen möchte, der muss nur eine kleine Regel beherzigen: Man sollte nach dem Aufwachen – noch vor dem ersten Kaffee oder dem Gang zur Toilette, die beide die Traumerinnerung oft verschwinden lassen – alles auf einem Zettel notieren oder ins Smartphone sprechen, was an Traumerinnerung noch vorhanden ist. Anfangs ist das meist wenig. Aber gerade dann ist das Notieren wichtig, denn damit geben wir uns gewissermaßen das Signal, Träume wieder wichtig zu nehmen.

Wer dieser Regel folgt, macht die Erfahrung: Nach wenigen Tagen nimmt die Erinnerung an Träume zu. Als hätten wir nie damit aufgehört, träumen wir wieder bewusster und reichern damit unsere Erlebnisse mit neuen Inhalten an. Träume werden ja erlebt wie bewusstes Leben in der Außenwelt – nur eben ohne äußere Regung. Wer aber seine Träume wahrnimmt, nimmt auch sich selbst wahr. Und ist dabei schon mitten in der Aufhebung des Selbstverlusts und im Wiedergewinnen des eigenen Selbst. Denn die bewusste Wahrnehmung der Träume wirft Fragen auf, die in Auseinandersetzungen münden. Was mag ein Traum zu bedeuten haben? Welche Instanz spricht in ihm? Bin ich nur die erlebende Hauptperson in meinen Träumen, oder hat alles, was in ihnen vorkommt, irgendwie mit mir zu tun? Fragen wie diese erzeugen ein neues Interesse an dem, was aus uns selbst heraus geschieht.

## Der neunte Weg: Vielfältige Erfahrungen machen

Von einem Therapeuten erwartet man, dass er über Selbsterfahrung verfügt. Denn man geht davon aus, dass jemand, der eine solche Tätigkeit ausübt, sich selbst kennen sollte. Und das heißt, er muss sich auch in Auseinandersetzungen kennengelernt haben, die man von einem Chemiker oder einer Architektin nicht erwarten würde.

Man könnte nun die Frage stellen, ob Selbsterfahrung nicht generell erstrebenswert ist. Nicht im organisierten, klinischen Ausbildungssinn. Aber doch so, dass erfülltes Leben etwas damit zu tun hat, die Zonen der eigenen Person immer weiter auszuloten.

Denn Selbsterfahrung zu sammeln ist etwas anderes, als bloß

Erfahrungen zu machen. Selbsterfahrung meint jene Kategorie von Erlebnissen, in denen ich etwas über mich erfahre, weil ich mein Verhalten und meine Erlebnisweisen auslote. In diesem Sinn ist ein Kinobesuch zur gemeinsamen Unterhaltung oder ein gemeinsames Kochen mit Freunden keine besondere Selbsterfahrung, denn wir loten dabei vielleicht neue Rezepte aus, aber nicht uns selbst, bekommen zwar neue Animationen geboten, aber nichts, was uns tiefer beträfe.

Anders wird dies, wo Unvorhersehbares hinzutritt. Wo wir etwa in einem russischen Kino einen russischen Kunstfilm anschauen, wo wir eine Sportart erproben, die uns gänzlich fremd ist, wo wir mit Fremden improvisierte Musik machen, als Großstadtbewohner einen Bach entstauen oder spontan bei einer Performance mitwirken. Manches Ehrenamt, dem vielleicht ein Hauch von Gutmenschentum anhaftet, bekäme neuen Glanz, wenn wir es als Selbsterfahrung beschreiben würden. Ob es sich dabei um Engagement im Naturschutz handelt oder um das stundenweise Betreuen verwahrloster Kinder, ob ein bekannter Schriftsteller im Gefängnis Schreibkurse anbietet oder eine Naturwissenschaftlerin arabischen Flüchtlingen Deutschunterricht erteilt, in jedem Fall wird hier neben dem Engagement ein Raum für neues Selbsterleben eröffnet.

Hinsichtlich der Arbeitswelt könnte die aufgewertete Rolle der Selbsterfahrung noch einmal zu ganz besonderen Entwicklungen führen. Ich stelle mir vor, dass es die Entscheidungsnöte heute Heranwachsender um einiges vermindern könnte, wenn sie sich von der Aufgabe befreit sähen, mit dieser Entscheidung alle Weichen auf einmal zu stellen. Wenn das Angebot dagegen wäre, für sich sorgen zu lernen und das eigene Selbst zu erkunden, hätten sie die Möglichkeit, erst einmal bei sich anzusetzen. Eine Weile als Nachtportier, als Verkäufer oder als erfolgloser Künstler gearbeitet zu haben ist nämlich für die Selbsterfahrung nicht weniger wertvoll, als etwa medizinische Curricula besucht oder Informatikkurse belegt zu haben.

Bis heute ist der Zwang zur stromlinienförmigen Biografie eine der Absurditäten, mit denen die Arbeitswelt aufwartet. Warum eigentlich ist das Versorgen eines Kindes über zwei, drei Jahre für Frauen wie für Männer nicht als wesentliche Selbsterfahrung und damit als wertvoll angesehen? Wer sagt eigentlich, dass man dabei nichts Wesentliches lernt? Oder das, was wir etwas herablassend »Aushilfsjobs« nennen: Ist das nicht doch etwas mehr, nämlich eine Chance zum Selbsterleben? Bei Schriftstellern zum Beispiel gilt es als positiv, wenn einer als Tankwart gearbeitet hat oder beim Kistenstapeln im Hafen half. Denn es trägt dazu bei, dass der Autor welthaltiger schreibt, als wenn er nur Seminarräume von innen kennt.

Selbsterfahrung als Ressource bedarf einer neuen Einschätzung äußeren Tuns. Seien Sie möglichst weiträumig unterwegs. Das Selbst ist niemals stromlinienförmig, denn Selbst bedeutet Vielfalt.

## Der zehnte Weg: Durch Technik zum Selbst zurück

Das Selbst und die Technik ist ein altes Problem. Und in der Moderne immer wieder eines, in dem die Technik als der Feind des Menschlichen erscheint. Philosophen wie Martin Heidegger und Dichter wie Friedrich Georg Jünger waren überzeugt davon, dass die Technik den Menschen von sich selbst entfremden und eine kalte, sinnentleerte Welt hervorbringen werde.

Sichtweisen wie diese werfen Fragen auf. War der Traktor schlechter als die von einem Pferd gezogene Pflugschar? Aus Sicht des Pferdes betrachtet ganz sicher nicht. Und eigentlich schiene Entfremdung durch Technik auch ein paradoxes Phänomen. Etwas, was menschliche Wissenschaft hervorbringt, soll den Menschen in seinem Selbst-Sein gefährden.

Nun sind Zeiten der Gefährdung immer auch Zeiten möglicher Neudefinitionen. Wenn es also an der Zeit ist, das Selbst neu zu entdecken, warum dann nicht unter Einbeziehung dessen, was uns als neue Medienlandschaft umgibt? Das Selbst, wie wir es kannten, konstituiert sich neu: in einem Umfeld neuer Technologien.

Alle in den ersten Kapiteln dieses Buches verhandelten Einflüsse, die unser Aufmerksamkeitsverhalten betreffen, sind Teile eines umfassenden Wandlungsprozesses. Konservativere Gemüter möchten dies alles negieren und am liebsten dorthin zurück, wo die Technik noch nicht so einflussreich war. Wann aber sollte dies gewesen sein? Der Mensch ist ja – viel mehr als jedes Tier – auch ein technisches Wesen. Eines, das Dinge entwirft und erfindet, die dann zurückwirken auf den Menschen selbst.

Die Wege, die wir jetzt zu bahnen beginnen, werden die sein, die wir später gehen können. Wie werden wir zum Beispiel Begriffe wie »Persönlichkeit« oder »das Unbewusste« verstehen, wenn der Cyborg zur Normalität geworden ist? Auf den ersten Blick mag es widersinnig erscheinen, eine Frage wie diese überhaupt zu stellen. Aber stimmt das auf den zweiten Blick auch noch? Gewiss, Technik ist für gewöhnlich außerhalb von uns angesiedelt, und wir in uns. Sie verlangt Bedienungskompetenz, wir dagegen sollten uns selbst wieder wahrzunehmen lernen. Wie könnte es also funktionieren, mithilfe von Technik wieder zur Selbstwahrnehmung zu gelangen?

Im Grunde gibt es hierfür bereits zahlreiche mögliche Wege. So spreche ich meinen Patienten mitunter suggestive Passagen zur Selbstfindung, gewissermaßen Mikrotrancen, auf ihre Smartphones. Damit können sie unabhängig von der Präsenz in Praxis oder Institut wichtige suggestive Sätze wieder aufrufen, die sie zu ihrer Selbstwahrnehmung zurückführen.

Meine Methode individualisiert etwas, was bereits in vielfacher Form vorliegt: die Entspannungs- und Autosuggestionsanleitungen, wie man sie auf CD kaufen oder über Podcast herunterladen kann. Und es erweist sich, dass auch beispielsweise in sozialen Foren manche Vorstöße den Rückweg zu uns selbst ins Visier genommen haben. So hat die Bilderplattform »Pinterest« nach Aussagen ihres Gründers Ben Silbermann das Ziel, Menschen über das Betrachten und Auswählen von Bildern vermehrt zu sich selbst zu führen. Ziel sei hier nicht die Selbstdarstellung durch Bilder wie bei Facebook oder Instagram, sondern die Planung der Zukunft, das Vorbereiten von Reisen oder das Erkunden neuer Interessengebiete.[15]

Man kann natürlich immer skeptisch sein, wenn Selbsterkundungsprozesse an Technologien gebunden sind, die jemand anderes steuert. Ja, man *muss* dann sogar skeptisch sein – wenn vielleicht auch nicht nur skeptisch. Denn Plattformen wie »Pinterest« verweisen ja nur darauf, wie sich Algorithmen nutzen lassen, um Selbstfindungsprozesse zu fördern. Digitale Medien, so der Medienforscher Peter Matussek, vermögen »Selbstbesinnung« ebenso zu fördern wie »Selbstvergessenheit«.[16] Dieses Grundprinzip ist bedeutend wichtiger als die Assoziation zu irgendeiner speziellen Plattform oder Firma.

Ich könnte mir, um ein bisschen Zukunftsmusik zu spielen, vorstellen, dass wir von früher Jugend an, womöglich sogar im schulischen Kontext, Dateien anzulegen beginnen, die »Mein Selbst« heißen werden. Dass wir Rückkoppelungsprozesse zwischen der Technik, die wir benutzen, und dem Selbstgefühl, das uns leitet, zulassen. Denkbar wäre auch, dass mein Laptop mich anstelle des Erfragens meines Passworts mit der Frage begrüßt, wie es mir geht. Und wenn ich »Ganz gut« eintippe, nachhakt und mich tiefergehend befragt: »Hey, das ist oberflächlich geantwortet, Georg. Schreib ein bisschen eingehender, was gerade mit dir los ist.«

## Wir müssen uns selbst wieder wichtig werden

Die im Jahr 1984 erschienene deutsche Übersetzung von Ken Wilbers *No Boundary* unter dem Titel *Wege zum Selbst* ist eine einzigartige Integrationsleistung. Wilber hatte unterschiedlichste therapeutische Ansätze sowie östliche Weisheitslehren daraufhin untersucht, was sie an Erkenntnissen hinsichtlich der Herausbildung unseres Selbst beizutragen hatten. Wilbers Fazit: Sie alle haben etwas zu sagen. Kein Ansatz war grundsätzlich falsch, obschon alle ihre Begrenztheit hatten. Aber jedes Konzept hatte für unterschiedliche Stufen der Persönlichkeitsbildung und -befreiung etwas Wesentliches im Angebot.[17]

Das meiste dessen, was Wilber hier an Integrationsleistung vollbrachte, ist weiterhin gültig. Und dennoch ist vieles davon ins Hintertreffen geraten. Der Grund hierfür liegt nicht im kollektiven Vergessen, sondern darin, dass die Welt drei Jahrzehnte nach Wilbers Buch eine andere geworden ist. Eine, in der andere Konflikte im Raum stehen und neue Herausforderungen warten. Angesichts eines riesigen Ausmaßes an Stimulation und an Veränderungen unseres Bewusstseins durch Vernetzung und fortwährendes Online-Sein müssen die Wege zum Selbst heute anders gebahnt werden und auch gelegentlich Umwege sein.

Um den gegenwärtigen Zustand wachsender Selbstentfremdung zu überwinden, gibt es zwei Möglichkeiten. Die eine, die langsamere, ist evolutionär. Die Evolution hilft, uns an neu entstehende Lebensbedingungen anzupassen. Das wird auch mit den heutigen Lebensbedingungen so sein. Die rasch sich verteilende, schnell hin und her springende Aufmerksamkeit hat bereits einen evolutionären Aspekt. Um uns nicht dauerhaft zu schädigen, ist zu erwarten, dass evolutionäre Prozesse dahin führen, neue Informationsfilter zu etablieren und, da unsere Nachkommen uns wichtig sind, auch wieder lebensnähere Aufmerksamkeitshierarchien zu erzeugen.

Der andere, anstrengendere, aber auch schnellere und spürbarere Weg führt über die Bewusstseinsbildung und eine neue Lebenspraxis, wie sie dieses Buch anstoßen möchte. Gegenwärtig sind viele von uns noch eher Reiz-Reaktion-Bündel in Anpassungsvorgängen an die medialen Herausforderungen, als dass man von bewusst handelnden, die neue Welt mitgestaltenden Individuen reden könnte. Das ist so lange vollkommen natürlich, wie wir nicht durchschauen, was da geschieht.

Ist der Punkt erreicht, an dem wir wissen, was gegenwärtig mit uns passiert – und dazu möchte das vorliegende Buch beitragen –, entstehen Wahlmöglichkeiten. Ist es unser Wunsch, autonom zu handeln und Herr oder Herrin der eigenen Aufmerksamkeit zu sein? Möchten wir uns als alte Menschen eingestehen müssen, dass in der Blüte unserer Jahre unsere primäre Aufmerksamkeit albernen Botschaften, dreisten Werbeversuchen und eitlen Selbstdarstellungen gehört hat, während unsere Liebsten leer ausgingen? Möchten wir Sätze hören wie: »Ich war dir ja völlig egal, du hast ja immer nur auf dein Handy geschaut?«

Natürlich nicht. Und vielleicht möchten wir auch heute schon unsere eigene Entwicklung ein wenig aufmerksamer vollziehen, wissen, worum es uns geht, und in Einklang mit uns selbst unsere Entscheidungen treffen.

Falls dies alles so ist, dann sind die Voraussetzungen gut, eine bessere Beziehungskultur zu etablieren und neue Formen der Selbsterkundung zu beginnen. Es ist an der Zeit, uns selbst wieder interessant zu finden – was wir brauchen, ist eine neue Nähe zu uns selbst.

# Danksagung

Manchmal ist es schwer zu sagen, wer alles zu einem Buch beigetragen hat. Wichtig waren immer wieder die manchmal nur kleinen Gespräche mit meinen Kollegen im Bönninghausen-Institut in Münster und im Institut für Hypnotherapie in Düsseldorf. Wichtig war die Hintergrundunterstützung durch meine Agentin Rebekka Göpfert. Wichtig war das den Kern des Buchs schützende, angenehme Lektorat durch Petra Dorn und Katharina Theml. Ganz wichtig war das erste Lesen aller Kapitel, das nicht von einem Kollegen besorgt wurde, sondern von meiner Liebsten. Und wichtig waren die größeren, kleineren, sowie kommenden Kinder, die die Aufmerksamkeit auf die beste Weise zu justieren vermögen, die mir denkbar erscheint.

# Anmerkungen

## 1. Kapitel: Warum wir anwesend abwesend sind

[1] Hierzu auch Philipp Stempel: »Vernachlässigen Smartphone-Nutzer ihre Kinder?« Der Text, der u. a. eine Bestandsaufnahme der Positionen amerikanischer Ärzte war, erschien in der *Rheinischen Post* vom 5. Oktober 2012.

[2] Am 7. Oktober 2016 gab etwa das österreichische Kuratorium für Verkehrssicherheit die Nachricht heraus, dass sich zwischen Januar und September 800 Unfälle mehr auf öffentlichen Spielplätzen ereignet hätten. In 90 Prozent der Fälle habe dies daran gelegen, dass die Aufsichtspersonen durch Smartphone-Aktivitäten abgelenkt waren.

[3] Georg Milzner: *Digitale Hysterie. Warum Computer unsere Kinder weder dumm noch krank machen.* Weinheim und Basel: Beltz 2016.

[4] Jonathan Crary: *Aufmerksamkeit, Wahrnehmung und moderne Kultur.* Frankfurt am Main: Suhrkamp 2002.

[5] Die Rede erschien im Universitäts-Buchdruck-Verlag J. Hörning, Heidelberg 1893.

[6] Joachim Radkau: *Das Zeitalter der Nervosität. Deutschland zwischen Bismarck und Hitler.* München: Hanser 1998.

[7] Howard E. Pashler: *The Psychology of Attention.* Cambridge, Massachussetts: MIT Press 1998.

[8] Otto Friedrich Bollnow: *Das Wesen der Stimmungen.* Das Buch erschien 1968 in vierter Auflage bei Vittorio Klostermann in Frankfurt am Main. Die zitierte Wendung steht auf S. 33.

[9] Bernd Raffelhüschen und Rainhard Schlinkert: *Glücksatlas 2016.* Hrsg. von der Deutschen Post. München: Knaus 2016.

[10] Die Prozentangabe findet sich im Gesundheitsreport der Techniker Krankenkasse 2016 auf S. 11.

[11] Joachim Küchenhoff: »Verlust des Selbst, Verlust des Anderen – die doppelte Zerstörung von Nähe und Ferne im Trauma«, in: *Psyche*, 58, Heft 9 und 10, 2004, S. 811–835.

# 2. Kapitel: Von Informationsterror und durchwachten Nächten

[1]  Hierzu die Studie von Tanja Bianca Strube und Mitarbeitern: »Machen Smartphones Jugendliche und junge Erwachsene schlaflos?« Die Studie erschien in: *Somnologie*, 20/1, 2016, S. 61–66.

[2]  Dies ist keine Problematik, die mit den Smartphones begonnen hat. Der Biochemiker und Ökologe Frederic Vester sprach schon in den 1980er Jahren von einem »Datenfriedhof«, der auch die Wissenschaft betrifft. Auch sie bringt immer mehr Informationen hervor, wobei nicht die Menge der relevanten Informationen wächst, sondern vor allem die der statistisch signifikanten Nichtigkeiten. Frederic Vester: *Neuland des Denkens. Vom technokratischen zum kybernetischen Zeitalter.* 4. Auflage. München: dtv, 1986.

[3]  Daniel J. Levitin: *The Organized Mind. Thinking Straight in the Age of Information Overload.* New York: Dutton/Penguin 2014.

[4]  Aus diesem Grund hält der amerikanische Journalist Andrew Blum den Begriff »information highway« (Datenautobahn) für falsch. Seiner Ansicht nach ist das Netz weniger die Autobahn, über die die datenbeladenen Autos fahren, sondern der Truck, der selbst eine bestimmte Richtung hat und extrem schwer seine Richtung ändert. Andrew Blum: *Tubes. Behind the Scenes at the Internet.* London: Penguin 2012. Die Variation der Metapher steht auf S. 19 f.

[5]  Virilios Buch *Die Kolonisierung des Körpers* erschien 1994 in München bei Hanser.

# 3. Kapitel: Multitasking als innere Spaltung

[1]  Gijsbert Stoet et al.: »Are women better then men at multi-tasking?« Die Studie erschien in der Online-Fachzeitschrift BMC Psychology unter: DOI: 10.1186/2050-7283-1-18.

[2]  Das von Dario Salvucci zusammen mit Niels Taatgen verfasste Buch trägt den Titel *The Multitasking Mind.* Es erschien im Jahr 2011 in New York bei Oxford University Press.

[3]  Antonio R. Damasio: *Descartes' Irrtum. Fühlen, Denken und das menschliche Gehirn.* Ich zitiere aus der 3. Auflage, die 1997 bei List in München und Leipzig erschien. Darin findet sich das Zitat auf S. 247.

[4]  Sylvain Charron und Étienne Koechlin: »Divided Representation of Concurrent Goals in the Human Frontal Lobes«, in: *Science*, Vol. 328, Ausgabe Nr. 5976, S. 360–363.

[5]  Pea, R. Nass, C., et al.: »Media use, face-to-face-communication, media multitasking, and social wellbeing among 8-to-12-year-old girls«, in: *Developmental Psychology*, 48, 2, 2012, S. 327–336.

[6]  Yuval Noah Harari: *Homo Deus. Eine Geschichte von morgen.* München: C.H. Beck 2017.

# 4. Kapitel: Gefangen im Netz?

[1] Vergleiche hierzu das Büchlein *Vernetzt euch!* von Lina Ben Mhenni, das auf Deutsch 2011 bei Ullstein in Berlin erschien.

[2] Peter Kruses Einschätzung gebe ich aus der Erinnerung wieder. Sie entstammt einem persönlichen Gespräch am Rand eines Kongresses, auf dem wir beide als Vortragende auftraten.

[3] James Hillman und Michael Ventura: *Hundert Jahre Psychotherapie – und der Welt geht's immer schlechter.* Das Buch erschien 1993 in Solothurn und Düsseldorf bei Walter. Die beiden Zitate stehen auf S. 55.

[4] Harald Welzer: *Die smarte Diktatur. Der Angriff auf unsere Freiheit.* Frankfurt am Main: Fischer 2016.

[5] Tristan Harris:»Glücksspiel in der Tasche«, in: Der Spiegel, Heft 29/ 2016, S. 112 f.

[6] Jaron Lanier: *Wem gehört die Zukunft? Du bist nicht der Kunde der Internet-Konzerne, du bist ihr Produkt.* Ich zitiere aus der 4. Auflage, 2014 in Hamburg bei Hoffmann und Campe erschienen.

[7] Mehr zum Thema der inneren Vernetzung etwa bei Joseph LeDoux: *Das Netz der Persönlichkeit. Wie unser Selbst entsteht.* Düsseldorf und Zürich: Patmos 2003.

[8] Pöppel veröffentlichte diese Erkenntnis in einem Buch, das die Überforderung unseres mentalen Apparats untersucht. Das mit der Sexualtherapeutin Beatrice Wagner gemeinsam geschriebene Buch trägt den Titel *Dummheit – Warum wir heute die einfachsten Dinge nicht mehr wissen*, und erschien 2013 bei Riemann in München.

# 5. Kapitel: Das Selbst im Dschungel der Möglichkeiten

[1] Joseph LeDoux, siehe Anmerkung 29, Kapitel 4.

[2] Gerald Edelman: *Das Licht des Geistes.* Das Buch erschien als rororo-Taschenbuch im Jahr 2006, beide Zitate finden sich auf S. 166.

[3] Ken Wilber: *Eros, Kosmos, Logos.* Frankfurt am Main: Wolfgang Krüger 1996.

# 6. Kapitel: Identität oder künstliches Selbst?

[1] Vergleiche hierzu die 2015 erschienene Studie von Julius Kuhl et al.:»Being Someone: The Integrated Self as a Neuropsychological System«, in: *Social and Personality Psychology Compass*, 9, 3, S. 115–132.

[2] Antonio R. Damasio: *Ich fühle, also bin ich. Die Entschlüsselung des Bewusstseins.* Die 5. Auflage dieses Buches erschien 2004 bei List in Berlin. Das Zitat findet sich auf S. 36.

[3]   Gerald Hüther: *Die Macht der inneren Bilder. Wie Visionen das Gehirn, den Men-schen und die Welt verändern.* 8. Auflage. Göttingen: Vandenhoeck & Ruprecht 2014.

[4]   So deutet die Psychoanalytikerin Annelore Werthmann zum Beispiel die Visuali-sierungen und Visionen der Mystikerin Hilgedard von Bingen als narzisstische Symptomatik. Annelore Werthmann:»Hildegard von Bingen. Narzisstischer Rückzug in eine großartige Bilderwelt«, in: *Jahrbuch der Psychoanalyse,* 31, 1993, S. 193–222. Sowie dieselbe:»Hildegard von Bingen auf der Couch. Visualisieren als narzisstisches Symptom«, in: *Psychosozial,* III, 81, 2000, S. 63–74.

# Kapitel 7: Narzissmus: Ein Star sein, um gesehen zu werden

[1]   Die technologische Entwicklung ist bereits mehrfach mit dem Darwinismus in Verbindung gebracht worden. So in George Dysons»*Darwin im Reich der Ma-schinen, erschienen 2001 bei Springer, sowie in Digitaler Darwinismus: Der stille Angriff auf Ihr Geschäftsmodell und Ihre Marke*« von Ralf T. Kreutzer und Karl-Heinz Land, erschienen 2013, gleichfalls bei Springer.

[2]   Mark Greif:»Die Realität des Reality-TV«. Der Aufsatz ist in der Essay-Sammlung *Bluescreen* 2011 bei Suhrkamp in Berlin erschienen; das Zitat steht auf S. 90.

[3]   Jean M. Twenge und W. Keith Campbell: *The Narcissism Epidemic. Living in the Age of Entitlement.* New York: Atria Books 2010.

[4]   Richard Brooks: *Charakter. Die Kunst, Haltung zu zeigen.* München: Kösel 2015.

[5]   Craig Malkin: *Der Narzissten-Test. Wie man übergroße Egos erkennt ... und über-raschend gute Dinge von ihnen lernt.* Köln: DuMont 2016.

[6]   Martin Altmeyer: *Auf der Suche nach Resonanz. Wie sich das Seelenleben in der digitalen Moderne verändert.* Das Buch erschien 2016 bei Vandenhoeck & Rup-recht in Göttingen.

# Kapitel 8: Starre statt Stärke: Das künstliche Selbst des Fundamentalismus

[1]   Mehr als es hier möglich ist, habe ich die Erscheinungsformen der Aggression in meinem Buch über den modernen Amoklauf, *Die amerikanische Krankheit,* auf-gefächert. Es erschien 2010 im Gütersloher Verlagshaus.

[2]   Ta-Nehisi Coates: *Zwischen mir und der Welt.* Hanser: Berlin 2016.

[3]   Michael Baigent: *Racing toward Armageddon. The Three Great Religions and the Plot to End the World.* Das Buch erschien 2009 in New York bei Harper Collins.

[4]   Martin Altmeyer:»Seelenverwandtschaften«, in: *Der Spiegel,* Ausgabe 47, 2016, S. 132 ff.

[5] Diese Angaben entnehme ich Susanna Wurm: »Online Videos«, in: *Die Macher*, Heft 3, 2016, S. 66–70.

[6] Erik. H. Erikson: *Der junge Mann Luther. Eine psychoanalytische und historische Studie*. Sie erschien 1975 in Frankfurt am Main bei Suhrkamp. Die zitierte Erkenntnis steht auf S. 128.

[7] Hans Magnus Enzensberger: *Schreckens Männer. Versuch über den radikalen Verlierer*. Der recht oberflächliche Essay erschien 2006 in Frankfurt am Main bei Suhrkamp.

[8] Jaspers zeigte eine solche Entwicklung anhand seiner Analyse der Person und des Werks von Friedrich Wilhelm Joseph Schelling auf. Unter anderem auf diese Entwicklung stützt sich der Untertitel seines Schelling-Buchs: *Größe und Verhängnis*. Das Werk erschien im Jahr 1955 bei Piper in München.

# Kapitel 9: Schwarmverhalten: Das künstliche Selbst in der Masse

[1] Martin Thull: *Die Farben des Schweigens*. Das kleine Buch erschien 2016 im Vier-Türme-Verlag, Münsterschwarzach.

[2] Etwa bei James Surowiecki: *The Wisdom of Crowds. Why the Many Are Smarter Than the Few and How Collective Wisdom Shapes Business*, Economies, Societies, and Nations. New York: Doubleday 2004.

[3] Byung-Chul Han: *Im Schwarm*. Berlin Matthes und Seitz 2013.

[4] Mehr zu den Verbindungen von Erregung und Unsicherheit sowie zu psychologischen Massenphänomenen bei Thomas Brudermann: *Massenpsychologie, Psychologische Ansteckung, kollektive Dynamiken, Simulationsmodelle*. Das Buch erschien im Jahr 2010 bei Springer.

[5] Ich beziehe mich bei diesem vielfach aufgelegten Werk auf die Ausgabe, die 1994 bei Hanser in München als Band 3 der Gesammelten Werke Canettis erschien.

[6] Hans Magnus Enzensberger: »Schwärmt ihr noch, oder denkt ihr schon?«, in: *Frankfurter Allgemeine Zeitung*, Ausgabe vom 22. Oktober 2015, 245, S. 11.

[7] Ramón Reichert: *Die Macht der Vielen. Über den neuen Kult der digitalen Vernetzung*. Bielefeld: transcript 2013.

[8] Jean Baudrillard: *Im Schatten der schweigenden Mehrheit oder Das Ende des Sozialen*. Berlin: Matthes und Seitz 2010.

[9] Es handelt sich dabei um den Untertitel des Buches *Schwarmdumm*, das Dueck 2015 bei Eichborn herausbrachte.

# 10. Kapitel: Ich leiste, also bin ich: Funktionalismus und Burn-out

1   Christina Maslach, Wilmar B. Schaufeli und Michael Leiter: »Job Burn-out«, in: *Annual Review of Psychology*, 52, 2001, S. 397–422.

2   Wolfgang P. Kaschka, Dieter Korczak und Karl Broich: »Modediagnose Burn-Out«, in: *Deutsches Ärzteblatt*, 46, 2011, S. 781–787.

3   Herbert Freudenberger: »Staff Burn-Out«, in: *Journal of Social Issues*, 30, 1/1974, S. 159–165.

4   Michael E. Harrer: *Burnout und Achtsamkeit.* Stuttgart: Klett-Cotta 2013.

5   Michael Winterhoff: *Mythos Überforderung. Was wir gewinnen, wenn wir uns erwachsen verhalten.* Das Buch erschien 2015 beim Gütersloher Verlagshaus.

6   Die deutsche Fassung erschien unter dem Titel *Ein ausgebrannter Fall* ein Jahr später bei Zsolnay in Hamburg.

7   Das Buch erschien 2006 in München bei Beck.

8   Der amerikanische Psychoanalyse-Kritiker Russel Jacoby machte schon vor Jahrzehnten darauf aufmerksam, dass die Psychoanalyse sich der Gesellschaft, in der sie angewendet werde, entfremde und um sich selbst kreisende Menschen schaffe, die weder die Solidarität anderer erführen, noch selbst solidarisch agierten. Hierzu Jacobys Buch *Soziale Amnesie. Eine Kritik der konformistischen Psychologie von Adler bis Laing.* Das Buch erschien 1980 in zweiter Auflage bei Suhrkamp in Frankfurt am Main.

# 11. Kapitel: Warum Achtsamkeit allein nicht genügt

1   J. Kabat-Zinn: *Die heilende Kraft der Achtsamkeit.* Freiburg im Breisgau: Arbor 2004. Sowie auch: J. Kabat-Zinn und D. J. Siegel: »Medizin, Achtsamkeit und Mitgefühl. Ein Interview von Nina Haisken«, in: *Yoga aktuell*, 3/2007, S. 67–72.

2   Hierzu der Psychiater Daniel J. Siegel: *Das achtsame Gehirn.* Das Buch erschien 2007 beim Arbor-Verlag in Freiburg im Breisgau.

3   Vgl. hierzu H. Streib und R. W. Hood: »Understanding ›Spirituality‹ – Conceptual Considerations«, in: H. Streib und R. W. Hood (Hrsg.): *Semantics and Psychology of »Spirituality«. A Cross-cultural Analysis.* Heidelberg u. a. O.: Springer 2016, S. 3–17.

4   Vgl. M. Brentrup und G. Kupitz: *Rituale und Spiritualität in der Psychotherapie.* Göttingen: Vandenhoeck & Ruprecht 2015.

5   Michael E. Harrer und Halko Weiss: *Wirkfaktoren der Achtsamkeit. Wie sie die Psychotherapie verändern und bereichern.* Stuttgart: Schattauer 2016.

6   Als Beispiel nenne ich das von der Verhaltenstherapeutin Ursula Geisler und der Psychoanalytikerin Jutta Muttenhammer gemeinsam verfasste Buch *Achtsamkeitsübungen mit Kindern und Jugendlichen in der Psychotherapie.* Das Buch erschien 2016 in Paderborn bei Junfermann.

[7] Die etwas provozierende, witzige Wendung ist Teil von Žižeks Interpretation der Psychoanalyse Jacques Lacans. Slavoj Žižek: *Liebe Dein Symptom wie Dich selbst: Jacques Lacans Psychoanalyse und die Medien*. Berlin: Merve 1991.

[8] Die Frage taucht in einem Artikel von Inga Michler auf, der den bezeichnenden Titel »Das OM der Egos« trägt. Er erschien in: *Welt am Sonntag*, 23/2016, S. 33f. Das Zitat stammt von S. 33.

# 12. Kapitel: Warum Selbststeuerung allein nicht genügt

[1] Joachim Bauer: Selbststeuerung. *Die Wiederentdeckung des freien Willens.* 4. Auflage. München: Blessing 2015.

[2] Der Untertitel von Philipp Hübls Buch *Der Untergrund des Denkens* irritiert etwas: Denn »Eine Philosophie des Unbewussten« ist es ganz sicher nicht. Weit eher schon der Versuch, das Unbewusste als Instanz zu verwerfen und stattdessen ein Primat der Vernunft zu begründen. Das Buch erschien 2015 bei Rowohlt in Berlin.

# 13. Kapitel: Warum AD(H)S nicht nur krank ist

[1] Hierzu beispielsweise etwa Sari Solden, deren Buch *Die Chaosprinzessin* 2001 in dritter Auflage beim Bundesverband Aufmerksamkeitsstörungen erschien.

[2] Georg Milzner: »Das nicht verwendbare Kind. Suggestionen zu AD(H)S«, in: *Sozialpsychiatrische Informationen*, 3, 2006, S. 24–32.

[3] So etwa der heute emeritierte Professor für Kinder- und Jugendpsychiatrie Reinmar du Bois in einem Gespräch mit *Report Psychologie*, 9, 2002, S. 574–577. Das Gespräch, geführt von Christa Schaffmann, erschien unter dem Titel »In der Ritalin-Falle«.

[4] So die Mainzer Pädagogin Claudia Roggensack, die vom »Mythos ADHS« spricht. Ihr gleichnamiges Buch erschien 2006 im Heidelberger Verlag für Systemische Forschung.

[5] Vgl. hierzu zwei Arbeiten der niederländischen Psychiaterin Sandra Kooij; eine Studie (2004) und eine Positionsbestimmung (2011).

[6] Vgl. hierzu die von Terje Neraal und Matthias Wildermuth herausgegebene Sammlung von Fallbeispielen und Erklärungsansätzen, die unter dem Titel *ADHS – Symptome verstehen, Beziehungen verändern* 2008 in Gießen beim Psychosozial-Verlag erschien.

[7] Vgl. hierzu Désirée S. Aichert: »Elterliche Psychopathologie und kindliches Aufmerksamkeitsdefizit-Hyperaktivitätssyndrom. Implikationen für die psychotherapeutische Praxis«. Die Studie erschien im *Psychotherapeutenjournal* 4/2016, S. 373–379.

8  So die Psychiaterin Johanna Krause und der Neurologe Klaus Henning Krause in ihrem Werk *ADHS im Erwachsenenalter. Aufmerksamkeitsdefizit-/Hyperaktivitätsstörung bei Erwachsenen*, das 2013 bei Schattauer in Stuttgart erschien.

9  Viele Autoren nennen ihn so, auch in guten und innovativen Texten. Als Beispiel sei M. Schmela genannt: *Vom Zappeln und vom Philipp. ADHS: Integration von familien-, hypno- und verhaltenstherapeutischen Behandlungsansätzen*. Heidelberg: Carl Auer-Systeme 2004.

10  Francis Fukuyama: *Das Ende des Menschen*. Deutsche Verlags-Anstalt, München und Stuttgart 2002.

11  Eckhard Schiffer: *Warum Huckleberry Finn nicht süchtig wurde. Anstiftung gegen Sucht und Selbstzerstörung bei Kindern und Jugendlichen*. Weinheim und Basel: Beltz 2001.

## 14. Kapitel: Einladung, uns neu kennenzulernen

1  Marshall McLuhan: *Die magischen Kanäle. Understanding Media*. Ich beziehe mich auf meine beim Dresdner Verlag der Kunst erschienene Ausgabe von 1995.

2  Fabian Scheidler: *Das Ende der Megamaschine. Geschichte einer scheiternden Zivilisation*. Wien: Promedia 2015.

3  André Wilkens: *Analog ist das neue Bio*. Berlin: Metrolit 2015.

4  M. B. Crawford: *Die Wiedergewinnung des Wirklichen. Eine Philosophie des Ichs im Zeitalter der Zerstreuung*. Berlin: Ullstein 2016.

5  Thomas Metzinger: *Der Ego-Tunnel. Eine neue Philosophie des Selbst: Von der Hirnforschung zur Bewusstseinsethik*. Berlin: Berlin-Verlag 2009.

6  Hierzu als Anregung das Buch *Miteinander. Wie Empathie Kinder stark macht* von Jesper Juul et al. Weinheim und Basel 2014.

## 15. Kapitel: Zehn Wege zu einem neuen Selbst

1  Zu jungianischer Symbolik vgl. Verena Kast: *Die Dynamik der Symbole*. Olten: Walter 1990. Zur Entwicklung der Symbolik in Träumen und Imagination im tiefenpsychologischen und im hypnotherapeutischen Prozess auch: Ernest L. Rossi: *Dreams, Consciousness, Spirit. The Quantum Experience of Self-Reflection and Co-Creation*. Malibu: Palisades Publishing 2000.

2  Hierzu auch Rudi Ott:»Einheit von Selbst- und Gotteserkenntnis bei Teresa von Ávila«, in: *Geist und Leben*, 81, 2008, S. 336–352.

3  Slavoj Žižek: *Was ist ein Ereignis?* Frankfurt am Main: Fischer 2015.

4  Jane McGonigal: *Gamify your Life. Durch Gamification glücklicher, gesünder und resilienter leben*. Das Buch erschien im Jahr 2016 bei Herder in Freiburg im Breisgau.

[5] Daniel Martin Feige: *Computerspiele. Eine Ästhetik.* Das Buch erschien 2015 bei Suhrkamp in Berlin.

[6] Vgl. hierzu etwa die Metastudie von Katie Davis und Howard Gardner, die unter dem Titel *The App Generation: How Today's Youth Navigate Identity, Intimacy, and Imagination in a Digital World* 2014 bei Yale University Press erschien.

[7] Mehr hierzu findet sich in Frank Schirrmachers Buch *Payback*. Das Buch erschien 2009 in München bei Blessing.

[8] Vgl. hierzu etwa Hans Joachim Schröder: »Technikerfahrung im biographischen Erzählen. Projektbericht«, in: *BIOS. Zeitschrift für Biographieforschung*, 13/2000, S. 262–284.

[9] Vgl. hierzu die Studie von Sattler, S.: »The Rationale for Consuming Cognitive Enhancement Drugs in University Students ans Teachers«, in: *PloS ONE*, 8, 7/2013, e68821. doi:10.1371/journal.pone.0068821.

[10] César Rendueles: *Soziophobie*. Berlin: Suhrkamp 2915. Das Zitat steht auf S. 245.

[11] Vgl. hierzu auch Susan Pinkers Studien über den »Dorf-Effekt«, der unmittelbare Begegnung jederzeit möglich macht. Susan Pinker: *The Village Effect. How Face-to-Face-Contact Can Make us Healthier, Happier, and Smarter.* New York: Spiegel & Grau 2014.

[12] Hierzu mehr bei Emeran Mayer: *Das zweite Gehirn. Wie der Darm unsere Stimmung, unsere Entscheidungen und unser Wohlbefinden beeinflusst.* München: Riva 2016.

[13] Wolf Singer: *Ein neues Menschenbild? Gespräche über Hirnforschung.* Frankfurt am Main: Suhrkamp 2003. Das Zitat steht auf S. 122. Man erkennt leicht, wie der Beruf die Positionen mitbestimmt. Emeran Mayer und Wolf Singer sind beide Ärzte; Mayer aber ist Gastroenterologe, während Wolf Singer Neurophysiologie zum Schwerpunkt hat.

[14] Paul Feyerabend: *Wissenschaft als Kunst.* Das Buch erschien 1985 bei Suhrkamp in Frankfurt am Main; das Zitat findet sich auf S. 28.

[15] Ich entnehme dies dem Artikel »Der unbekannte Silicon-Valley-Star« von Jonas Jansen, erschienen in der *Frankfurter Allgemeinen Zeitung* vom 6. September 2016, S. 24.

[16] Die schöne Gegenüberstellung steht in Matusseks Text »Aufmerksamkeitsstörungen. Selbstreflexion unter den Bedingungen digitaler Medien«, der 2001 in dem von Jan und Aleida Assmann herausgegebenen Band *Aufmerksamkeiten. Archäologie der literarischen Kommunikation VII* bei Fink in München erschien. Der Aufsatz von Peter Matussek findet sich auf den Seiten 197–215.

[17] Ken Wilber: *Wege zum Selbst. Östliche und westliche Ansätze zum persönlichen Wachstum.* München: Kösel 1984.

# Literatur

Aichert, D. S.: »Elterliche Psychopathologie und kindliches Aufmerksamkeits-defizit-Hyperaktivitätssyndrom. Implikationen für die psychotherapeutische Praxis«, in: *Psychotherapeutenjournal*, 4, 2016, S. 373–379.

Altmeyer, M.: *Auf der Suche nach Resonanz. Wie sich das Seelenleben in der digitalen Moderne verändert.* Göttingen: Vandenhoeck & Ruprecht 2016.

ders.: »Seelenverwandtschaften«, in: *Der Spiegel*, 47, 2016, S. 132 ff.

Baigent, M.: *Racing toward Armageddon. The Three Great Religions and the Plot to End the World.* New York: HarperCollins 2009.

Baudrillard, J.: *Im Schatten der schweigenden Mehrheit oder Das Ende des Sozialen.* Berlin: Matthes und Seitz 2010.

Bauer, J.: *Selbststeuerung. Die Wiederentdeckung des freien Willens.* 4. Auflage. München: Blessing 2015.

Ben Mhenni, L.: *Vernetzt euch!* Berlin: Ullstein 2011.

Blum, A.: *Tubes. Behind the Scenes at the Internet.* London: Penguin 2012.

Bollnow, O. F.: *Das Wesen der Stimmungen.* 4. Auflage. Frankfurt am Main: Vittorio Klostermann 1968.

Brentrup, M. & Kupitz, G.: *Rituale und Spiritualität in der Psychotherapie.* Göttingen: Vandenhoeck & Ruprecht 2015.

Brooks, R.: *Charakter. Die Kunst, Haltung zu zeigen.* München: Kösel 2015.

Brudermann, T.: *Massenpsychologie, Psychologische Ansteckung, kollektive Dynamiken, Simulationsmodelle.* Berlin: Springer 2010.

Byung-Chul Han: *Im Schwarm. Ansichten des Digitalen.* Berlin. Matthes und Seitz 2013.

Canetti, E.: *Masse und Macht. Gesammelte Werke Band 3.* 2. Auflage. München: Hanser 1994.

Charron, S. & Koechlin, É.: »Divided Representation of Concurrent Goals in the Human Frontal Lobes«, in: *Science*, Band 328, Heft 5976, 2010, S. 360–363.

Coates, T-N.: *Zwischen mir und der Welt*, Berlin: Hanser 2016.

Crary, J.: *Aufmerksamkeit, Wahrnehmung und moderne Kultur.* Frankfurt am Main: Suhrkamp 2002.

Crawford, M. B.: *Die Wiedergewinnung des Wirklichen. Eine Philosophie des Ichs im Zeitalter der Zerstreuung.* Berlin: Ullstein 2016.

Damasio, A. R.: *Descartes' Irrtum. Fühlen, Denken und das menschliche Gehirn.* 3. Auflage. München und Leipzig: List 1997.

ders.: *Ich fühle, also bin ich. Die Entschlüsselung des Bewusstseins.* 5. Auflage. Berlin: List 2004.

Davis, K. & Gardner, H.: *The App Generation: How Today's Youth Navigate Identity, Intimacy, and Imagination in a Digital World.* New Haven: Yale University Press 2014.

Du Bois, R.: »In der Ritalin-Falle. Ein Gespräch von Christa Schaffmann«, in: *Report Psychologie*, 9, 2002, S. 574–577.

Dueck, G.: *Schwarmdumm. So blöd sind wir nur gemeinsam.* Frankfurt am Main: Eichborn 2015.

Dyson, G.: *Darwin im Reich der Maschinen. Die Evolution der globalen Intelligenz.* Wien: Springer 2001.

Edelman, G.: *Das Licht des Geistes. Wie Bewusstsein entsteht.* Reinbek: rororo 2006.

Enzensberger, H. M.: *Schreckens Männer. Versuch über den radikalen Verlierer.* Frankfurt am Main: Suhrkamp 2006.

ders.: »*Schwärmt ihr noch, oder denkt ihr schon?*«, in: *Frankfurter Allgemeine Zeitung*, 245, 2015, S. 11.

Erb, W. H.: *Ueber die wachsende Nervosität unserer Zeit.* Heidelberg: J. Hörning 1893.

Erikson, E.: *Der junge Mann Luther. Eine psychoanalytische und historische Studie.* Frankfurt am Main: Suhrkamp 1975.

Feige, D. M.: *Computerspiele. Eine Ästhetik.* Berlin: Suhrkamp 2016.

Feyerabend, P.: *Wissenschaft als Kunst.* Frankfurt am Main: Suhrkamp 1985.

Freudenberger, H.: »Staff Burn-Out«, in: *Journal of Social Issues*, 30, 1, 1974, S. 159–165.

Fukuyama, F.: *Das Ende des Menschen.* München und Stuttgart: Deutsche Verlags-Anstalt 2002.

Geisler, U. & Muttenhammer, J.: *Achtsamkeitsübungen mit Kindern und Jugendlichen in der Psychotherapie.* Paderborn: Junfermann 2016.

Greif, M.: *Bluescreen.* Essays. Berlin: Suhrkamp 2011.

Harari, Y.N.: *Homo Deus. Eine Geschichte von morgen.* München: Beck 2017.

Harrer, M. E.: *Burn-out und Achtsamkeit.* Stuttgart: Klett-Cotta 2013.

Harrer, M. E. & Weiss, H.: *Wirkfaktoren der Achtsamkeit. Wie sie die Psychotherapie verändern und bereichern.* Stuttgart: Schattauer 2016.

Harris, T.: »Glücksspiel in der Tasche«, in: *Der Spiegel*, Heft 29, 2016, S. 112 f.

Hillert, A. & Marwitz, M.: *Die Burn-out Epidemie oder Brennt die Leistungsgesellschaft aus?* München: Beck 2006.

Hillman, J. & Ventura, M.: *Hundert Jahre Psychotherapie – und der Welt geht's immer schlechter.* Solothurn und Düsseldorf: Walter 1993.

Hübl, P.: *Der Untergrund des Denkens. Eine Philosophie des Unbewussten.* Berlin: Rowohlt 2015.

Hüther, G.: *Die Macht der inneren Bilder. Wie Visionen das Gehirn, den Menschen und die Welt verändern.* 8. Auflage. Göttingen: Vandenhoeck & Ruprecht 2014.

Jacoby, R.: *Soziale Amnesie. Eine Kritik der konformistischen Psychologie von Adler bis Laing.* 2. Auflage. Frankfurt am Main: Suhrkamp 1980.

Jansen, J.: »Der unbekannte Silicon-Valley-Star«, in: *Frankfurter Allgemeine Zeitung*, Ausgabe vom 6. September, 2016, S. 24.

Jaspers, K.: *Schelling: Größe und Verhängnis.* München: Piper 1955.

Juul, J., et al.: *Miteinander. Wie Empathie Kinder stark macht.* Weinheim und Basel: Beltz 2014.

Kabat-Zinn, J.: *Die heilende Kraft der Achtsamkeit.* Freiburg im Breisgau: Arbor 2004.

Kabat-Zinn, J. & Siegel, D. J.: »Medizin, Achtsamkeit und Mitgefühl. Ein Interview von Nina Haisken«, in: *Yoga aktuell*, 3, 2007, S. 67–72.

Kaschka, W. P.; Korczak, D. & Broich, K.: »Modediagnose Burn-Out«, in: *Deutsches Ärzteblatt*, 46, 2011, S. 781–787.

Kast, V.: *Die Dynamik der Symbole. Grundlagen der Jung'schen Psychotherapie.* Olten: Walter 1990.

Kooij, J. J. S.: »Medication management in adult ADHD«, in: Buitelaar, J. K., et al. (Hrsg): *ADHD in adults. Characterization, diagnosis, and treatment.* Cambridge, NY: Cambridge University Press 2011, S. 218–229

Kooij, J. J. S., et al.: »Efficacy and safety of methylphenidate in 45 adults with attention deficit/hyperactivity disorder. A randomized placebo-controlled double-bind cross-over trial«, in: *Psychological Medicine*, 34, 2004, S. 973–982.

Krause, J. & Krause, K. H.: *ADHS im Erwachsenenalter. Aufmerksamkeitsdefizit-/Hyperaktivitätsstörung bei Erwachsenen.* Stuttgart: Schattauer 2013.

Kreutzer, R. T. & Land, K.H.: *Digitaler Darwinismus: Der stille Angriff auf Ihr Geschäftsmodell und Ihre Marke.* Wiesbaden: Springer 2013.

Küchenhoff, J.: »Verlust des Selbst, Verlust des Anderen – die doppelte Zerstörung von Nähe und Ferne im Trauma«, in: *Psyche*, 58, 9/10, 2004, S. 811–835.

Kuhl, J., Quirin, M. & Koole, S. L.: »Being Someone: The Integrated Self as a Neuropsychological System«, in: *Social and Personality Psychology Compass*, 9, 3, 2015, S. 115–132.

Lanier, J.: *Wem gehört die Zukunft? Du bist nicht der Kunde der Internetkonzerne. Du bist ihr Produkt.* 4. Auflage. Hamburg: Hoffmann und Campe 2014.

Laughlin, R. B.: *Das Verbrechen der Vernunft. Betrug an der Wissensgesellschaft.* Frankfurt am Main: Suhrkamp 2008.

LeDoux, J.: *Das Netz der Persönlichkeit. Wie unser Selbst entsteht.* Düsseldorf und Zürich: Patmos 2003.

Levitin, D. J.: *The Organized Mind. Thinking Straight in The Age Of Information Overload.* New York: Dutton/Penguin 2014.

Malkin, C.: *Der Narzissten-Test. Wie man übergroße Egos erkennt … und überraschend gute Dinge von ihnen lernt.* Köln: DuMont 2016.

Maslach, C.; Schaufeli, W. B. & Leiter, M.: »Job Burn-out«, in: *Annual Review of Psychology*, 52, 2001, S. 397–422.

Matussek, P.: »Aufmerksamkeitsstörungen. Selbstreflexion unter den Bedingungen digitaler Medien«, in: A. Assmann & J. Assmann (Hrsg.): *Aufmerksamkeiten. Archäologie der literarischen Kommunikation VII.* München: Wilhelm Fink 2001, S. 197–215.

Mayer, E.: *Das zweite Gehirn. Wie der Darm unsere Stimmung, unsere Entscheidungen und unser Wohlbefinden beeinflusst.* München: Riva 2016.

McGonigal, J.: *Gamify your Life. Durch Gamification glücklicher, gesünder und resilienter leben.* Freiburg i. Br.: Herder 2016.

McLuhan, M.: *Die magischen Kanäle. Understanding Media.* Dresden: Verlag der Kunst 1995.

Metzinger, T.: *Der Ego-Tunnel. Eine neue Philosophie des Selbst: Von der Hirnforschung zur Bewusstseinsethik.* Berlin: Berlin-Verlag 2009.

Michler, I.: »Das OM der Egos«, in: *Welt am Sonntag*, 23, S. 33 f.

Milzner, G.: »Das nicht verwendbare Kind. Suggestionen zu AD(H)S«, in: *Sozialpsychiatrische Informationen*, 3, 2006, S. 24–32.

ders.: *Die amerikanische Krankheit. Amoklauf als Symptom einer zerbrechenden Gesellschaft.* Gütersloh: Gütersloher Verlagshaus 2010.

ders.: *Digitale Hysterie. Warum Computer unsere Kinder weder dumm noch krank machen.* Weinheim und Basel: Beltz 2016.

Neraal, T. & Wildermuth, M.: *ADHS – Symptome verstehen, Beziehungen verändern.* Gießen: Psychosozial-Verlag 2008.

Ott, R.: »Einheit von Selbst- und Gotteserkenntnis bei Teresa von Ávila«, in: *Geist und Leben*, 81, 2008, S. 336–352.

Pashler, H. E.: *The Psychology of Attention.* Cambridge, Massachussetts: MIT Press 1998.

Pea, R., et al.: »Media-use, face-to-face-communication, media-multitasking, and social-wellbeing among 8-to-12-year-old girls«, in: *Developmental Psychology,* 48, 2, 2012, S. 327–336.

Pinker, S.: *The Village Effect. How Face to-Face-Contact Can Make us Healthier, Happier, and Smarter.* New York: Spiegel & Grau 2014.

Pöppel, E. & Wagner, B.: *Dummheit. Warum wir heute die einfachsten Dinge nicht mehr wissen.* München: Riemann 2013.

Prinz, W.: *Selbst im Spiegel. Die soziale Konstruktion von Subjektivität.* Berlin: Suhrkamp 2013.

Radkau, J.: *Das Zeitalter der Nervosität. Deutschland zwischen Bismarck und Hitler.* München: Hanser 1998.

Raffelhüschen, B. & Schlinkert, R.: *Glücksatlas 2016.* Herausgegeben von der Deutschen Post. München: Knaus 2016.

Reichert, R.: *Die Macht der Vielen. Über den neuen Kult der digitalen Vernetzung.* Bielefeld: transcript 2013.

Rendueles, C.: *Soziophobie.* Berlin: Suhrkamp 2015.

Roggensack, C.: *Mythos ADS. Konstruktion einer Krankheit durch die monodisziplinäre Gesundheitsforschung.* Heidelberg: Verlag für Systemische Forschung 2006.

Rossi, E. L.: *Dreams, Consciousness, Spirit. The Quantum Experience of Self-Reflection and Co-Creation.* Malibu: Palisades Publishing 2000.

Salvucci, D. D. & Taatgen, N. A.: *The Multitasking Mind.* New York: Oxford University Press 2011.

Sattler, S., et al.: »The Rationale for Consuming Cognitive Enhancement Drugs in University Students ans Teachers«, in: *PloS ONE,* 8, 7/2013, e68821. doi:10.1371/journal.pone.0068821.

Scheidler, F.: *Das Ende der Megamaschine. Geschichte einer scheiternden Zivilisation.* Wien: Promedia 2015.

Schiffer, E.: *Warum Huckleberry Finn nicht süchtig wurde. Anstiftung gegen Sucht und Selbstzerstörung bei Kindern und Jugendlichen.* Weinheim und Basel: Beltz 2001.

Schirrmacher, F.: *Payback. Warum wir im Informationszeitalter gezwungen sind zu tun, was wir nicht wollen, und wie wir die Kontrolle über unser Denken zurückgewinnen.* München: Blessing 2009.

Schmela, M.: *Vom Zappeln und vom Philipp. ADHS: Integration von familien-, hypno- und verhaltenstherapeutischen Behandlungsansätzen.* Heidelberg: Carl Auer-Systeme 2004.

Schröder, H. J.: »Technikerfahrung im biographischen Erzählen. Projektbericht«, in: *BIOS. Zeitschrift für Biographieforschung*, 13, S. 262–284.

Siegel, D. J.: *Das achtsame Gehirn*. Freiburg: Arbor 2007.

Singer, W.: Ein neues Menschenbild? Gespräche über Hirnforschung. Frankfurt am Main: Suhrkamp 2003.

Sloterdijk, P.: *Die Verachtung der Massen. Versuch über Kulturkämpfe in der modernen Gesellschaft*. Frankfurt am Main: Suhrkamp 2000.

Solden, S.: *Die Chaosprinzessin. Frauen zwischen Talent und Misserfolg*. 3. Auflage. Forchheim: Bundesverband Aufmerksamkeitsstörung Hyperaktivität e. V. 2001.

Stempel, P.: »Vernachlässigen Smartphone-Nutzer ihre Kinder?«, in: *Rheinische Post*, Ausgabe vom 5. Oktober, 2012.

Stoet, G., et al.: »Are women better than men at multi-tasking?«, in: *BMC Psychology*, 2013, DOI: 10.1186/2050-7283-1-18.

Streib, H. & Hood, R. W.: »Understanding ›Spirituality‹ – Conceptual Considerations«, in: dies. (Hrsg.): *Semantics and Psychology of »Spirituality«. A Cross-cultural Analysis*. Heidelberg, New York und Dordrecht: Springer 2016, S. 3–17.

Strube, T. B., et al.: »Machen Smartphones Jugendliche und junge Erwachsene schlaflos?«, in: *Somnologie*, 20/1, 2016, S. 61–66.

Surowiecki, J.: *The Wisdom of Crowds. Why the Many Are Smarter Than the Few and How Collective Wisdom Shapes Business, Economies, Societies, and Nations*. New York: Doubleday 2004.

Thull, M.: *Die Farben des Schweigens*. Münsterschwarzach: Vier-Türme-Verlag 2016.

Twenge, J. M.: *Generation Me. Why Today's Young Americans Are More Confident, Assertive, Entitled – and More Miserable Than Ever Before*. Revised and Updated. New York u. a. O.: Atria Books 2014.

Twenge, J. M. & Campbell, W. K.: *The Narcissism Epidemic. Living in the Age of Entitlement*. New York u. a. O.: Atria Books 2010.

Vester, F.: *Neuland des Denkens. Vom technokratischen zum kybernetischen Zeitalter*. 4. Auflage. München: dtv 1986.

Virilio, P.: *Die Kolonisierung des Körpers*. München: Hanser 1994.

Welzer, H.: *Die smarte Diktatur. Der Angriff auf unsere Freiheit*. Frankfurt am Main: Fischer 2016.

Werthmann, A.: »Hildegard von Bingen. Narzisstischer Rückzug in eine großartige Bilderwelt«, in: *Jahrbuch der Psychoanalyse*, 31, 1993, S. 19–222.

dies.: »Hildegard von Bingen auf der Couch. Visualisieren als narzisstisches Symptom«, in: *Psychosozial*, III, 81, 2000, S. 63–74.

Wilber, K.: *Wege zum Selbst. Östliche und westliche Ansätze zum persönlichen Wachstum.* München: Kösel 1984.

ders.: *Eros, Kosmos, Logos. Eine Vision an der Schwelle zum nächsten Jahrtausend.* Frankfurt am Main: Krüger 1996.

Wilkens, A.: *Analog ist das neue Bio. Eine Navigationshilfe durch unsere digitale Welt.* Berlin: Metrolit 2015.

Winterhoff, M.: *Mythos Überforderung. Was wir gewinnen, wenn wir uns erwachsen verhalten.* Gütersloh: Gütersloher Verlagshaus 2015.

Wurm, S.: »Online Videos«, in: *Die Macher,* Heft 3, 2016, S. 66–70.

Žižek, S.: *Liebe Dein Symptom wie Dich selbst: Jacques Lacans Psychoanalyse und die Medien.* Berlin: Merve 1991.

ders.: *Was ist ein Ereignis?* Frankfurt am Main: Fischer 2015.

# Computerkindern gehört die Welt

Mit Schreckensszenarien wird allerorts vor den Gefahren der digitalen Welt für Kinder und Jugendliche gewarnt. Kritisch und ohne die Risiken zu verschweigen beleuchtet der erfahrene Psychotherapeut Georg Milzner ihren Umgang mit Smart-phone & Co und stellt fest: Computerkinder sind viel gesünder, sozialer und intelligenter als ihr Ruf!

Statt weiter zu verunsichern, plädiert Georg Milzner für Augenmaß und Offenheit, denn in vielen Familien verbirgt sich hinter dem Computerproblem ein Beziehungsproblem, das alle Seiten belastet. Er beantwortet die wichtigsten Fragen zum Medienkonsum, die Eltern Sorgen machen, und informiert über die Kompetenzen, die Kinder und Jugendliche heute brauchen, um in der digitalen Welt zurechtzukommen.

Georg Milzner
*Digitale Hysterie*
Warum Computer unsere Kinder
weder dumm noch krank machen
gebunden, 256 Seiten
ISBN 978-3-407-86406-2

# Ihre Gesundheit braucht Sie

In jedem von uns steckt die Fähigkeit zur Selbstheilung, aber vielen Menschen ist sie abhandengekommen. Der Arzt, Neurowissenschaftler und Gesundheitsforscher Tobias Esch möchte das ändern und erklärt, wie Selbstheilung funktioniert und wie Sie Ihre Selbstheilungskompetenz stärken können.

Seit vielen Jahren untersucht er unter anderem in Harvard und an der Berliner Charité, wie selbst chronische Krankheiten – zum Beispiel Diabetes, Asthma oder Rückenschmerzen – durch einen ganzheitlichen Ansatz, der auf den vier Säulen positive Emotionen, Entspannung, Ernährung und Bewegung beruht, gelindert werden. Mithilfe neuester Forschungsergebnisse beschreibt er, welche Faktoren für Gesundheit und Zufriedenheit entscheidend sind und gibt Anregungen für ein Leben, das geprägt ist von Wohlbefinden, innerer Stärke und Zufriedenheit.

»Der Schlüssel zu IHRER Gesundheit!« Dr. med. Eckart von Hirschhausen

Prof. Dr. Sebastian Esch
**Der Selbstheilungscode**
Die Neurobiologie von Gesundheit und Zufriedenheit
gebunden im Schutzumschlag,
336 Seiten
ISBN 978-3-407-86443-7

www.beltz.de

# Den Geist beruhigen ...

Kinder, Chaos und Karriere: Wie viele Menschen suchte Stephanie Schönberger ihren Ausgleich beim Yoga. Doch bald wurde ihr klar: Sich nur auf den Kopf zu stellen reicht nicht aus, um Ruhe in die Gedanken zu bringen. Erst als sie die faszinierende Welt des uralten Yoga-Wissens Indiens für sich entdeckte, veränderten sich ihr Blick auf die Welt und ihr Verhalten nachhaltig.

Nachdenklich-ermutigend und gespickt mit einer Portion Selbstironie nimmt sie ihre Leser mit auf den Weg zu einem gelassenen, liebevollen Umgang mit sich selbst und der ganzen Familie.

*»Der Mix aus jahrtausendalter Yoga-Philosophie und brandaktueller Mama-Realität zaubert einem dank des leichten und unterhaltsamen Schreibstils der Autorin nicht nur immer wieder ein Lächeln ins Gesicht, sondern regt auch zum Nachdenken an.«* momazing.de, 2.2017

Stephanie Schönberger
**Das Karma,
meine Familie und ich**
Yoga-Philosophie für einen
entspannten Alltag
Klappenbroschur, 272 Seiten
ISBN 978-3-407-86435-2

www.beltz.de

# Familienalltag langsam, achtsam, echt

Überall, wo Kinder in die Welt aufbrechen, gibt es Alternativen zu einem Leben, das immer schneller, technischer und komplizierter wird. In diesem Buch zeigen Julia Dibbern und Nicola Schmidt, wie Eltern und Kinder ihre Bedürfnisse nach Nähe, Natur und Langsamkeit gemeinsam ausleben können.

Die beiden Pionierinnen der Artgerecht-Bewegung haben Wege zu mehr Entschleunigung und Nachhaltigkeit im Alltag mit Kindern gefunden, und zwar jenseits vom Vereinbarkeitsstress isolierter Kleinfamilien. Denn Eltern, die sich gemeinschaftlich organisieren, finden nicht nur Entspannung und Abwechslung, sondern auch Lösungen für ein ökonomisches System, das genauso unter Druck steht wie die Mütter und Väter von heute.

*»Ihr backt nicht bloß Sandkuchen, ihr zieht die Erwachsenen von morgen groß!«* Julia Dibbern & Nicola Schmid

Julia Dibbern &
Nicola Schmidt
**Slow Family**
Sieben Zutaten für ein
einfaches Leben mit Kindern
gebunden, 232 Seiten
ISBN 978-3-407-86426-0

www.beltz.de